杭州市哲学社会科学重点研究基地"社会管理创新与杭州发展"研究中心2013年度重点项目研究成果

城乡公共产品的多元供给研究

基于长三角地区的探索与实践

常敏 著

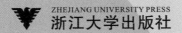

ZHEJIANG UNIVERSITY PRESS
浙江大学出版社

序

20 世纪 60 年代,公共经济学逐渐形成,其理论渊源可以追溯到 1776 年由亚当·斯密创立的财政学。公共经济学以公共部门的经济活动为研究对象,以公共产品为核心概念。90 年代以来,伴随着我国经济体制改革的不断深入,这种以专门研究政府与市场关系、界定政府职责并规范政府行为的理论迅速流行,相关的译著和著作纷纷出版。跨入 21 世纪以后,人们对于公共产品的需求快速提升,公共产品短缺现象日益暴露,由此凸显公共经济理论研究的带后性和迫切性。当前,国内学术界对于公共产品理论的研究,开始从引介国外观点向本土化研究转变;从单一的经济学范式向经济学、公共管理、社会学、政治学等跨学科交叉研究拓展。

记得 2001 年,我在浙江大学讲授公共经济学课程时,常敏同学就对这门课程表现出浓厚的兴趣。如今,她作为中共杭州市委党校的教师,已有十多年的教龄。这些年来,她潜心于该领域的教学和研究,熟读国内外著作,深入实践调查,完成了大量相关课题,为各种层次的领导干部开设了"公共经济学概论"、"公共产品供给理论和实践"、"公共服务市场化改革的探索与反思"、"公共服务供给的市场化和社会化改革"等专题讲座和案例课。呈现在读者面前的这本专著,正是常敏老师在融合教学和科研的基础上,对近年来完成的多项国家、省、市级社科规划课题成果进行整合充实之后形成的。我相信,这本专著是丰富我国公共产品理论综合性研究的一大力作。

该专著立足于长三角地区公共产品供给改革和创新的实践,运用公共经济学、新制度经济学等理论,诠释和分析了城乡公共产品多元供给的实践意义,比较和总结了各种改革的模式和经验,为创新公共产品供给机制、探索多元协作供给的实现路径提供了理论依据。作者运用大量的篇幅论证了这样一个中心观点:公共产品的供给离不开市场和政府"两只手"的力量,同时,社会组织、公民个人等越来越多地参与到其中,多元协作将是必然的趋势。

该专著由两大部分组成。第一部分以浙江为例,专门研究农村公共产品的自愿供给,这是一种相对于纯粹由政府供给而言的新型供给方式。作者对该项创新活动开展了多学科的理论分析,并运用大量数据进行实证研究,从而阐明了农村公共产品多元供给的实现方式和具体路径。第二部分以浙、沪、苏为例，分别论述了城市市域性公共产品的多元协同供给机制和城市社区性公共服务的多元协作机制。在城市公共产品协同供给的内涵、制度条件和实践分析上，作者提出了一些独创性的思想。在社区公共服务多元协作机制研究中，运用了跨省市、多维度的案例比较法，深化了同一领域的研究内容。看似孤立的两大部分，其实有着很强的内在关联，作者运用同一种分析工具（公共经济理论和制度变迁理论等），对农村和城市公共产品多元供给的制度特征、产生机理、影响因素、合作困境和实现路径作了研究。通读全书，始终能感受到作者在不断强调"公共产品领域，需要突破非此即彼的思维模式，转而思索合作供给之路，构建多元供给模式，形成由政府、市场、社会组织、公民个人等在内的多元协作供给的局面"。

该专著的突出特点是力求理论联系实际，尤其重视将西方经济理论与我国本土案例的结合，对多年来积累的大量一手调研资料进行理性的分析，并提出对于实践具有指导意义的政策建议。

中国作为一个处于经济和社会转型期的国家，城乡公共产品的供给问题异常复杂。现有的西方公共经济学理论，并不能完全可以解决甚至无法解释中国的实际。创建与中国文化基础相适应的公共产品理论体系这一任务就历史性地落在了这一代社会科学工作者的肩上。希望常敏老师能在学术研究中孜孜以求，不断创新，更有作为。

朱柏铭

2013 年 8 月于求是园

目　录

第一篇　农村公共产品自愿供给研究：
基于浙江实践

第二篇　城市公共产品协同供给研究：基于浙、沪、苏实践

导　论

公共产品是相对私人产品而言的,传统经济理论认为公共产品存在外部性,使得市场难以充分提供该类物品,为了克服市场失灵,遏制公共产品供给领域存在的搭便车问题,政府通过征税来融资,并由政府直接提供公共产品。由于政府拥有强大的财政支持、权威性的行政权力、各种可供调配的社会资源等,所以由其提供公共产品是可能的。但在单一的行政供给模式中,政府的强制优势同时也意味着垄断和低效,最终导致公共产品和服务的质量低下,即产生政府失灵。而且政府自身利益的存在,还导致公共产品供给领域的权力腐败。同时,随着经济社会的发展,在没有价格限制的前提下,公民对公共产品的需求无限扩张。政府为此不得不持续扩大供给范围,提高供给数量,政府规模越来越大,税收越来越多,公共财政不堪重负,对整个经济造成许多消极的影响。第二次世界大战后,无论是社会主义国家、资本主义国家还是发展中国家,其政府规模和范围都得到了空前的扩张,并且超过了必要的限度,其结果是在 20 世纪 70 年代西方政府出现了严重的财政危机、管理危机和信任危机,这就迫使各个国家开展行政体制和社会福利改革。美国和西欧各国政府都不得不对公共产品供给体系实施调整与改革。英国从公共企业的私有化改革入手,打破政府在公共事业中的垄断地位,引入民间资金和竞争机制,提升公共产品供给的效率和质量。20 世纪 80 年代以来,西方国家政府开始通过大规模削减福利支出来缩小政府规模,在社会福利方面主张用市场取代政府提供福利,比如公共服务外包、特许经营、用者付费等,目的就是为了寻求一种提供公共产品的不同模式,降低成本,增加资金渠道,提高供给质量和克服官僚现象。回顾历史我们可以发现,西方福利国家提供公共产品的模式经历了两次大的转变,这种转变可以概括为:市场失灵—政府干预—政府失灵—市场化改革。但是,市场化改革中"私利最大化"的目标经常与公共产品的社会化利益需求产生冲突,市场化改革的弊端重新暴露。另一方面,随着社会组织的迅速发展和政府治理理念的转变,由社会组织供给公共产品的方式逐渐出现并日渐发展,在社会管理的一些空白领域,以及政府与市场失灵并存的一些领域,社会组织在供给公共产品中逐步体现出更为有效的一面,但是,由于社会组织存在公益不足、操作不规范、独立性欠缺等自身缺陷,公共产品的供给同样产生"志愿失灵"。

从西方国家的改革困境中可以得出这样一个结论:在公共产品供给中,市场、社会和政府都不是万能的,政府单一供给会出现"政府失灵",由市场单一供给会出现"市场失灵",由社会组织单一供给更加不可能。政府、市场和社会组织在公共产品供给中都存在着诸多仅凭自身难以克服的缺陷,为了探寻有效的供给之道,我们需要突破非此即彼的思维模式,转而思索合作供给之路,构建多元供给模式,即政府将公共产品的供给权限与责任适度地移交给市场与社会组织,构建竞争与合作机制,形成由政府、市场、社会组织包括公民在内的多元协作供给的局面,从而达到公共产品充分供给的目标。

一、研究背景

(一)公共产品的供需矛盾

从一定意义上来讲,公共产品的产生源自于社会的公共需求。历史地看,由于社会公共需求具有可变性、历史性、多样性、层次性等特征,这就导致了不同历史时期社会所需要的公共产品的内容、数量、种类、结构等都在不断发生着变化。这种"需求的变化性"决定了现实中公共产品不会自发地进行供给,社会公共需求同样也不会自行得到满足,而必须要在一定公共产品供给机制的引导下,通过公共产品供给主体的有组织、有计划的公共产品供给行为来加以满足。实践中,西方国家在不断探求满足公共需求的公共产品供给模式,但即便如此,供需矛盾总是在经济社会发展的各个阶段存续,而且矛盾的表现形式和严重程度都是动态可变的。在我国,随着经济社会的迅速发展,公众对各类公共服务的需求在持续增加,但政府的财政困境、供给效率、服务水平等决定了其在满足公众需求上存在着局限性,导致公共产品的供需矛盾越来越突出。在告别物资短期的年代后,我国已经由生存型阶段进入发展型新阶段,人们物质文化需求的内涵发生了重要变化,当前公共产品短缺取代私人产品短缺成为经济社会发展的主要矛盾。2003年,我国人均GDP超过1000美元。国际经验说明,一国的人均GDP从1000美元向3000美元的过渡时期,也是该国公共产品需求快速扩张的时期。2012年,我国人均GDP达到了6100美元,即便如此,公共需求的急速扩张、城乡二元结构和贫富二元断层的显性化都使得城乡居民对教育、医疗、卫生、就业、社会保障等社会性公共产品的需求得不到满足。城市交通的拥挤、空气和水源的污染使得居住环境恶化,城市病带来了市域公共产品的极度短缺。在农村,过于行政化倾向的公共产品供给导致供需结构失衡,农村医疗和教育等领域的过度市场化倾向使得农民无法得到基本均衡的公共服务。拦在户籍大门之外的进城务工农民始终不可能获得与城市居民一样的公共服务。可以说,我国城乡公共产品的短缺和过剩是同时存在的,公共产品供给总量不足与结构不平衡问题相比西方发达国家更加凸显,因此,对我国公共产品供给机制的研究显得尤为迫切。

(二)公共服务的民营化改革及改革回潮

20 世纪末期开始,公共服务的民营化改革成为一种国际性潮流。按照民营化积极主张者的观点,民营化就是通过一系列化公为私、公私合作的方式,借以引入竞争机制,提高管理效率和服务质量,从而达到更好地提供各项公共产品和服务的效果。由于起点不同,各国的改革内涵也有一定差异。进入 80 年代后,在保守主义经济学家即自由至上主义者思想的影响下,为了摆脱经济上的困境,美国政府开始了公共产品供给机制的全面改革,政府与私营企业和非营利组织之间的合作更加密切。根据美国行政管理和预算办公室的统计,1992 年美国政府花费 2100 亿美元购买承包商提供的公共服务,几乎占联邦开支的 1/6;除城市公共服务外,甚至连高技术含量的环保署及宇航局的几乎所有工作都承包给公司。① 同样,英国为代表的欧洲福利国家也开始对公共企业进行私有化改造,对地方政府的路面维护、垃圾收集、公共建筑面清洁、医疗等公共服务进行民营化(或称为市场化)改革。民营化政策在改革官僚制政府、缩小政府规模、减少财政开支、提高公共服务质量等方面的确带来了积极作用,但是进入 21 世纪以来,随着民营化政策在公共领域中的失败案例出现(如伦敦停电事件②),民营化实践后果的复杂性充分暴露出来。越来越多的研究者们因而开始怀疑、批评民营化关于竞争及其优越性这一假设中所蕴含的意识形态因素。霍吉特认为,民营化和新公共管理运动在全球范围内掀起了一股肯定一切形式变革的潮流,是一种"单向的"现代化形式,但是它过于关注"如何"而不是"为何"的问题,体现的是"工具理性"而非"价值理性",因而在价值观上显得"非常肤浅";其"管理主义"逻辑则试图将一种"虚幻的理性秩序"强加在过去的"以非理性、非管理化为特征的"旧(官僚)体制的混乱之上,结果却导致了"新事物的混乱",因为管理主义所青睐的市场机制、理性化的政府工具难以应对现代社会高度的复杂性、不确定性

---

① 孙春霞:《现代美国城市办共服务供给机制研究——兼论其对我国城市公共服务供给机制改革的启示》,华中师范大学博士学位论文,2007 年。

② 伦敦市电力系统民营化改革后,企业为节约经费,减少备用电源,导致几十年未遇的大面积停电,造成巨额经济损失。

和非理性。① 特别是美国地方政府协会经相关数据分析,支持了"反合同外包"比例上升、逆向民营化改革趋势的分析结论。在英国、加拿大、澳大利亚等改革先行国家都陆续出现政府回购已经卖给民企的电厂、铁路等公共企业(或股份)现象,改革回潮从个案变成一种比较普遍的现象。

我国政府在 20 世纪 90 年代初逐步推行公共产品供给领域的民营化改革。1988 年,广东沙角 B 电厂的特许经营案例开启了我国内陆市场化运作基础设施建设的先河。之后大量民间资本包括外资进入公用事业领域,如桥梁、道路、机场、水、电、燃气、污水处理等多个基础设施建设都被引入了中外民营企业,这无疑解决了地方财政困难与城市发展的矛盾;获得了民资、管理和技术的资源优势,我国的民营化逐步得到政府和社会的支持,政府又出台了《招投标法》等相关政策法规,鼓励民资进入公共产品生产环节。但是,随着改革的推进,各种弊端也开始显现,与国外一样,我们在改革中也承受了巨大的经济损失。以民营化较为普遍的公私合营方式为例,一般情况下,政府会把一些公共服务项目如供水、污水处理、基础设施建设等拿来与非国有资金合作,双方各占一定比例。由于改革者缺少必要的知识与技能,没有完善的监督制约机制,缺乏科学的评估方法等,使得国有资产要么因为管理者的腐败行为而直接流失,要么因为过低的估价而间接流失。这种情况在民营化初期并不少见,特别是对于那些效益不好的国有企业更是如此。因此,没有一定法制基础和政府合同治理能力,民营化改革往往容易偏离最初的宗旨,其结果可能是政府在民营化中获得了财政危机的暂时解脱,而企业也通过某些非正当手段取得了相当客观的利润,而最应该保值增值的国有资产却在民营化中悄悄流失。相比国外,我国民营化改革最大的问题是改革措施并非顶层设计,地方很多改革存在政策不配套、法律无依据的窘境,造成改革后的公共产品供给不均衡,丧失了社会公平性,缺失了政府的应有责任,被社会称为政府"甩包袱",遭到民众的反对和抵触。近年来,全国各地尤其是财政收入不断提升的长三角城市政府,纷纷回购已经改制的水厂、公交公司、学校、医院、乡镇卫生院等公共服务设施。

国内外的民营化改革出现回潮现象,根源在于对改革中私利和公利间的矛盾难以协调。因而,政府规制的水平、调控能力越强,回潮现象越少,反之越多。当民营化改革出现各种弊端和回潮现象,无疑给全世界带来一种认知上的迷茫。究竟如何供给公共产品才能确保公平和效率? 多种供给方式如何扬长避短? 多元组织之间如何实现各种利益的协调,克服合作困境? 等等,也就成为理论研究的核心。

---

① [德]赫尔穆特·沃尔曼,埃克哈特·施罗德编:《比较英德公共部门改革——主要传统与现代化的趋势》,北京大学出版社 2004 年版,第 229 页。

（三）多元主体合作治理的探索

随着公共产品供给改革的不断深入，国内外学者逐步意识到在这一公共领域中治理范式转型的重要性。在各种组织失灵理论的研究背景下，国际社会提出多元主体合作的多种治理概念。比如全球治理委员会认为"治理是一个动态的过程，并非单纯的规则或者活动，治理的手段是协调、合作，而非控制；治理的领域非常宽泛，既涉及公共领域，也涉及私人领域；治理是一种持续的互动，并非正式的制度安排"。在统治状态下，公共权力是集中的，权力的中心是单一的，那就是政府。而在治理过程中，权力是分散的，权力的中心是多元的、分层次的。治理实际上是对公共事务管理机制的制度创新。它打破了市场与经济、公共领域与私人领域、政治国家与公民社会的传统两分法思维模式，把有效的管理看作两者的合作互动过程，力图建立起全新的公共事务管理新范式。近年来，在城市社区、农村社会等基层社会公共领域，更加凸显这种多中心协作治理的新格局。以美国为代表的"社区自治"模式，主要表现为政府采取间接的方式对社区公共事务进行治理，政府行为与社区行为相对分离。政府通过制定各种法律法规去规范社区内不同集团、组织、家庭和个人的行为，协调社区内各种利益关系，为社区成员的民主参与提供制度保障。以日本、澳大利亚和新西兰为代表的"混合"模式，主要表现为在社区治理中官方色彩与民间自治相结合，政府对社区公共事务的治理较为宽松，政府主要是规划指导并提供经费支持。[①] 在国外公共产品供给的市场化改革中，经历"回潮之变"后，各国各地区都更加清晰地分析多元主体的权责边界、协作方式，逐步在供给过程中引入公共选择、契约管理和社会监督，以形成多元共治的有效机制。

改革开放后，随着经济的快速发展以及经济制度的不断完善，我国的公共产品供给机制在很多方面有了改进和创新，这些创新主要体现在三个方面：供给主体的多元化，决策的双向化以及监督管理机制的多维化。从城市方面看，城市很多公共设施的供给主体是多元的，如高速公路收费、广场娱乐设施等实行用者付费，皆由国家、地方财政共同出资修建，使用者缴纳少许费用，三者共同供给公共产品。另外城市社区的合同承包（合同承包是指政府部门与私人企业、非营利组织等签订生产合同来供给社区公共产品）也体现了社区公共产品供给的主体多元化。城市居民还可以更好地使用网络平台与决策机构进行网络交流，如通过发送电子邮件，参加听证会等来表达自己的意愿，实现决策多元化。同时，城市社区公共服务在引入企业和非营利组织多元供给过程中，政府也开始引入第三

---

① 郭家瑜：《国外社区治理模式浅析及对江西省社区治理工作的启示》，《黑河学刊》2011年第5期。

方中介评估机构,对服务质量和消费者的满意度进行客观调查,逐步实现监督多元化。从农村方面看,越来越多的村级公共产品从决策、实施供给和后续评估都特别强调乡村自治力量的发挥。村集体、村民、村企自身自愿供给这种俱乐部产品,而且在供给程序上强调决策的双向化,村公共产品的供给与否,供给多少都应由村民大会投票决定。在城和乡之间逐步建立起"联乡结村"、"村企合作"、"送服务下乡"等"以工补农、以城带乡"的反哺机制,以城市的资源融入农村,实现农村公共产品多元供给。

在我国的公共产品供给领域,市场主体和非营利组织进入的领域日益宽泛。在硬服务领域,企业发挥出独特的资金、技术和管理优势;在基础设施建设领域,与政府构建起多种多样的公私合作模式,从最开始的 BOT、TOT 等合作形式不断创新,发展到今天的 BT、PT 等更多形式,社会各界已经认识到,中国的基础设施建设或公用设施建设必须走多元协作供给的道路。另外,在我国的经济、社会、文化、教育、科技、法律等各个领域,我们的社会组织也从崭露头角渐渐走向壮大,日益发挥出公共服务中的重要作用。自进入 21 世纪来,浙江、上海、江苏等地政府从完善社会组织发展的政策环境入手,利用现代化手段为社会组织提供全方位服务,减少审批项目,鼓励其成立和发展,使得长三角地区社会组织迅速壮大。另外,随着 2013 年国家对三类社会组织的直接登记(免除业务主管部门)政策计划出台,更多的社会组织参与到社会化养老、青少年管教、学前教育、医疗卫生、社会救济、公共文化等公共服务供给之中。在城乡公共产品的供给中,政府、市场、非营利组织逐步发挥各自优势,形成协作共治的局面。

随着我国公民社会开始发展,中国已从官本位社会开始向公民社会转变。公民社会强调政府与公众的互动性,政府的一切措施需以民意为根据,政府行为要对公众负责,公众参与和监督公共政策的制定与执行。这一点在城乡公共产品的多元决策、多方筹资、协同运作、多元监督等多元供给模式之中得到充分反映。但是,我们也清醒地认识到,由于国家经济发展水平决定的财政能力有限,市场经济基础建设滞后,社会组织发展欠缺,公民整体参与意识不强,以及相关法制不完善等原因导致我国公共产品的多元供给机制还不够完善。现实背景决定我们关于治理的分析已经不能仅仅停留在理论层面,需深入长三角、珠三角等地区进行实践探索,不断深化这一领域的理论研究,为实现城乡公共产品的多元供给奠定基础。

二、基本概念界定

（一）公共产品和公共服务

1. 公共产品及其类型

西方理论界关于公共产品的理论研究相对成熟，国内目前对公共产品的概念界定主要沿用这些理论。公共产品（public goods，也译为公共物品），简言之就是指政府向居民提供的各种服务的总称。经济学家萨缪尔森（1954）最早对公共产品作了规范定义：即任何一个人对该种物品的消费不会减少其他人对这种物品的消费。[①] 相比私人产品，纯粹的公共产品具有非排他性和非竞争性这两个基本特征，最典型的例子就是国防和法律制度。公共产品的范围很广，但许多产品只满足其中的一个特征，例如准公共产品或混合产品。另外，有些产品只满足非排他性的条件，但在消费上具有竞争性，如公共池塘，公共草地等，美国学者埃莉诺·奥斯特罗姆将其称为"公共池塘资源"。再如，有些产品有非竞争性，但是在特定条件下可以实现排他，如俱乐部，收费公路，戏院等。这类产品在出现拥挤效应之前，每增加一个消费者的边际成本为零；但是，一旦出现拥挤效应，若再增加消费者就会给其他消费者带来负面效应，使得边际成本大于零。这类物品在技术条件允许的条件下可以实现低成本的排他，这就是布坎南等学者提出的所谓俱乐部产品。所以，理论界通常以消费非排他性和非竞争性这两个特征为判断标准，将所有产品划分为四类（见表1-1），本书所用的公共产品概念涵盖了其中的三类（除纯私人产品外），是一种广义上的公共产品内涵。

表 1-1 布朗的产品四分法表格

	排他	非排他
竞争	纯私人产品 1. 排他成本较低 2. 通过市场分配 3. 通过销售收入融资 例如：食物、鞋子	公共资源（混合产品） 1. 产品利益由集体消费但受拥挤约束 2. 由市场分配或直接由公共预算分配 3. 通过销售收入或税收筹资 例如：地表、地下水资源、矿场等公共财产资源

---

① Samuelson，P. The pure theory of public expenditure. *Review of Economics and Statistics*，1954(36).

续　表

	排他	非排他
非竞争	俱乐部产品（混合产品） 1.含外在性的私人产品 2.通过含补贴或矫正税收的市场分配 3.通过销售收入融资 例如：交通系统、高尔夫俱乐部	纯公共产品 1.很高的排他成本 2.通过公共预算分配 3.通过强制性税收收入筹资 例如：国防、生态环境、基础研究

另外，根据公共产品的受益范围，可以将公共服务分为全球性公共产品、全国性公共产品和地方性公共产品，本章研究重点在地方性公共产品。在国内，因为二元经济体制的长期影响，最终导致农村和城市公共产品的供给体制、机制、数量和结构等呈现较大区别，所以理论界区分出农村公共产品和城市公共产品两个概念范畴。

2.公共服务及其类型

公共服务的概念理解存在广义和狭义的区分。广义的公共服务，是指由法律授权的政府和非政府组织及有关工商企业为社会提供的基本服务。它既包括物质形态的公共物品，又包括非物质形态的、社会全体成员平等共享的生存和发展所需的最普遍、最基本的服务型项目。通常公共服务按其主要性质和基本功能可分为三大类：一是维护性公共服务，是指为确保统治秩序、市场秩序和国家安全的公共服务。包括权利保护公共服务、维护市场秩序的公共服务、维护社会秩序的公共服务、国防公共服务等。二是经济性公共服务，指政府为保障经济的平稳快速发展，向所有市场主体提供经济运行必需的经济环境等软件设施和基础设施等硬件设施。包括政府的宏观经济调控和管理、严格规范的市场监管、公开向全社会提供经济信息和市场信息以及为全社会提供水、电、气、交通等最基本的基础设施。三是社会性公共服务，指政府为促进社会公正与和谐而为全社会提供的平等的公共服务。包括教育服务、公共医疗卫生服务、社会保障服务、就业服务等。狭义的公共服务主要是指利用公共资源，面向人民所提供的文化、教育、医疗、社会保障、科技、体育等各种社会性服务。由此，广义公共服务包含了其狭义内涵，本书使用的公共服务指广义概念。

依据公共服务的水平，还可将公共服务分为基本公共服务和非基本公共服务。基本公共服务是政府为了保证社会全体成员的基本社会权利（包括基本的生存权与基础性的发展权）、基础性的福利水平，必须向全体居民均等提供的基础性公共服务。非基本公共服务是政府为回应社会更高层次的公共需求，运用手中所掌握的公共资源，为社会所供给的物品和服务的总称，包括高等教育、高于社会保障水平的高福利等。[①]

  3.公共产品和公共服务概念辨析

  在多数情况下,公共产品和公共服务两个概念所涵盖的内容是相同的,因此本书对两种概念没有进行刻意地区分。在公共产品理论研究中,最初主要论述的是物品概念,政府集中提供的是道路、桥梁、水、电等基础设施,而服务并未充分进入其分析范畴。随着社会经济发展,服务在生活和生产中的作用越来越重要,所以越来越多的理论分析开始使用公共服务的概念。尤其是在西方行政管理体制改革中,新公共管理理论、新公共服务理论大量使用公共服务概念来阐释政府的职责和功能。我国的现实语境中也逐渐采用了公共服务概念,陈昌盛和蔡跃洲提出,公共服务是一国全体公民不论其种族、收入和地位差异,都应该平等、普遍享有的服务,从范围看,公共服务不仅包含通常所说的公共产品,而且也包括那些市场供应不足的产品和服务(如食物、住房等)。[②] 实际上,公共产品理论的不断发展,已经将公共产品的概念从物品拓展到服务,公共产品主要可分为实物和劳务两种形态,劳务形态的公共产品主要包括国防、公安、检察、法律法规、行政等国家机关工职服务以及文化、教育、卫生、体育等公共事业中的服务。刻意评判是公共服务包含公共产品,还是公共产品包含公共服务并没有多大的理论和现实意义。因为学科背景关系,作者多数情况沿用公共产品概念·并内含了公共服务内容,但有时按照用语习惯也使用公共服务概念,如政府购买公共服务等。

  (二)公共产品供给、提供和生产

  公共产品供给(supply)的含义是最宽泛的,理论上认为它包括了消费者对公共产品的偏好表露、为公共产品支付费用(产品融资)、安排生产和监督等组织过程,具体包括:激励消费者表露对公共产品的真实偏好(表露偏好);按照受益原则和其他原则,根据消费者的偏好等,负担相应的成本,为公共产品提供资金(提供资金);安排公共产品的生产,对生产这些公共产品的人或组织进行管理和监督(安排生产)。公共产品提供(provide)比供给的涵义要窄一些,仅指负担相应的成本,公共产品生产(product)指的是将投入变成产出的更加技术化的过程,指制造一个公共产品,或者给予一项公共服务。传统观点认为,政府提供公共产品等于政府生产公共产品。实际上,政府供给公共产品可分为直接生产和间接生产。直接生产又分为中央政府直接生产和地方政府直接生产。间接生产在实践中出现了很多新形式。比如我们看到绿化中"政府出钱,企业种树"就是

---

① 石国亮、张超、徐子梁:《国外公共服务理论与实践》,中国言实出版社 2011 年版,第 17 页。
② 陈昌盛、蔡跃洲:《中国公共服务综合评估报告》(摘要),《中国经济时报》2007 年 1 月 22 日第 5 版。

公共产品提供和生产分离的典型。20世纪开始的西方政府改革,核心理念之一就是公共供给(public provision)不等于公共生产(public production),公共供给可以私人生产。

(三)公共产品供给主体

按照西方理论对公共供给的三个过程分析,公共产品供给主体,包含了激励公共需求的决策主体、筹集资金及安排生产的提供主体、实现产出和服务的生产主体。以下将本书使用到的这三类供给主体进行内涵界定。

1. 公共部门

公共部门中,政府是核心。由于公共产品的非排他属性,该类产品无法通过市场弥补生产成本,只有政府通过强制性税收筹集资金,安排生产并落实监督。在任何一个国家,政府都是一个靠权力驱动的利益集团,通过供给各种公共产品满足社会成员的公共需求,实现社会福利的最大化。所以,世界银行提出,政府的职能就是提供公共物品和公共服务。此外,公共企业也是公共部门的重要组成部分。公共企业主要包括水、电、气、交通、运输等领域的公共事业企业。由于公用事业投入的规模经济效益,不管是发达国家还是发展中国家,很长一段时期内都依靠政府组建公共企业来实现公用事业的建设和运营。20世纪70年代兴起的民营化改革,引入民间资本,打破了政府垄断公共事业的局面,从而使公共企业的规模及参与公共产品供给的程度逐步开始下降。在行文中,国内以往的研究比较多地使用政府或政府部门而非公共部门这一概念,广义的政府显然包含了军队、职能部门和公共企业在内的所有机构,所以本书也习惯用政府来指代相对于民间而言的第一部门或公共部门。

2. 私人部门

私人部门是经济利益驱动的、以营利为目的的利益集团,符合"经济人"假设,以利润最大化为目标。企业是最主要的市场主体,也是私人部门的重要成分。本书中更多采用了市场主体或者企业这两个概念,来分析介入公共产品生产领域的主体。具体包括参与基础设施建设和运营的工商企业、参与社区服务的市场中介、参与社会管理的鉴证中介等。目前的理论研究把这一部门称为第二部门,以其营利性特征区别于第一部门和第三部门。

3. 非营利组织

目前不同学科在公共产品供给中对非营利性组织提出了很多不同的概念,比如公共管理学中的非政府组织 NGO(not goverment organization),社会学中的非营利组织 NPO(not seek-profit organization)等。在公共产品理论研究中,比较普遍采用非营利组织来指称公共部门和私人部门之外的第三部门。20世纪七八十年代以后,伴随着"全球结社革命"的兴起,非营利组织增长十分迅速,民办的非营利性教育、医疗等机构、关注弱势群体的慈善机构、全球性环境保护组织等都参与了多个层次的公共产品供给,发挥出企业和政府不可替代的功能。在我国,非营利组织从改革开放之后经历了起步、崛起、整顿规范三个发展阶段,1981 至 2008 年之间,非营利组织在我国民政部门民间组织管理局登记注册为社团法人,包括了行业协会、民办非企业、①基金会十大类,并且统称为民间组织。2008 年,民政部将民间组织管理局变更为社会组织管理局,民间组织也改称为社会组织。在本书中,主要使用国际比较通用的非营利组织概念,但在分析我国实践时兼用到社会组织概念。

4. 公民个体

公民在现代政治生活和社会生活中扮演着极其重要的角色。作为公共产品的供给主体和消费主体,公民承担的具体角色包括:第一,地方选举的投票者。选举代表公共利益的地方政治官员和主要行政官员,并监督官员合法行使权力,制定合理的地方公共政策。第二,公共产品的消费者。作为受宪法、法律保护的公民和纳税人,公民拥有获得政府提供的公共产品的权利。第三,公共决策的参与者,为了实现公共产品的供需平衡,公共产品供给决策在初期就应该让更多的公民参与其中,通过公共选择程序表露偏好并决定公共产品供给的结构、数量和质量等。同时,参与公共产品供给的绩效评估和民主监督。第四,公共产品的生产者。尤其在社区公共服务供给中,公民与政府共同成为公共服务的生产者。公民通过承担个人责任以及志愿参加社区性公共活动,直接成为一些公共事务的自主管理者和公共产品的提供者。如我国实行的村民自治管理体制,就使村民成为集农村公共产品提供者、生产者、消费者为一体的重要主体。

参与公共产品的供给主体是多元的,目前理论界较多运用了三大部门概念,在此特以图 1-1 表示部门边界和关系。

总之,本书所使用的公共产品的"多元供给"概念包含了多个层面的特定内涵:一方面,多元供给代表了多种多样的供给模式,不管是研究相对成熟的政府供给、市场供给、志愿供给模式,还是理论界新提出的自愿供给、协同供给模式都涵盖在多元供给之中,都是本书的研究对象。另一方面,多元供给也在很多文献中理解为多元主体或者多元组织协作供给,一语多义,本书的多元供给在狭义上也包含政府、市场、非营利组织和公民等多主体、多形式的协作供给机制。

---

① 按照 1998 年国务院发布的《民办非企业单位登记管理暂行条例》,民办非企业单位(简称"民非"是指企业、事业单位、社会团体和其他社会力量以及公民个人,利用非国有资产举办的从事非营利性社会服务活动的社会组织。

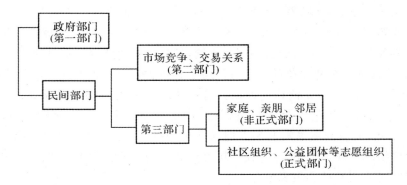

图 1-1　参与公共产品供给的三大部门

三、相关研究及其评价

20 世纪 70 年代之前,西方学术界对公共产品的分析一直与政府行为联系在一起,把供给主体基本定格于单一的政府主体,这一理念在漫长的时期内构成公共产品理论的全部内容,并指导公共产品供给制度及其实践。20 世纪 60 年代,学术界开始对占主流的政府供给理论提出质疑,并从理论和经验方面论证了公共产品由私人部门和非营利组织供给的可能性。20 世纪 70 年代,形成了公共产品私人供给理论,政府单一主体供给转变为政府、市场、非营造组织等民间部门共同供给,但实践中很快出现的"契约失灵"、"志愿失灵"等现象迫使理论界和实践部门不断加深对公共产品多元供给模式的研究,其目的是探讨政府、私营部门、第三部门及公民在公共物品供给中合理的角色定位,以达到最佳的互动效果。90 年代以来,包括政府、企业、非营利组织、公民等多主体供给已经成为具有广泛影响的理论主张,而多主体之间如何分工与协作也成为公共产品理论、公共管理理论等多学科理论研究的重点和热点。在此将主要的理论观点进行简要述评。

(一)政府与市场的双元主体供给论

萨缪尔森(Samuelson,1954)认为,由于公共物品具有区别于私人物品的非排他性和非竞争性两大特性,消费者都会选择"免费搭车"。[①] 因此市场机制在资源配置上几乎完全失灵,而由政府充当资源配置者则会达到"帕累托最优"。

---

① Samuelson, P. The pure theory of public expenditure. *Review of Economics and Statistics*, 1954(36).

但 20 世纪中叶开始,随着人口增长、石油危机爆发的出现,西方福利国家入不敷出。大量研究提出政府投资公共产品的 X-非效率问题,各种"政府失灵"论接踵而来,现实中的改革迫在眉睫。科斯(Coase,1974)通过分析指出在一定的技术条件和制度安排能引致"排他成本"降低的情况下,纯公共物品由私人提供不仅可行且更有效率。[①] 德姆塞茨(Demsetz,1970)提出可采用联合提供方式使公共物品能通过有助于私人物品价值的实现形式来使自己的生产得以进行。[②] 从 20 世纪 70 年代中期开始,英国政府便推动政府业务向私人部门委托经营。80 年代初,以市政服务合同外包为主要形式的民营化改革在美国普遍实施。此后,公共物品领域的市场化改革迅速在世界各地蔓延,并逐步成为新公共产品管理模式。美国学者莎瓦斯(Savas)认为,民营化意味着政府减少干预,增加私有机制功能以满足公众需求。莎瓦斯(1992)总结出政府促成私营部门进入公共物品领域的三种途径,即委托、撤资及替代。[③] 此外,莎瓦斯以基础建设领域为例,提出了公私合作供给(PPP)模式的系列图谱,BOT、TOT 等特许经营模式已经成为世界各国广泛应用的民营化方式。PPP 模式是指政府与私营部门间建立长期合作伙伴关系,以"契约约束机制"督促私营部门按政府规定的质量标准进行公共产品的生产,政府则根据私营部门的供给质量分期支付服务费。民营化属于新公共管理的主流,体现了新公共管理的所有特征。

(二)政府与第三部门的合作供给论

民营化改革大范围推进后,政府同样发现改革的弊端,英国、加拿大、澳大利亚等国纷纷出现政府回购公用领域企业的案例,改革出现回潮现象。Hansmann(1980)认为,营利组织所固有的局限性是导致"契约失灵"的根源,而非营利组织由于必须受到"非分配约束",它不会为追求利润而降低品质,公共产品的生产若由这种非营利的第三方部门完成,生产者的欺诈行为便会得到有力的遏制。[④] Weisbrod(1986)认为,第三部门的出现是市场失灵和政府公共物品供给不足的结果,它被视为一支独立的第三方力量在公共产品提供上实现公平与效率的最优结合,同时也在防范政府与私营部门对公众利益的侵害方面具有重大意义。然而,正如政府和市场会产生"失灵",第三部门也常常会偏离志愿机制,在提供公共物品上产生功能性和效率上的种种缺陷,Salamon(萨拉蒙,

---

① Coase,R. H. The lighthouse in economics. *Journal of Law and Economics*,1974(2).

② Demsetz,H. The private production of public goods. *Journal of Law and Economics*,1970(13).

③ Savas,E. S.,Privatizationin Mary Hawkeaworth and Mau-rice Kogan,(eds.),*Encyclopedia of Government and Politics*. NewYork:Routledge,1992.

④ Hansmann,H. The role of nonprofit enterprise. *Yale Law Journal*,1980(8).

1987)将此类失灵称为"志愿失灵",并指出非营利组织确实也存在慈善供给不足、服务对象往往限于特殊人群、因资金限制无法吸引专业人员加入而影响到服务质量等各个方面的不足。[①] 非营利组织的这些弱点正好是政府的优势:政府能够通过立法获得足够的资源开展福利事业,能够用民主的政治程序来决定资金的使用和所提供服务的种类,等等。基于两者在各自组织特征上的互补性,理论界提出,应建立起政府与第三部门的合作关系。Gidron,Kramar 和 Salamon (1992)根据两个关键因素即服务的资金筹集和服务的实际配送将政府与非营利组织的合作关系界定为四种模式:政府主导模式、第三部门支配模式、双重模式和合作伙伴模式。[②] 后有学者 Young(2000)排除第一种传统模式,直接将两者关系更明确地界定为三种:对抗关系、补充关系和合作互补关系。[③] 其中,合作互补关系被视为集聚两者优势解决复杂问题的有效方式,在西方发达国家应用最为广泛,它指两者共同提供公共产品,典型做法是由第三部门提供服务,而政府提供资助,也包括政府给予充分的赋权和支持,采取特许经营、公私合营、贷款和贷款担保等形式与第三部门合作。

(三)政府、市场、社会的三元协作供给论

Wuthnow(1991)提出了政府、市场、志愿部门三部门提供公共物品供给模式。他指出,政府的特点是拥有强制性权力,市场是以非强制性原则来运作,而志愿部门是以"志愿主义"的原则来活动,三者虽看似界限明晰且原则大相径庭,但在解决同一社会问题时彼此间却存在着密切的互动关系。同时,他指出,当三者为公众提供相同或相似的公共产品或服务时,也会存在激烈的竞争。此时三大部门间还存在着资源交换关系,资金、人员、技术、公共关系往往在部门间流动。兴起于 20 世纪 90 年代的治理理论认为,随着经济领域和社会领域自组织力量的发展,私营部门与公共部门、政府与市场、政府与非政府组织间的传统界限逐渐被打破,公共产品供给的整个过程也演变成为由各种不同角色所组成的复杂合作网络的治理过程。治理不同于"统治",也不一定要依靠国家的强制力量使别人服从(Rosenau,2001),而是政府、市场、社会主体间关系实现秩序化的管理方式。换言之,就是在公共产品领域建立起一种有效的协调机制,在三者不

---

① [美]莱斯特·M·萨拉蒙等著:《全球公民社会——非营利部门视角》,贾西津,魏玉等译,社会科学文献出版社 2002 年版,第 156 页。

② Gidron,B.,Kramer,R.,Salmon,L. M. *Government and The Third Sector*. San Francisco:Jossey Bass Publishers,1992.

③ Young,D. AlternativeModels of govement-nonprofit sector relations:theoretical and international perspective. Nonprofit and Voluntary Sector Quarterly,2000(29).

断的合作与竞争中努力寻求多元权力的均衡点,形成公共产品供给的多中心体制及互补机制。政府、企业、第三部门共同参与公共物品的供给,可实现各自优势的充分发挥及优势互补。[①]

(四)政府、市场、社会及公民的多元互动供给论

新公共管理理论较早提出了政府在提供公共服务时的"掌舵"而非"划桨"的职能定位,强调政府将公共产品或服务的生产环节向市场转移。而新公共服务理论批判性地提出,政府是"服务而非掌舵"的观点,指出公民才是社会的真正主人,政府的首要任务是帮助公民明确表达并实现公共利益,而不是试图去控制或驾驭社会。政府不仅要亲自参与为公民提供最广泛意义上的公共产品,更重要的是,政府应积极提供一个舞台,能使公民在这一舞台上充分发表意见,清晰地表达其价值观。除提供舞台外,政府还有责任充当"中间人",将多元参与供给主体都集中到谈判桌前进行磋商和谈判,通常是以政府、私人部门和第三部门结成战略联盟的形式来协同解决。[②] 罗兹(Rhodes)提出"治理"是一种"自我管理网络",即强调公共服务的传递是政府、私营部门、非政府组织、公民共同组合而成的,行动者的相互依赖关系用"网络"来概括。美国学者奥尔特(Alter)和哈格(Hage)对联邦政府系统的研究进一步推动了网络化治理理论发展,他们认为组织间合作是一个方法或过程,而不是结果,合作包括政策制定的合作(跨机构的委员会)、行政合作(合作项目)、执行合作(单项事务的管理),并提出该理论关注的中心应当是网络的结构联结。美国政治经济学家文森特·奥斯特罗姆和埃莉诺·奥斯特罗姆,跨越经济学、管理学等多个学科,提出了包括私人企业在内的多组织安排公共产品的多中心供给模式,即多中心治理理论。主要观点包括:公共管理要求市场组织、非营利组织与政府组织一起参与公共服务与公共产品的提供,要打破政府对公共管理权力的垄断;政府要集中精力提供科技教育等核心公共产品。

(五)国内研究简评

随着改革浪潮的推进,我国的相关研究大量出现,众多学者引入了西方学者提出的组织失灵理论、资源依赖理论、民营化理论,对我国推进公共产品供给改革的必要性、已有经验、存在问题及实现路径作出了初步探索。多数学者将这种主体多元化、方式民主化、管理协作化的上下互动的新型治理模式引入我国的公

---

① 周燕等:《国外公共物品多元化供给研究综述》,《经济纵横》2006 年第 2 期。

② [美]罗伯特·B·丹哈特,珍妮特·V·丹哈特:《新公共服务:服务而非掌舵》,《中国行政管理》2002 年第 10 期。

共行政管理和社会公共事业发展中,并从提升服务质量、促进政府职能转变、推进民主参政、实现社会协同等角度论证了多元主体协作供给公共产品的重要意义,也提出了市场经济发育不完善、公民社会发展不足、法制政府建设滞后、组织协作制度缺乏等组织协作困境产生的主要原因及相关对策思路。相比而言,因为基于良好的公民社会发展背景、市场经济环境以及政府大量改革实践,国外对公共产品多元供给的研究能够实现理论与实证的结合,不管是公私合作供给模式、多中心协同供给都能够在微观层面开展具体机制分析,而国内相关研究因为实践的相对缺乏,出现了理论分析和国外经验介绍为多,而本国实证分析较少的情况。尤其是当前针对各地方公共产品供给中出现的多元协同机制、自愿供给机制等创新实践的深入研究很少,针对目前政府主导型的中国社会,对政府、市场和社会在公共产品多元供给中的功能作用和权责边界的研究还不足,对现实中多元供给的实现路径研究还不全面。

四、研究问题的提出

综观国内外已有研究,对多元组织合作供给公共产品的论证,已经从"一元论"、"二元论"、"三元论"到"多元论",实现了逐步的深入和开拓,理论和实践多个层面积累的研究成果,为本书的研究提供了基本的理论基础和丰富的素材资料,但目前对该领域的研究空间还很大。其一,国外对公共服务改革中出现的公私合作模式一直持有两种不同的声音,多数理论从正面进行阐述,但也始终有学者发出怀疑甚至否定的声音,比如"逆向民营化改革"研究者一直对服务外包的实际绩效进行实证研究,试图说明民营化改革的回潮现象及其原因。所以在国内也更加需要对供给改革中出现的问题予以重视,从客观的角度审视改革的公平性、有效性和持续性。其二,国内研究者还未将公私合作供给、混合供给、协同供给和自愿供给的概念进行清晰地界定,混淆和替代使用的现象比较普遍,对这些概念之间的差别未作认真区分,由此导致了在研究过程中概念使用的不严谨。其三,在公共产品的多元供给模式的引入对象上,主要集中在几个公共领域,如基础设施建设、教育、医疗等,研究依然不够全面,使得研究的对策、建议及结果不具有较为普遍性的参考价值,更加综合性的研究还很少。其四,在多元供给具体实践经验和措施方法研究中,现有成果主要集中在针对个案或个别区域的具体模式上,缺乏对当前实践和理论层面上的所有具体操作模式之间的详细梳理和对比研究。其五,我国有着传统二元经济体制的特殊背景,在城市和农村之间已然形成经济社会的巨大差别,由于公共产品供给的城乡非均衡性,居民收入水平和公共需求差距显而易见,所以在共同推进改革的过程中产生了不同的多元供给经验和模式,需要深化有针对性的理论研究。

在提高公共产品供给效率以及维护社会公平方面,公共产品供给的多元化模式对我国来说无疑是一种较为现实和有利的选择。实践方面,不管是城市和农村都已经在公共产品供给的改革中作出方方面面的探索,地方政府与市场、非营利组织、城乡居民的多元协作,对提升供给效率,解决公共产品供需矛盾发挥出了关键作用。但是,在改革中也遇到了各种阻力和困难,累积了大量问题和风险,这些都需要理论工作者不断深入研究,以克服现实问题,提升改革成效。

浙、沪、苏等发达地区因政府职能转变、市场经济和社会组织发展、民主法制建设等方面的良好基础,在推进公共服务改革、促进公私协作供给等方面走在全国前列,累积了众多先行经验。本书将立足于长三角地区农村和城市的公共服务改革实践,系统梳理公共产品多元供给相关的理论概念和知识,充分论证改革的实践意义,清晰梳理改革的已有经验,多维度比较各种改革模式,对不同层级的地方性公共产品的多元供给机制进行系统研究,为我国创新公共产品供给机制、探索多元协作供给的实现路径提供理论基础和实践指导。

五、研究框架和主要内容

在公共产品多元供给的研究中,首先需要区分不同公共产品类型,针对我国农村公共产品、城市市域性公共产品和社区性公共产品的种类和特性,进行因地制宜的针对性研究。本书冀图明确界定研究内涵,廓清多元供给的现有制度特征,梳理实践成效和存在问题,吸收国外相关经验,理性思考我国实现各层级公共产品多元供给的必要条件和具体路径。

基于内在机理和实践路径的区别,本书以两部分篇章分别论证农村公共产品和城市公共产品的多元供给理论和实践,但在论证中两部分内容依循相近的研究框架:制度特征分析——实践形式梳理——成效和问题剖析——影响因素分析——国外经验借鉴——对策思路分析。第一篇农村公共产品供给研究中,以浙江为例紧紧围绕自愿供给模式深入研究,一共分为七章内容:

第一章对国内外自愿供给的理论进行研究综述。通过对国内外公共产品自愿供给的相关研究进行逻辑上的分类梳理和归纳,以求为农村公共产品自愿供给研究提供理论上的参考和实践上的指导。

第二章展开自愿供给的内涵及制度分析。切入公共性视角认识自愿供给的内涵,界定农村公共产品自愿供给的概念;理性分析浙江农村公共产品自愿供给的形成机理;初步划分农村公共产品自愿供给的三大制度类型;从行为主体、项目载体、资源类型等多个角度描述农村公共产品自愿供给的现状特征。

第三章分析农村公共产品自愿供给的综合绩效。借鉴已有的农村公共产品供给效率定性和定量分析方法以及供给满意度评估方法，对农村公共产品自愿供给的经济、社会、政治和文化绩效予以分别阐释。

第四章分析各类农村公共产品自愿供给的影响因素。采用计量归因分析、文献综合分析和调查定性分析结合的方法，客观寻求不同制度类型自愿供给的影响因素，并在此基础上进行综合梳理。

第五章阐明农村公共产品自愿供给的主要障碍和问题。从供给主体、项目实施和消费对象等方面展开问题分析，分别阐述镇村集体自愿供给、村民自愿供给、社会个体和企业自愿供给、社会组织自愿供给、政府部门和单位自愿供给存在的主要难点和障碍。

第六章引介农村公共产品自愿供给的国际经验。通过对日本、韩国和德国等国家的农村公共产品自愿供给案例进行分析研究，提出可供借鉴的经验和启示，旨在提高我国农村公共产品自愿供给的水平、效益和可持续性。

第七章提出完善农村公共产品自愿供给的对策思路。从构建自愿供给的基本前提和可行性条件、激发自愿供给的内在动力、创新自愿供给的运作方式、引导自愿供给的持续发展、规制自愿供给的微观行为入手，分析政府、企业、社会组织、村集体和村民不同层次主体如何发挥出应有的作用，以完善农村公共产品自愿供给制度。

第二篇城市公共产品供给研究中，立足于浙、沪、苏等长三角地区的实践与探索，深入剖析城市市域性公共产品的协同供给模式和社区性公共产品的多元供给模式。本篇共分六章内容：

第一章同样介绍了国内外公共产品协同供给的相关理论，对协同供给的概念、形态、功能作用以及实践问题进行初步梳理和介绍，增进读者对相关概念和知识点的熟悉程度。

第二章开展公共产品供给中多元协同机制的制度分析。公共产品协同供给的核心是在政府、市场、非营利组织等不同性质的组织之间形成一个互动协作机制，这一机制在本书中定义为多元协同机制，充分论证这一机制的内涵、适用领域、制度特征和产生机理，为深入理性思考奠定基础。

第三章以杭州社会复合主体为例，深入多元协同机制的实践分析。杭州市为促进城市战略性公共产品的供给，相继组建了一批多元职能融合、多种角色互补的社会复合主体，这些复合主体有效地整合了党政界、知识界、行业界、媒体界等各种社会资源，克服单一组织的失灵问题，深入探讨这一创新经验将实现多元协同理论与实践的结合研究。

第四章分析国外发展多元协同复合组织的经验。在欧美以及其他国家中寻求类似于杭州社会复合主体的实践经验,针对国外的既有经验,对这类复合组织进行仔细、深入地分析,以挖掘出其中的启示与借鉴意义。

第五章提出培育复合组织实现多元协同供给的对策。寄望未来,要在社会复合主体的培育中形成长期的指导思路以及各阶段的具体措施,解决该类组织面临的微观运作问题和发展环境制约问题,最终提高城市公共产品的供给水平,促进城市社会经济的和谐发展。

第六章研究城市社区公共产品的多元供给机制。从当前城市社区这一层次公共产品供给不足的现状出发,结合浙、沪、苏等城市社区公共服务外包等经验,探索出一套城市社区公共产品的多元供给的有效机制,并提出相应的政策建议,进一步完善对城市公共产品多元供给的整体研究。

六、研究方法

一是调查研究方法:依托近年来相关的国家、省、市三级社科规划基金课题和各部委办局的委托课题,作者及同事深入上海、杭州、宁波、绍兴、温州、南京、苏州等多个地区的乡镇、农村、复合组织、城市社区等进行现场调研,收集关于研究对象的第一手资料。

二是比较研究方法:通过对我国城乡公共产品供给的历史变迁研究,纵向比较不同时期农村和城市公共产品供给情况;通过与国外公共产品供给的横向比较,借鉴国外相关经验;通过对长三角地区的典型案例进行多维度比较,深入挖掘公共产品多元供给的实践经验和适用规律。

三是案例研究方法:研究中大量采用了媒体上公开发表的已有案例以及实地调查的真实案例,所以案例研究具有可信度。并且在案例研究中不仅限于经验介绍,更注重深入案例中对多元供给的内在运行机制、主要障碍、实际绩效进行详尽地剖析。

四是统计和计量分析法:近年来,作者及多位同事联合职能部门和调查中介,对政府、市场主体、非营利组织和城乡居民四个层面作了问卷调查,用 SPSS 软件对回收的问卷进行统计分析,以及相关性计量分析。

五是文献研究方法:在理论分析方面,主要以大量的有关公共经济学、公共管理学、公共行政学、社会学等领域的中外著作和公开期刊文献为基础,另外,大量阅读了国内相关的硕博学位论文,为研究做好理论铺垫。

七、主要研究贡献

本书的主要贡献主要包括以下四个方面：

首先，将国外关于多元供给的相关理论进行系统梳理，明辨理论界已经在使用的自愿供给、协同供给、混合供给、市场供给等易于混淆的概念，尤其对自愿供给和协同供给的已有文献分章进行较为完整的综述，并且指明国内在这些领域需要深入的研究方向。

其次，综合西方的公共产品供给、新公共管理、新公共服务、多中心治理等相关理论的核心思想，并将这些理论思想在中国的土壤中寻求到实践的落脚点。本书最主要的贡献在于将理论结合我国发达地区的公共产品多元供给实践，对不断出现的创新机制、新兴组织、重要政策、典型案例进行深入的制度分析和理性思考，推进该领域理论研究的本土化。总结提炼出的浙、沪、苏等地经验，供各地参考借鉴，提高理论研究的现实意义。

再次，面对中国当前的经济发展和社会保障水平、政府改革背景、社会文化传统，以农村公共产品自愿供给和城市公共产品协同供给为具体研究对象，全面分析实践中多元供给公共产品的各种经验、机制类型、主要成效、存在问题。在研究中兼顾农村、城市、社区不同层级的公共产品特性，理论结合实际展开多层面研究，并在研究中运用计量软件开展实证分析，因此提升了相关研究的综合性、针对性和科学性。同时，广泛查找中英文文献，收集各国资料，总结和提炼农村公共产品自愿供给的国际经验以及国外发展多元协同复合组织的主要经验。对于国外如何通过自愿供给满足农村公共需求以及如何通过复合组织运作实现城市战略性公共产品供给进行仔细、深入地分析，以挖掘出对我国的启示与借鉴意义，弥补国内该领域研究的稀缺。

最后，直面现实中城乡公共产品多元供给的主要障碍和实际问题，吸收发达地区和国外的已有经验，分析政府、企业、社会组织、利益集团、城乡居民等不同层次主体如何在多元供给中发挥出应有的作用，进一步提出完善农村公共产品自愿供给、城市公共产品协同供给的对策措施，为地方政府改革公共管理体制、创新公共产品供给机制提供理论基础，从而提升理论研究的实践效用。

第一篇

农村公共产品自愿供给研究：
基于浙江实践

传统经济学认为,公共产品的供给既不能像私人产品那样通过市场供给有效解决("市场失灵"),也不能通过集体行动来有效解决,只有依靠政府来完成公共产品的供给。但是,随着政府在供给公共产品中财政收支不平衡、信息不完全、供给价格偏高和效率低下等一系列问题的出现,人们逐渐意识到了"政府失灵"。并且在现实生活中,人们也发现如果将某些公共产品交给私人部门供给,效果要比政府好得多。Demsetz(1970)认为,在能够排除"免费搭车"的情况下,私人企业可以有效地提供公共产品;科斯(1974)通过"灯塔"案例,告诉人们公共产品也可以由私人通过市场机制提供和经营;德姆塞茨(1970)提出了运用价格歧视使私人有效提供公共产品的实现途径;戈尔丁的"选择性进入"理论完成了对公共产品的非政府供给可行性论证。另外,随着社会经济的发展,一些慈善机构、志愿组织、民间志愿者等非营利组织和个人在公共产品供给方面的作用越来越突出,因此,既然公共产品供给中的"市场失灵"和"政府失灵"不可避免,"公共产品'自愿供给'[①]"就越来越引起国内外学者的关注和研究。现有的国内外文献研究表明,国外对自愿供给的最早定义可以追溯到 1961 年奥斯特罗姆(Ostrom)的研究,他认为,在公共产品的供给中,除了政府供给和市场供给之外,还存在着自愿供给这一模式。国内樊丽明教授(2005)认为公共产品自愿供

---

① 自愿概念不等同于志愿,自愿供给是相对于政府通过强制性税收实现供给的方式而提出来的,与社会学的志愿有很大区别,但有大量文献将其翻译成"志愿供给",本篇特意沿用樊丽明教授的"自愿供给"概念。

给是指"以公民个人或者单位独立、分散、自愿决策为基础,以社会捐赠或公益彩票等形式无偿或部分无偿地筹集资金,直接或间接地用于教育、体育、济贫、公共福利等公益用途,并接受公众监督的供给方式;是在市场、政府机制发生作用的基础上进行资源配置的'第三层次'机制;是一种独立的、融经济行为和人文关怀为一体的、有社会意义的公共产品供给方式;是对政府和市场供给的一种被普遍运用方式和有益补充"的理解。[①]

本篇的关注对象是农村公共产品,农村公共产品是用于满足农村公共需要,具有消费的非竞争性和非排他性的社会产品,本书将其分为三类:农村路桥、用水、环境等生活性公共产品;农田水利设施、农业技术、病虫害防治等生产性公共产品;教育、养老、医疗、卫生、文体设施等服务性公共产品。综观国内外,目前农村公共产品正呈现供给主体多元化、供给形式多样化格局,在浙江这样一个市场经济的先驱地区,农村公共产品供给制度也得以先行改革与创新,在政府支持、市场介入、民间参与多种条件保障下,出现了政府主导模式、民间合作模式、市场模式及私人模式的创新。[②] 其中基于自愿性、非营利性和非政府性三个特征形成的自愿供给模式则是集结了政府、集体、企业和个人供给的交叉制度创新。因此,与国内其他学者不同,本书所研究的农村公共产品自愿供给,是相对于纯粹政府供给而言的一种供给活动,它包含了一切个人、企业和社会组织等主体的供给行为,涉及农村公共产品的提供、生产、服务活动及这种活动的结果。作为政府供给的一种补充力量,这种自愿供给近年来渐渐出现在农村政治经济生活中,在农村公共需求日益高涨、政府供给资源相对短缺的背景下,这种供给方式正发挥出特殊的作用。

---

① 樊丽明:《中国公共产品市场与自愿供给分析》,上海人民出版社 2005 年版,第 9 页。

② 张军(1996,1997)将农村公共产品供给制度的创新概括为政府主导模式、民间合作模式和私人模式三种,随着浙江市场经济改革的深入,营利性的市场组织也正在以公私合作(PPP)如合同承包、BOT、TOT 等多种方式进入农村污水处理、道路修筑、水电工程、垃圾收集处理、环境卫生等多个领域,也有一些文化类企业组织结合公益和营利性进入电影放映、剧团演出等农村文化市场。所以作者认为在原有三大主体创新仍然存在并十分重要的基础上可以增加一种市场模式创新。

第一章

国内外公共产品自愿供给研究综述

公共产品自愿供给日益引起国内外学者的关注。本章试图通过对国内外公共产品自愿供给的相关研究进行逻辑上的分类梳理和归纳，以求为目前国内公共产品自愿供给研究提供理论上的参考。

一、"自愿供给"概念的界定

首先，对于自愿供给的定义，国内外学者基本上认为自愿供给是除政府与市场之外的另一种公共产品供给方式。如奥斯特罗姆通过对公共池塘资源的研究，指出除政府和市场之外，还存在着自主治理的可能性（即公共产品的使用者可以通过自筹资金来制定并实施有效使用公共池塘资源的合约）。[①] Robert Sugden(1984)指出在现代经济社会中，除了通过消费者付费和强制征税来提供公共品之外，还有一种途径即自愿供给。[②] 樊丽明(2005)认为公共产品自愿供给是公民个人、单位以自愿为基础，以社会捐赠或公益彩票等形式无偿或部分无偿地筹集资金，直接或间接地用于教育、体育、济贫、公共福利等公益用途，并接受公众监督的一种机制；是在市场、政府机制发生作用的基础上进行资源配置的机制；是一种独立的、融经济行为和人文关怀为一体的、有社会意义的公共产品供给方式；是对政府和市场供给的一种被普遍运用方式和有益补充。[③] 詹建芬(2008)认为，自愿供给是相对于政府供给而言，包含了一切个人、企业和社会组织等供给主体，在农村公共产品形成过程中，涉及公共产品的提供、生产、服务活

---

① ［美］埃莉诺·奥斯特罗姆著：《公共事物的治理之道：集体行动制度的演进》上海三联书店 2000 年版，第 59 页。

② Robert Sugden. Reciprocity：The supply of public goods through voluntary contributions. *The Economic Journal*. 1984(12)：772—787.

③ 樊丽明：《中国公共产品市场与自愿供给分析》，上海人民出版社 2005 年版，第 9 页。

动及这种活动的结果;在供给主体上,兼容市场供给与自愿供给主体;供给动机中,兼容利他动机和利己动机;供给机制上,兼容市场法则和道德自律;供给成本补偿上,兼容使用者付费和免费规则。

其次,研究认为公共产品自愿供给的主体主要有:(1)非营利组织。即在政府和营利部门之外的一切志愿组织,又被称为"第三部门"。如王绍光(2002)、王朝晖(2008)等认为非营利组织在农村公共产品供给中扮演着重要角色,是主要的自愿供给主体。(2)个人。如樊丽明(2005)认为存在出资人直接捐赠给受益人的情况;王朝晖(2008)指出某些大户(或有钱人)在特定情况下可能会主动承担筹资责任。(3)企事业单位。柳士双(2007)指出,农村公共产品自愿供给的主体包括企业和事业单位。(4)政府部门(主要是民政部门)。在公共产品自愿供给中政府部门主要扮演中介和监督等作用。

第三,研究认为自愿供给的实现途径有:(1)无条件的社会捐赠。樊丽明(2005)指出自愿供给包括捐款收入、捐款物折合收入或捐物变卖收入;张珺(2008)认为志愿服务(送温暖、送技术等)是一种途径。(2)部分无偿的政府或慈善机构发行的公益彩票。樊丽明(2005)认为"公益彩票是中国自愿供给准公共品的有效方式之一"。(3)"俱乐部"方式。布坎南(1965)的"俱乐部理论"认为在获得排他性的前提下,确定一定数量的($N>1$)人员组成俱乐部,可有效地自我提供非纯公共产品,关键是确定俱乐部的最佳人数;[①]朱迎春(2004)认为将农民组织起来,通过合作社将农村准公共产品外部收益内在化,可提高供给效率;张珺(2008)以农户合资共同购置小型水利设施为例,指出农村中存在一类公共产品,由于需求限定在某个特殊群体中,不可能依靠政府和市场供给,只有依靠"俱乐部"的方式进行提供。(4)公私合作方式。包括非营利组织和政府部门之间的合作以及私人企业与政府部门之间的合作。常修泽(2006)主张政府提供公共品可采用"公私伙伴关系"机制。

最后,国内学者研究了公共产品自愿供给对整个社会公共产品供给产生的效应。这些效应主要有:(1)规模效应。樊丽明(2005)、王朝晖(2008)等认为自愿供给在一定程度上可以增加公共产品的供给规模,满足增长弹性大于经济增长和收入增长的公共产品需求,满足公共产品多元化的需求。(2)竞争效应。樊丽明(2005)认为,自愿供给作为一种公共产品供给机制,形成了对政府供给和市场供给的竞争,这有利于提高公共产品供给效率;王朝晖(2008)认为,非营利组织的公益性降低了组织成本,志愿性使得公共产品主要依靠志愿者和社会捐赠,

---

① James,M. Buchanan. An economic theory of clubs. *Economica*, New Series, Feb, 1965, 32 (125).

比政府和企业更能有效组合运用社会各方面的资源,降低了生产成本,民间性能够更好地了解公共产品的真实需求偏好,降低了交易成本,所以自愿供给提高了供给效率,对政府供给和市场供给产生了竞争。(3)公平效应。樊丽明(2005)认为,公共产品自愿供给可以增进社会公平。(4)财政效应。樊丽明(2005)认为,自愿供给填补了部分公共产品供给的空白,弥补了政府供给的不足,具有补充效应;王朝晖(2008)认为,自愿供给有利于缓解由于农村公共产品需求增长造成的地方政府尤其是县乡政府的财政困难。(5)结构调整效应。樊丽明(2005)认为,自愿供给能够调整财政的支出结构和使用途径。(6)挤出效应。樊丽明(2005)认为,自愿供给对政府出资供给公共产品是一种替代,具有挤出效应。

二、"自愿供给"动机的探讨

相比国内研究,国外学者们侧重对自愿供给主体真实动机的探讨,即当外人看来自愿供给不是占优策略的时候,而供给者却选择了自愿供给行为的原因进行分析。本章把学者对自愿供给动机的分析归为以下几种:(1)纯粹利己(egoism)。曼库·奥尔森(1965)以纯粹"经济人"假设为前提,认为人们自愿供给公共产品的动力在于获得某种私人品或者选择性激励;根据收益成本原则分析后得出,当"某些小集团中的每个成员,或至少其中的一个成员,会发现他从集体物品获得的个人收益超过了提供一定量集体物品的总成本;有些成员即使必须承担集体物品的所有成本,他们得到的好处也要比不提供集体物品时来得多"的时候,"集体物品就常常可以通过成员自发、自利的行为提供"。① 国内学者符加林等(2007)认为基于对声誉损益的考虑,农户自愿供给社区公共产品会是一个有效的结果。皮建才(2009)认为在异质型个体中,声誉受益的大小决定了行为主体的博弈方式和博弈结果。Nicholas Bardsley 和 Peter G. Moffatt(2007)研究了公共产品个人供给的动机后认为,利他主义不是主要因素,大部分的个体是利己的,因为他们通过实验发现,大约 39% 是战略家,30% 是搭便车,30% 是追求回报的(互惠者),只有 6% 是利他者。② (2)部分利他(partial altruistic)。Cliff Landesman(1995)把"部分利他"定义为一个人的效用函数中既包含自己的福利又包含他人的福利,认为利己偏好不能解释自愿供给,部分利他主义是解释

---

① [美]曼瑟尔·奥尔森著:《集体行动的逻辑》,上海人民出版社 1995 年版,第 28 页。

② Nicholas Bardsley,Peter G. Moffatt. The experimetics of public goods inferring motivations from contributions,*Theory and Decision*,2007(62):161—193.

自愿供给的最好理由。[①]（3）混合利他（hybrid altruistic）。Cliff Landesman（1995）指出混合利他偏好是指供给的决策是根据服务集团利益和自身利益的相对价格而定的，当帮助社会的公共产品价格变得便宜时，就会增加自愿供给量，但混合利他主义不能很好地解释自愿供给动机。[②]（4）纯粹利他（purely altruistic）。即个人的确是出于关心他人而提供公共产品，没有任何动机，不求任何回报。Simon P. Anderson 等（1998）在实验中发现纯粹利他主义解释自愿贡献是合理的。[③] 但是，一些学者对运用"利他偏好"来解释自愿供给的现象给予了怀疑：如 Ledyard（1994）指出经验、重复、更多的关于回报的细节、关于异质性的信息等会降低一些个体的利他偏好。[④] Andreoni（1988）认为"搭便车"行为支配了利他偏好，因此，利他偏好对自愿供给起到的作用是非常有限的，其他利己因素在起作用：如负罪感、嫉妒感、效法、同情怜悯、责任感、公平感、渴望被认可等都是原因。[⑤] 目前，学者们基本认为自愿供给动机中兼具利己和利他成分。如 Makoto Kakinaka 和 Koji Kotani（2011）研究了在一个大型经济组织中外在动力和内在动力的相互作用对公共产品的自愿供给的影响后认为，外在动机表现为自利，内在动机则可以分为"道德动机"和"社会动机"。道德动机是个人对责任和公共服务的满意感；社会动机是诸如公平创造和荣誉建设等。[⑥] D. Darcet 和 D. Sornette（2008）认为利他主义和自私的利己行为可能并不矛盾，利他并不是无条件的，助人为乐不是最优的。[⑦]

其他一些学者还从以下几个因素着手探求自愿供给的动机：（1）信念（beliefs）。Ledyard（1994）指出不管人们是出于什么样的动机进行合作，人们都

---

① Cliff Landesman. The voluntary provision of public goods. http://perspicuity. net/sd/vpopg/vpopg—f. html.

② Cliff Landesman. The voluntary provision of public goods. http://perspicuity. net/sd/vpopg/vpopg—f. html.

③ Simon P. Anderson, Jacob K. Goeree, and Charles A. Holt. A Theoretical Analysis of Altruism and Decision Error in Public Goods Games.

④ John O. Ledyard. Public goods: a survery of experimental research, the handbook of experimental economics edited by Roth and Kage.

⑤ James Andreoni. Privately provided public goods in a large economy: the limits of altruism. *Journal of Public Economics*, 1988(35): 53—57.

⑥ Makoto Kakinaka, Koji Kotani. An interplay between intrinsic and extrinsic motivations on voluntary contributions to a public good in a large economy. *Public Choice*, 2011(147): 29—41.

⑦ D. Darcet, D. Sornett. Quantitative determination of the level of cooperation in the presence of punishment in three public good experiments. *Econ Interact Coord*, 2008(3): 137—163.

相信其他人也是倾向于合作的。[1] Stuart Mestelman 和 David Feeny(1988)认为不仅是交流沟通而且人们的观念和意识形态对公共产品自愿供给也有重要的影响。[2] 但是，Cliff Landesman(1995)认为即使人们用道德信念来支配他们的供给行为，自愿供给仍然会不足。[3] 奥尔森认为"除了爱国主义力量，意识形态的感召，共同文化的维系和法律规定制度的不可或缺，现代史中没有哪一个大国能够靠自愿的集资或捐款来供养自己"[4]。（2）决策错误(decision error)。Simon P. Anderson 等(1998)指出错误的决策是一个解释自愿贡献的合理原因。[5] Andreoni(1995)指出供给者没有真正理解激励因素而导致（"迷惑"）他们放弃"搭便车"而选择合作；反之，则不会选择合作。[6]（3）互惠偏好(recprocity)。Ernst Fehr 和 Urs Fischbacher 等(2002)认为如果人们感觉公正，并且有一套对不合作人员的惩罚机制，则许多人都有自愿合作的倾向。[7]（4）光热给予者(warm-glow)。Andreoni(1995)指出这类人对他人比较友好，比较倾向合作而不是"搭便车"，因此，Andreoni 比较倾向于用光热效用来解释自愿供给。[8] 但是 Simon P. Anderson 等(1998)[9]在实验中发现 warm-glow 无关重要；周业安和宋紫峰(2008)通过实验后发现，互惠理论可以部分解释公共产品自愿供给，但是光热效应没有得到数据的支持。（5）条件性合作。Fischbacher 和 Cachter(2006)提出"条件性合作者"在有更多的人参与自愿供给的时候也会自愿供给更多的公共品；"条件性合作"是供给者对诸如利他、光热效应、不平等厌恶和互惠

① John O. Ledyard. Public goods: a survery of experimental research. The handbook of experimental economics edited by Roth and Kage.

② Stuart Mestelman, David Feeny. Does ideology matter?: Anecdotal experimental evidence on the voluntary provision of public goods. *Public Choice*, 1988(57): 281—286.

③ Cliff Landesman. The Voluntary Provision of public Goods. http://perspicuity.net/sd/vpopg/vpopg—f. html.

④ [美]曼瑟尔·奥尔森著:《集体行动的逻辑》,上海人民出版社 1995 年版,第 12 页。

⑤ Simon P. Anderson, Jacob K. Goeree, and Charles A. Holt. A Theoretical Analysis of Altruism and Decision Error in Public Goods Games. *Journal of Public Economics*, 1998, 170(11): 297—323.

⑥ James Andreoni. Cooperation in public-goods experiments: kindness or confusion?. *The American Economic Review*, 1995, 85(4).

⑦ Ernst Fehr, Urs Fischbacher 等: Strong reciprocity, human cooperration, and the enforcement of social norms. *Human Nature*, 2002, 13(1).

⑧ James Andreoni. Cooperation in Public-Goods Experiments: Kindness or Confusion?. *The American Economic Review*, 1995, 85(4).

⑨ Simon P. Anderson, Jacob K. Goeree, and Charles A. Holt. A theoretical analysis of altruism and decision error in public goods games. *Journal of Public Economics*, 1998, 170(11): 297—323.

等因素的结合的结果。① (6)信任。奥斯特罗姆认为对公共产品自愿供给失败的原因之一是"当事人也许就缺乏相互交流的能力,没有建立起信任的途径,也没有意识到他们必须共享一个未来"。② David De Cremer(1999)研究了在公共品供给困境中信任对合作的重要性:因为信任降低了人们对剥削的恐惧,而这种信任是与公平性和集体效率的感知息息相关。③ Keiko Ishii 和 Robert Kurzban (2008)研究得出个体在信任方面的差异会对捐款(赠)产生影响。④ (7)风险的喜好。M. Vittoria Levati 等(2009)认为风险规避者的行为与自愿贡献意愿的关系呈负相关。⑤ (8)公平性(fairness)。Cliff Landesman(1995)指出只有在人们确实有一套最优的衡量不公正的方法,且大部分受益人是合作者的条件下,公平才可以被解释为公共产品自愿供给的动机。⑥

结合我国的实践情况,国内学者们研究分析了"自愿供给"的原因和条件。樊丽明(2005)从公共产品的规模、多样性、性质特征(技术创新和制度创新会改变公共产品的自然特性)、私人资本的规模及其增长率、NGO 的发展、人们对经济增长的预期等多角度解释了自愿供给的原因和条件。其他学者分别从不同视角研究我国农村公共产品自愿供给的原因,如林万龙(2001)认为农村财产权私人化和农村经济私人化的一个必然结果就是农村公共产品供给的私人化。王磊(2007)从降低交易成本的角度研究,认为通过私人和第三部门提供公共产品可以大大降低交易成本。范方志等(2007)认为私人合作自愿供给是一种自发演化形成的"诱致性"制度变迁。陈东(2008)认为社会资本水平越高,农民参与程度越强,农村公共产品供给越具有效率保证。王金辉和王永莲(2008)认为宗教文化传统能解释我国农村祠堂、族谱等公共产品的自愿提供,除此之外,他们还从弱势群体效应的角度研究,认为因为相对于城市,农村比较贫困,因此,人们(尤其是从农村出去的成功人士)更倾向于向农村提供公共产品。

---

① Urs Fischbacher, Simon Gachter and Ernst Fehr. Are people conditionally cooperative? evidence from a public goods experiment. http://www.iew.uzh.ch/wp/iewwp016.pdf.

② [美]奥斯特罗姆著:《公共事物的治理之道:集体行动制度的演进》,上海三联书店 2000 年版,第 41 页。

③ David De Cremer. Trust and fear of exploitation in a public goods. *Current Psychology*, Summer 1999.

④ Keiko Ishii, Robert Kurzban. Public goods games in Japan cultural and individual differences in reciprocity. *Hum Nat*, 2008(19):138—156.

⑤ M. Vittoria Levati, Andrea Morone, Annamaria Fiore. Voluntary contributions with imperfect information: An experimental study. *Public Choice*, 2009(138):199—216.

⑥ Cliff Landesman. The voluntary provision of public goods. http://perspicuity.net/sd/vpopg/vpopg-f.html.

三、"自愿供给"机制的设计

R. Mark Isaac 和 James M. Walker(1987)指出显著而持久的自愿供给潜力不能提供公共产品最优的水平是一个事实；自愿供给能够提供一个显著和接近最优水平的公共产品也是一个事实；这些结果主要受到经济环境和自愿供给机制(voluntary contributions mechanism)的影响。[①] 因此，本章将归纳和梳理与自愿供给机制相关的研究成果。

(一)供给机制的相关因素

学者们尤其是国外经济学家们对公共产品自愿供给机制作了大量的实验。Isaac 和 Walker (1987)通过实验室数据指出虽然自愿供给机制(VCM)经常不能提供最优化的自愿供给数量，但是偶尔能够提供相当有效率的供给数量；自愿供给机制的成功主要取决于相关机构的具体参数和信息的传递方式。[②] Robert E. Dorsey(1990)通过实验研究了自愿供给机制的实时纠正问题，结论是在特定的环境中(修正仅限于增加且供给点是存在的，并且最初有一个较高的边际回报率)，自愿供给机制的实时纠正可以提高公共产品的供给量，在实时调整过程中，一些制度参数非常重要；对公共产品供给量按顺序再评估的可能性和修正个人自身供给量非常重要。[③] John O. Ledyard(1994)通过实验证明公共产品的环境能够影响供给的结果，并且这个环境很难控制，同时他也认为制造这种环境是有可能的，在这种环境中几乎所有的人都会朝着集团利益来作出自己的贡献，如在一个小集团内(少于 40 人)，有着相同的兴趣、信息的缺失、面对面的交流的环境；反之，也可以制造这样一种环境，在这种环境中至少 90％的人都变成利己者，如在一个拥有不同的利润和资源、完全且详细的关于这些异质的信息、相互之间的匿名、不断重复并且取得了一定的经验、较低的边际利润的环境会导致自愿供给的降低，尤其是在一个小集团中。[④] 可见，即使在一个小集团中，由于

---

① R·Mark Isaac, James M·Walker. Success and failure of the voluntary contributions process: some evidence from experimental economics. Prepared for the liberty fund seminar on ethics and economics of charity. *San Diego*, 1987(3): 5—7.

② 转引自 Robert E. Dorsey. The voluntary contributions mechanism with real time revisions. *Public Choice*, 1992(73): 261—282。

③ Robert E. Dorsey. The voluntary contributions mechanism with real time revisions. *Public Choice*, 1992(73): 261—282.

④ John O. Ledyard. Public goods: a survery of experimental research. The handbook of experimental economics edited by Roth and Kage.

VCM 的不同,自愿供给的发生就会产生两种截然不同的结果;其次,学者们如此强调集团人数问题,足以说明这个因素的重要性。

1. 参与者人数(组的规模)

围绕集团人数问题,学者们展开了研究。如石军伟和胡立军(2005)对企业社会资本的自愿供给通过建立静态博弈模型分析后认为,企业的规模是影响企业社会资本均衡供给水平的重要因素之一。目前,已有的结论主要有以下几种:(1)随着参与人数的增多,会增加"搭便车"的人数,即组织规模(人数)与自愿供给公共产品的有效性呈负相关。奥尔森(1965)认为规模小的组织比规模大的组织更容易提供公共物品,但提供的数量低于最优水平。根据 Clarence C. Morrison 的文章,布坎南认同奥尔森的观点,在自愿供给公共产品方面,小集团比大集团能更令人满意;Mc Guire (1974)和 Roberts (1976)指出大集团中自愿供给几乎是不可能的。[①] Andreoni(1988)也证实随着组织规模的扩大,公共产品的自愿供给数量会减小以至于为零,因为在大型组织内,"搭便车"不仅仅是普遍的而且是占主导地位的。[②] 同时,R. Mark Isaac 和 James M Walke(1988)指出当公共产品边际收益减低时,集团人数增加会降低配置效率。[③] Shmuel Nitzan(1994)研究了是哪些可能因素导致公共产品自愿供给的低效性、次优选择和囚徒困境等问题出现;通过对相关参数的计算,结论是这些问题发生的可能性会随着参与人数的增加而增加:当参与人数≤2 时,社会最优选择比次优选择更有可能发生;当参与人数≤3 时,有效性比低效性更有可能发生;当参与人数≤5 时,参与者的囚徒困境产生的可能性更小。[④] Paul Pecorino(2009)研究认为如果公共产品表现出竞争性,大组织就不能自己提供公共产品。[⑤] 而 Ledyard(1994)的实验结果显示虽然随着实验的持续进行,组织对公共产品的供给整体水平逐渐接近"搭便车"的水平,但是在非常大的组织内或者在由于供给而获得

---

① Clarence C. Morrison. A note on providing public goods through voluntary contributions. *Public Choice*, Volume 33, Number 3, 119—123.

② James Andreoni. Privately provided public goods in a large economy: the limits of altruism. *Journal of Public Economics*, 1988(35):53—57.

③ R. Mark Isaac, James M Walker. Group size effects in public goods provision: the voluntary contributions mechanism. *The Quarterly Journalof Economics*, Feb, 1988, 103(1):179—199.

④ Shmuel Nitzan. The likelihood of inefficiency, a prisoner's dilemmaand suboptimality in games of binary voluntary provisionof public goods. *Soc Choice Welfare*, 1994(11):157—164.

⑤ Paul Pecorino. Public goods, group size, and the degree of rivalry. *Public Choice*, 2009(138):161—169.

的人均收益比较高的组织内,不存在整体水平逐渐接近"搭便车"的情况。[1]。(2)随着人数的增多,自愿供给会增加。Simon P. Anderson 等(1998)指出随着具有利他偏好的参与人数增加,总的自愿供给数量会增加。[2] Susan K. Laury 和 Charles A. Holt(1998)也指出随着集团规模的扩大,公共品自愿供给的总量在增加,但是个人自愿供给量在减少。[3] (3)不能简单地根据组织人数这一个因素来断定自愿供给水平。R. Mark Isaac 等(1994)[4]指出人们是否决定自愿供给是受参与者人数和边际收益两个因素之间的相互影响的,而不是简单地通过一个因素就可以推测出结论的,集团中平均每个人的供给量是由边际收益、集团人数和 φ 组成的函数,其中 φ 是一个不可控制和不可被观察到的参数;当边际收益为 0.3 时,大集团对纯公共产品自愿供给的水平和效率要比小集团高;当边际收益为 0.75 时,集团规模大小对纯公共产品自愿供给水平和效率没有明显的区别。(4)人数规模对自愿供给没有影响。Eric J. Brunner(1998)认为虽然组织规模的扩大会导致更多的"搭便车",但是组织的规模对平均每个贡献者的贡献量是没有影响的。[5] 周业安和宋紫峰(2008)通过相关实验发现,组织规模的大小对公共产品供给的影响不显著。可见,我们在分析组织人数对自愿供给的影响时,既要考虑自愿供给的总体水平,也要研究个体自愿供给的水平,更重要的是要充分地把其他因素考虑在内。

2. 供给边际收益(MPCR)

关于 MPCR 对公共产品自愿供给水平的影响,国外一些学者通过实验经济学的方法给予了研究,结果大致可以分为以下两种:一是认为 MPCR 与自愿供给水平呈正相关关系。Ledyard(1994)支持已被一些研究所证实的观点:即使在大集团中边际收益的效果已经被稀释,贡献率也与边际收益相关;如果边际收益增加,供给量就会增加。[6] R. Mark Isaac 和 James M Walker(1988)指出无论

①　John O. Ledyard. Public goods:a survery of experimental research. The handbook of experimental economics edited by Roth and Kage.

②　Simon P. Anderson,Jacob K. Goeree,and Charles A. Holt. A theotetical analysis of altruism and decision eror in public goods games. *Journal of Public Economics*, Vol. 70,1998(11):297−323.

③　Susan K. Laury and Charles A. Holt. Voluntary provision of public goods:experimental results with interior nash equilibria. *Journal of Public Economics*, Vol. 70, 1998(11):297−323.

④　R. Mark Isaac,James M. Walker, Arlington Williams. Group size and the voluntary provision of public goods:experimental evidence utilizing large groups. *Journal of public ecomomics*,1994(54).

⑤　EricJ. Brunner. Free riders or easy riders?:an examination of the voluntary provision of public radio. *Public Choice*,1998(97):587−604.

⑥　John O. Ledyard. Public goods:a survery of experimental research. The handbook of experimental economics edited by Roth and Kage.

是在集团内部还是在集团之间,较高的公共产品边际收益会导致较高的公共产品供给效率;边际收益的降低会导致更多的"搭便车"行为。[①] Joseph Fisher 等(1995)研究认为在异质性组织中,较低的资本边际效率带来的自愿供给数量要小于较高的资本边际效率带来的自愿供给数量。[②] Simon P. Anderson 等(1998)指出自愿供给可能会随着公共产品的边际价值的提高而提高。[③] 二是认为在不同的阶段,影响效果不一。如 R. Mark Isaac 等(1990)的研究结果显示边际收益的变化并不是在任何阶段对纯公共品自愿供给产生影响,当集团规模为 4 和 10 时,结果是 MPCR 与自愿供给水平呈现正相关关系;当集团规模为 40 和 100 时,当 MPCR 超过$[0.3, 0.75]$时,边际收益对供给水平的影响就消失了。[④] 周业安和宋紫峰(2008)通过实验发现:当供给边际收益的变化导致个体占优策略变成全部投资公共产品时,供给边际收益和此类个体的公共产品供给数量显著呈正相关关系;但当供给边际收益的变化没有影响改变个体占优策略时,供给边际收益对于个体公共产品供给的数量影响不显著。

3. 信息

学者们对信息与自愿供给水平之间关系的研究主要集中在信息的完全性对自愿供给的影响。目前的观点主要有三种:(1)两者没有显著的关系。如 R. Mark Isaac 和 James M. Walker(1998)对公共产品自愿供给高于均衡的原因进行分析,分析是否是由于信息的完全性导致的,但是结果没有表明信息对供给水平有重大影响。[⑤] Melane B. Marks 和 RachelT. A. Croson(1999)研究也得出当人们拥有有限的关于其他主体估值的信息时和拥有完全信息时,供给率和供给水平几乎没有什么显著的区别。[⑥] (2)完全信息对自愿供给的作用是消极的。John O. Ledyard(1994)的研究中指出 Brookshire 等(1989a)所做的实验证明在同质环境中信息对供给不起任何作用,而在其他环境中,则供给与信息的完全与

① R. Mark Isaac, James M Walker. Group size effects in public goods provision: the voluntary gontributions mechanism. *The Quarterly Journal of Economics*, Feb, 1988, 103(1):179—199.

② Joseph Fisher, R. Mark Isaac, Jeffrey W. Schatzberg, James M. Walker(1995). Heterogenous demand for public goods: behavior in the voluntary contributions mechanism. *Public Choice*, 1995(85):249—266.

③ Simon P. Anderson, Jacob K. Goeree, and Charles A. Holtp. A theotetical analysis of altruism and decision eror in public goods gamesp. *Journal of Public Economics*, 1998, 70(11):297—323.

④ R. Mark Isaac, James M・Walker, Arlington Williams. Group size and the voluntary provision of public goods:experimental evidence utilizing large groups. *Journal of public ecomomics*, 1994(54).

⑤ R. Mark Isaac, James M. Walker. Nash as an organizing principle in the voluntary provision of public goods: experimental evidence. *Experimental Economics*, 1998(1):191—206.

⑥ Melane B. Marks, RachelT. A. Croson. The effect of incomplete information in a threshold public goods experiment. *Public Choice* 1999(99):103—118.

否相关:在拥有完全信息时的供给水平要比在拥有不完全信息时的供给水平要低,由此可推理,在异质性环境中,完全信息对自愿供给有消极的影响。[1] 周业安和宋紫峰(2008)的实验结果也认为完全信息具有消极作用。(3)不完全信息对自愿供给的作用是消极的。Kenneth S. Chan 等(1999)指出不完全信息对公共产品供给具有很小但是显著的消极影响。[2] M. Vittoria Levati 等(2009)通过实验方法研究表明有限(不完全)的关于公共产品价值的信息会降低整个自愿供给过程(除了最终的阶段)的平均贡献量。[3] 另外,学者们还研究了信息传递方式对自愿供给的影响。如 Susan K. Laury 和 Charles A. Holt(1998)指出怎样告诉供给者公共品产品盈利的方式(收益函数)方法也会影响自愿供给水平。[4]

4. 交流(communication)

多数研究者认为相互之间的交流可以提高自愿供给率,也有部分学者认为两者之间没有显著的关系。如 R. Mark Isaac 和 James M. Walker(1987)指出即使在一个低 MPCR 的组织内,交流也可以增加供给量;同样的组织内,如果没有交流,专断作出决策的话,供给水平就欠好。[5] 随后,R. Mark Isaac 和 James M. Walker(1988)认为交流显著将会提高供给水平,没有交流,供给就会显著低于最优状态;但是在逐渐复杂的环境中或者之前已经有过交流的环境中,积极的交流不再有效。[6] John O. Ledyard(1994)指出在没有供给门槛的时候,且是小集团内(人数小于 15)的环境中,交流可以提高自愿供给,其中的原因以及集团规模变大时的情况不得而知。[7] By Ola Andersson 和 Hakan J. Holm 研究了交流中的"搭便车"行为,指出当交流的成本较高的时候,交流中的"搭便车"行为就会

---

[1] John O. Ledyard. Public goods: a survery of experimental research. The handbook of experimental economics edited by Roth and Kage.

[2] Kenneth s. Chan and Stuart Mestelman, Robert Moir, R. Anrew Muller. Heterogeneity and the voluntary provisionof public goods. *Experimental Economics*, 1999(2): 5—30.

[3] M. Vittoria Levati, Andrea Morone, Annamaria Fiore. Voluntary contributions with imperfect information: An experimental study. *Public Choice*, 2009(138): 199—216.

[4] Susan K. Laury and Charles A. Holt. Voluntary provision of public goods: experimental results with interior nash equilibria. *Journal of Public Economics*, 1998, 70(11): 297—323.

[5] R·Mark Isaac, James M·Walker. Success and failure of the voluntary contributiongs process: some evidence from experimental economics. Prepared for the liberty fund seminar on ethics and economics of charity. *San Diego*, 1987(3): 5—7.

[6] R·Mark Isaac, James M·Walker. Commnication and free-riding behavior: the voluntary contributiong mechanism. *Economic Inquiry*, 1988(10): 585—608.

[7] John O. Ledyard. Public goods: a survery of experimental research. The handbook of experimental economics edited by Roth and Kage.

增加,交流方式是决定交流成本的主要因素之一。[①] Olivier Bochet 等指出在实验早期,面对面的交流对自愿供给具有较好的效果,通过匿名、遮住面部表情、以闲谈的形式的话语交流是最有效果的,但通过数字如电脑终端的交流方式对自愿供给和效率的改善没有正效应。[②] Timothy N. 等(1999)研究得出在没有言语交流的情况下改善贡献监测不能增加贡献,即使在不完善的监测下交流也可以明显提高个体供给公共产品的能力。[③]

5. 政府干预

关于政府干预对公共产品自愿供给影响的关系,学者们的研究主要围绕以下两个问题:(1)政府供给公共产品对自愿供给产生的是挤出效应还是挤进效应? 主要观点有以下三种:① 不完全挤出。Abrams 和 Schmitz(1978)、Clotfelter(1985)研究得出当政府参与私人部门的公共品自愿供给时,政府捐赠对私人捐赠产生不完全的挤出;一些经济学家作了研究后得出政府每增加 1 美元的捐赠对私人捐赠的挤出只有 5~28 分。[④] Andreoni(1990)指出在不纯粹的利他环境中,政府供给对私人供给产生了不完全的挤出效应。[⑤] ② 完全挤出。Warr (1982)和 Roberts (1984)认为在一个纯粹利他主义的环境中,公共产品的公共供给完全挤出了公共品的私人供给。[⑥] James Andreoni(1988)认为政府捐赠会对私人捐赠产生 1 美元对 1 美元的完全挤出效应。[⑦] ③ 挤出或挤入(吸引)。Makoto Kakinaka 和 Koji Kotani(2011)根据经验证明在一个单一的框架内,挤出或者挤入假说都可发生;之所以没有被完全挤出,原因在于动机没有转变;公共物品本身也影响政府供给对私人供给的效果:如果公共产品是外在的替代品,比如公共广播电台,公共供给会增加私人供给,吸引私人投资;如果一项公共产品是外在补充性的,如许多环保产品随着政府供给的增加会降低私人供给

---

① By Ola Andersson, Hakan J. Holm. Free-riding on communication: an experimental study. *Journal of Public Economics*,1998,70(11):297—323.

② Olivier Bochet, Talbot Page, Louis Putterman. Communication and Punishment in Voluntary Contribution Experiments. http://perso. fundp. ac. be/~obochet/vcmct. pdf.

③ Timothy N. Cason, Feisal U. Khan. A laboratory study of voluntary public goods provision with imperfect monitoring and communication. *Journal of Development Economics*,1999,58:533—552.

④ 转引自 James Andreoni. Privately provided public goods in a large economy : the limits of altruism. *Journal of Public Economics*,1988(35):57—53.

⑤ 转引自 Makoto Kakinaka,Koji Kotani. An interplay between intrinsic and extrinsic motivations on voluntary contributions to a public good in a large economy. *Public Choice*,2011(147):29—41.

⑥ 转引自 Makoto Kakinaka,Koji Kotani. An interplay between intrinsic and extrinsic motivations on voluntary contributions to a public good in a large economy. *Public Choice*,2011(147):29—41.

⑦ James Andreoni. Privately provided public goods in a large economy:the limits of altruism. *Journal of Public Economics*,1988(35):57—53.

甚至总的自愿供给,导致不完全的"挤出"或者完全"挤出"。[1] (2)政府对收入的再分配影响自愿供给吗? 主要观点有以下几种:① 没有影响。Warr(1982,1983)指出只要私人慈善捐款存在,那么对增量财政的再分配不会对福利的改善产生帕累托改进,因为如果那样的话,捐赠者会减少自愿贡献(可以精确为每 1 美元的转移会减少 1 美元的自愿贡献)。[2] ② 有影响。如 Theodore Bergstorm 等(1986)指出对贡献者财富较小的再分配不会改变公共产品的贡献水平,但是较大的再分配会改变贡献水平。[3] 影响可以是积极的,如 James Andreont 和 Ted Bergstrom(1996)研究了政府补助对公共产品私人供给的影响,结果是扭曲的税收很容易提高公共产品的私人供给;因此,政府可以设计一个扭曲的税收补贴政策,这个政策可以提高公共产品的均衡总贡献量。[4] 影响也可以是消极的,如 Makoto Kakinaka 和 Koji Kotani(2011)指出政府的补助金可能会对总的私人供给量产生意想不到的副作用,如当这种私人供给是出于内在动力的时候,例如自愿护理老人,因为政府这种干涉(补助)会破坏自愿者的内在动机,甚至会产生被"挤出"。[5]

6. 异质性

这里主要是指组织(成员)的"异质性"。一种观点是异质性对自愿供给具有消极的影响。如 John O. Ledyard(1994)指出相同的偏好和才能对自愿供给产生积极的影响,并指出以下暂时性的推测而不是格式化的论定:异质性会降低供给率,除非拥有不完全信息且不具有重复性(即一次性完成)。[6] 反之,Kenneths. Chan 等(1999)认为异质性对总的自愿供给水平具有积极的影响,只不过这种积极影响没有想象中显著;异质性和不完全信息相互作用具有积极效果,在缺乏交流的环境中,在同时具有利他偏好和捐赠两种特征的时候,异质性能够实质性地增加自愿贡献的数量,但是在只有利他偏好或者只有捐赠的一个

① Makoto Kakinaka, Koji Kotani. An interplay between intrinsic and extrinsic motivations on voluntary contributions to a public good in a large economy. *Public Choice*, 2011(147):29—41.

② Peter G. Warr. Pareto optimal redistribution and private charity. *Journal of Public Economics*, 1982(19):131—138; "the private provision of pubilic good is independengt of distribution of income", *Economics Letters*, 1983(13):207—211.

③ Theodore Bergstorm, Lawrence Blume, Hal Varian. On the private provision of public goods. *Journal of public economics*, 1986(29):25—49.

④ James Andreont, Ted Bergstrom. Do government subsidies increase the private supply of public goods?. *Public Choice*, 1996(88):295—308.

⑤ Makoto Kakinaka, Koji Kotani. An interplay between intrinsic and extrinsic motivations on voluntary contributions to a public good in a large economy. *Public Choice*, 2011(147):29—41.

⑥ John O. Ledyard. Public goods: a survery of experimental research. The handbook of experimental economics edited by Roth and Kage.

特征的时候,异质性几乎没有效果;在具有交流的环境中,情况则相反。① 但是,Bergstrom、Blum 和 Varian 认为在不完全信息下,不断增加的异质性对总的自愿供给量没有影响。②

7. 初始资源禀赋

关于资源禀赋对公共产品自愿供给水平的影响,学者们的观点有:Edward Buckley 和 Rachel Croson(2005)通过实验发现初始资源禀赋低的人们自愿供给的绝对数量占个体资源禀赋的比重要比那些初始资源禀赋高的人自愿供给的绝对数量占个体资源禀赋的比重要高。③ 周业安和宋紫峰(2008)通过实验发现,平均而言,被试验者将 40％的初始禀赋投资于公共产品;其他条件不变时,组内初始禀赋不平均会显著增加公共产品供给,但是初始禀赋的变化对于个体公共产品投资的影响是不确定的。王朝晖(2008)认为通过增加农民收入,可以提高农民自身的自愿供给行为。

8. 性别

一些学者对集团内人员性别比例对自愿供给的影响也作了研究,结论不一。根据 John O. Ledyard(1994)的文章,相关学者对此作出了一些研究:第一种观点是认为女性比男性更倾向于贡献,但是,有些学者认为这个结论的成立必须有相关的交流作为前提;有些学者指出过程一开始女性比男性更容易取得合作并在选择上有较多的争论,但是过后这种争论就会消失;第二种观点认为男性比女性贡献更多,男性最初的贡献率比女性高。④ Robert Kurzban(2001)研究了非语言交流(暗示)在公共产品供给过程中的影响后得出结论:微妙的暗示会促使男性增加他们的供给程度,而女性则相反,她们对特定非语言行为比较淡漠。⑤

9. 其他一些因素

除以上八种因素之外,还有一些因素影响公共产品自愿供给机制的运作。首先是经验(experience)。Ledyard(1994)指出个体经验不足可以自然地解释为何在许多自愿供给实验中有大比例贡献的现象。但是,Ledyard 在自己的文中

---

① Kenneth s. Chan and Stuart Mestelman, Robert Moir, R. Anrew Muller. Heterogeneity and the Voluntary Provisionof Public Goods. *Experimental Economics*, 1999(2):5—30.

② 转引自 Kenneth S. Chan, Stuart Mestelman, Robert Moir, R. Andrew Muller. Heterogeneity and the voluntary provision of public goods. *Experimental Economics*, 1999(2):5—30.

③ Edward Buckley, Rachel Croson. Income and wealth heterogeneity in the voluntary provision of linear public goods. *Journal of Public Economics*,2005(11):78—85.

④ John O. Ledyard. Public goods: a survery of experimental research. The handbook of experimental.

⑤ Robert Kurzban. The Social Psychophysics of cooperation: nonverbal communication in a public goods game. *Journal of Nonverbal Behavior*,25(4).

指出 Palfrey 和 Prisbrey(1993)认为虽然有经验的人员会减少贡献,但是他们因为有经验,所以会少犯错,因此总体来说,经验对贡献没有明显的影响。其次是重复(repetition)。根据 Ledyard(1994)的研究,Walker 和 Thomas (1984)等学者指出那些早已参与过公共产品自愿供给实验的人比第一次参与自愿供给实验的人贡献要少,但不会不贡献;较多的国外学者研究得出在一个没有门槛的环境中,不断重复会显著降低贡献。[①] R. Mark Isaac 和 James M. Walker(1988)得出反复的决策会导致结果接近为零的结论。[②] 周业安和宋紫峰(2008)的实验显示:随着实验重复进行,公共产品供给总体呈下降趋势。再者是熟悉程度(acquaintance)。Andreoni (1988)指出熟悉的合作伙伴比陌生的搭档贡献的要少,而且随着不断地重复,两者的差量在逐渐增加。[③]

(二)激励机制的研究

在公共品自愿供给过程中,具体有哪些激励机制能让更多的社会主体自愿参与其中,提高人们自愿供给的主动性、积极性和有效性呢?国外学者对自愿供给的激励机制进行了相关研究。相关激励措施主要有:(1)通过公布捐赠信息(金额、身份等)激励:Fischbacher 和 Cachter(2006)指出即使有绝大部分的条件合作者,如果是匿名的交流互动,那么"搭便车"行为依然是很普遍的;如果公布捐赠者身份信息,则可以激励自愿供给行为的发生。[④] Andreoni 和 Petrie (2004)通过对筹款阶段捐赠者身份的控制研究发现:①公布捐赠者身份等相关信息对激励捐赠有明显的作用:如果只知道捐赠的分布,但不知捐赠者的身份信息,这对捐赠没有明显的作用;但如果只公布捐赠者的身份信息,这对增加捐赠有较好的作用;如果既知道小组的成员身份信息,又知道各成员的选择捐赠情况,这会非常显著地增加捐赠。②在捐赠的初期,会有一些捐赠带头人,精心设计成员身份公告的结构(分类)会对接下来提高捐赠带头人的数量和提升他们带领捐赠的能力有重要的影响,能够提高捐赠水平。③捐赠落伍者大量出现的时候恰恰是成员身份信息最混乱的时候,所以最好的激励办法是公布其行为和身

① John O. Ledyard. Public goods: a survery of experimental research. The handbook of experimenta.

② R. Mark Isaac, James M. Walker. Commnication and free-riding behavior: the voluntary contributiong mechanism. *Economic Inquiry*, 1988(10):585—608.

③ 转引自 John O. Ledyard. Public goods: a survery of experimental research. The handbook of experimenta.

④ Urs Fischbacher, Simon Gächter and Ernst Fehr. Are people conditionally cooperative? evidence from a public goods experiment. *Human Nature*, 2002, 13(1).

份。④让捐赠者自主选择是匿名还是公开可以比要求捐赠者公开信息时捐款更多。① （2）界定明晰的产权会激励社会主体自愿贡献。Julie Urquhart 等（2010）通过对英国林业主和公共产品供给之间的关系进行研究后认为产权会影响林业主提供公共产品的潜力。②

国内学者对激励手段的研究主要集中两大类：物质激励和非物质激励，但总原则是一样的：即让供给者获得的预期效用最大化。（1）物质激励：樊丽明（2005）指出通过彩票自愿供给公共产品的激励机制要点是返还比例、票面值、有关税收政策、公益基金的使用效率及其透明度；何建春（2007）指出，政府可以通过税收减免、财政补贴等对个人和企业进行激励。（2）非物质激励：樊丽明（2005）指出，激励因素要最大限度地满足捐赠人心理的需要，使捐赠人从该项公共品的消费中得到效用；王能明等（2007）指出社会对行为主体的认可等非物质因素的激励可以使公共品自愿供给达到帕累托最优；当参与供给的行为主体众多时，必须降低物质性因素激励，使非物质因素激励发挥重要作用；王丽娅（2007）指出通过完善"一事一议"制度，激励农民的供给主动性和积极性。然而俞云峰（2007）认为"一事一议"制度效果的发挥与公共产品的性质有关系：交易成本小的公共品可以通过该方法进行决策；反之则必须用其他方式解决。皮建才（2009）指出由于中国还是关系型社会，声誉机制可以被用来激励自愿供给合作的产生。

（三）约束机制的相关因素

Ledyard（1994）得出了一个悲观的结论：虽然在某种环境下一些无经验的个体可以在一次性决定中被引导着进行较大的供给，但如果这种环境不致力于对自私行为的惩罚，则这种自愿供给不能长此以往。③ 在公共产品自愿供给中，最需要约束的是"搭便车"行为，因此，学者们主要研究怎样规避"搭便车"行为：（1）显示真实意愿。如 Ledyard（1977）指出应制定一套政府的规定让公共产品消费者从自我的角度表达出真实的偏好，这样可以避免"搭便车"行为。④ （2）制造

---

① James Andreoni, Ragan Petrie. Public goods experiments without confidentiality: a glimpse into fund-raising. *Journal of Public Economics*, 2004(88): 1605－1623.

② Julie Urquhart, Paul Courtney , Bill Slee. Private ownership and public good provisionin english woodlands. *Small-Scale Forestry*, 9(1): 1－20.

③ John O. Ledyard. Public goods: a survery of experimental research. The handbook of experimental economics edited by Roth and Kage.

④ Theodore Groves, John Ledyard. Optimal allocation of public goods: a solution to the "free rider" problem. Econometrica, 45(4).

"不确定性"。如 J. F. Shogren(1990)指出不确定性能够有效防范"搭便车"行为；对风险厌恶型人群来说，对私人提供公共产品的公共信息进行保密会降低这些人作出"搭便车"行为的概率。[1] M. Gradstein 等(1993)指出可以人为地制造价格的随机性以减少"搭便车"问题，增加福利。[2] Susank Laury 和 James M. Walker 和 Arlingtonw. Willians(1999)通过系统的实验研究表明：如果向供给决策者提供关于资源(投向公共产品的)配置的边际利益趋于降低和边际成本保持不变等详细情况，那么可能会增加"搭便车"问题。[3] 但也有学者提出质疑，如 Wen-Kai Wang 和 Christian-Oliver Ewald(2010)的研究表明不确定性意味着"搭便车"问题的产生。[4] (3)交流。R. Mark Isaac 和 James M. Walker(1988)证明了当公共品供给过程中个人边际收益低于边际成本的时候，面对面地交流可以降低"搭便车"行为。[5] 另外，"惩罚"也可以作为一种约束机制，一些学者对"惩罚"在供给过程中的作用进行了研究，观点有以下几种：(1)无用论。如 Olivier Bochet、Talbot Page 和 Louis Putterman 指出惩罚在早期可以提高自愿供给，但是由于惩罚成本的提高，"惩罚"最终对自愿供给没有什么明显的效果。[6] (2)条件论。这种观点认为"惩罚"措施必须有相应的前提条件。如 Carpenter(2002)认为，无论成本是多少，人们都会相互激励并惩罚"搭便车"者；大规模集团自愿提供公共产品的水平并不比小集团少，因为相关的惩罚并没有降低，大集团内每个个体都表现出对"搭便车"者的不满，对"搭便车"的行为的惩罚反而会更严厉，当然这种威慑力取决于过程的透明度。[7] David Masclet 和 Marie-Claire Villeval(2008)指出在没有"惩罚"的时候，"搭便车"行为会发展；个人之间的比较在惩罚"搭便车"行为时起决定性作用，惩罚的力度随着个人比较的不平等而加大，因为个体愿意惩罚那些其决定会增加收入差距的那些人；"惩

---

① J. F. Shogren. On increased risk and the voluntary provision of public goods. *Soc Choice Welfare*, 1990(7):221—229.

② M. Gradstein, S. Nitzan, and S. Slutsky. Private provision of public goods under price uncertainty. *Soc Choice Welfare*, 1993(10):371—382.

③ Susank. Laury, James M. Walker, Arlingtonw. Willians. The voluntary provision of a pure public good with diminishingmarginal returns. *Public Choice*, 1999(99):139—160.

④ Wen-Kai Wang. Christian-Oliver Ewald. Dynamic voluntary provision of public goodswith uncertainty: a stochastic differential game model. *Decisions Econ Finan*, 2010(33):97—116.

⑤ R. Mark Isaac, James M. Walker. Commnication and free-riding behavior: the voluntary contributiong mechanism. *Economic Inquiry*, 1988(10):585—608.

⑥ Olivier Bochet, Talbot Page, Louis Putterman. Communication and punishment in voluntary contribution experiments. http://perso. fundp. ac. be/~obochet/vcmct. pdf.

⑦ Jeffrey Carpenter. Punishing Free-Riders: how group size affects mutual monitoring and the provision of public goods. *Middlebury college economics discussion paper*, No. 02—06.

罚"对福利和不公平有两个方面相反的影响：惩罚增加直接成本，给福利带来负影响；惩罚会引起个体之间的合作靠拢从而产生积极的影响。[1]

四、"自愿供给"效率的研究

国外学者对公共产品自愿供给这一行为本身是否能对资源配置产生帕累托最优状态以及是否可持续发展（即是否可以成为公共产品供给的主导模式）进行了研究。

一类是消极的观点。如奥尔森（1965）认为即使在小集团中，公共品自愿供给的水平也不会达到最优水平，因为公共物品的非排他性和非竞争性，导致在接下来的供给过程中，供给者的边际收益小于边际成本，所以在达到最优水平之前就会停止供给。奥斯特罗姆认为"获得这些自愿具有极端的不确定性，因此，会危及设施的长期持续发展。由于捐赠对设施的使用者不构成直接负担，这种方式会减弱一个集体征用自己自愿的积极性"[2]，奥斯特罗姆还指出"在大型的资本密集性项目的建造和维护中，自愿制度安排尤其难以运用，因为这种情况比小型的资本密集性项目更容易搭便车"[3]，"自筹资金的合约实施博弈不是万应灵药。这样的制度安排在许多场景中都具有不少弱点：牧人可能高估或低估草地的负载能力，他们自己的监督制度可能出现故障；外来的执行人在事先承诺将按某种方式行事后，可能又不实施"。[4] Ralph R. Frasca（1981）研究了基于联合供给的自愿供给的不稳定性，结果表明在一个大规模的组织中，自愿供给对公共产品供给来说是不稳定的；在自愿供给中，无论是准公共产品还是准私人产品，都处于次优化状态。[5] Georg Kirchsteiger 和 Clemens Puppe（1997）指出公共产品自愿贡献并不是有效率配置的合适工具。[6] Tatsuyoshi Saijo 和 Takehiko

---

①　David Masclet，Marie-Claire Villeval. Punishment，inequality，and welfare：a public good experiment. *Soc Choice Welfare*，2008(31)：475—502.

②　[美]埃莉诺·奥斯特罗姆等著：《制度激励与可持续发展》，上海三联书店 2000 年版，第 88—89 页。

③　[美]埃莉诺·奥斯特罗姆等著：《制度激励与可持续发展》，上海三联书店 2000 年版，第 91 页。

④　[美]埃莉诺·奥斯特罗姆著：《公共事物的治理之道：集体行动制度的演进》，上海三联书店 2000 年版，第 37 页。

⑤　Ralph R. Frasca. Instability in voluntary contributions based upon jointness in supply. *Public Choice*，1981(37)：435—445.

⑥　Georg Kirchsteiger，Clemens Puppe. On the possibility of efficient private provision of public goods through government subsidies. *Journal of Public Economics*，1997(66)：489—504.

Yamato(2010)认为建立具有帕累托效率的自愿供给机制是不可能的。[①]何建春(2007)认为自愿供给资金规模较小的情况决定了它只能作为农村公共产品供给的有益补充,不能成为主导模式。一种是乐观的观点。如 Clarence C. Morrison认为有足够的条件使得公共产品自愿供给获得帕累托最优状态。[②]还有一种观点认为应视具体情况而定。如 Ryusuke Shinohara(2009)认为在最多只有一项公共产品要被提供的环境中,费用分摊比例规则有利于达到高效配置的纳什均衡,当提供一项多单位的公共产品的时候,高效的纳什均衡虽然存在,但是如果经济组织中的代理者人数很多,且这些代理人之间没有异质性的时候,则纳什均衡不会导致有效的均衡。[③]

五、"自愿供给"问题的归纳

近年来,国内一些学者对当前我国的公共产品自愿供给实践中存在的问题进行了研究和分析。突出表现的问题及原因主要有以下几方面:(1)非营利组织失灵。吴伟(2008)认为:由于"搭便车"和受经济波动的影响,资金的来源不足且不稳定;志愿组织往往针对社会中的某些特殊群体,不能顾及所有需要得到供给的对象(该观点与王朝晖(2008)指出的缺乏宏观通盘考虑、王金辉等(2008)指出的公共利益局限性的观点相一致);组织内部缺乏民主性,控制资源来源和用途的人根据自己的偏好配置资金的用途,资金使用效率低;非营利组织的专业性不强,服务质量有待提高;等等。除上述问题外,我国的非营利组织还存在"自治不足"、"志愿失灵"和管理方式落后等问题。王朝晖(2008)指出当非营利组织受到经济利益、文化传统、民族习俗等因素的影响时,也会产生失灵现象。例如王金辉等(2008)指出,目前我国非营利组织发展数量和质量上都与国外存在较大的差距。(2)个体失灵。王朝晖(2008)认为个体容易"搭便车",农民是一个理性经济个体,小富即安,容易安于现状,公共意识差,集体观念淡薄;陈东(2008)指出农民与农民之间的博弈结果验证了奥尔森对"群体理论"反对的正确性;柳士双(2007)认为市场机制倡导的"效率"优先使得人们对做好事缺乏动力。(3)信息失灵。王朝晖(2008)认为社会存在潜在捐款人和非营利组织之间的信息不对

① Tatsuyoshi Saijo, Takehiko Yamato. Fundamental impossibility theorems on voluntary participation in the provision of non-excludable public goods. *Rev. Econ. Design*,2010(14):51—73.

② Clarence C. Morrison. A note on providing public goods through voluntary contributions. *Public Choice*,33(3):119—123.

③ Ryusuke Shinohara. The possibility of efficient provision of a public good in voluntary participation games. *Soc Choice Welf*,2009(32):367—387.

称问题。(4)城乡二元结构。柳士双(2007)认为这一结构在一定程度上阻碍了城市个体对农村公共产品供给的关心。(5)地方组织失灵。柳士双(2007)指出地方公共组织的官僚行径是使团体自愿供给主体供给积极性受到打击、造成公共产品自愿供给不足的原因之一;孔喜梅(2008)认为民间合作供给和私人供给行为缺乏有效的管理和监督,具有不确定性,同时,某些公共产品还存在较大的安全隐患。(6)制度失灵。范方志等(2007)认为农村社会对农民自愿供给的正式或者非正式制度的约束可能是阻碍自愿合作供给的重要因素之一。

六、"自愿供给"改进的建议

Werner Guth 等(1986)指出让消费者偏好的真实表达是改进自愿供给的必要条件之一。[①] Rudolf Kerschbamer 和 Clemens Puppe(1998)指出如果人们能够按照次序而不是同时进行自愿供给,将会有更多的公共产品被提供。[②] 除此之外,本章在对公共品自愿供给动力和机制的研究综述时已提到了国外学者对如何改进公共产品自愿供给行为的一些建议,因此,本部分主要综述当前国内学者的研究成果。虽然国内学者在转轨经济的背景下,结合我国农村公共产品的供给困境提出了一些深刻的政策建议,但直接针对"自愿供给"的研究着墨不多,少有进一步地深入思考,仅有的也基本上是从"利己偏好"的角度出发讨论如何利用市场机制推进自愿供给行为,鲜有从"利他偏好"角度出发提出相关建议。目前,我国学者对自愿供给的前期和中期两阶段给予了较多的关注,却忽略了自愿供给的后期阶段。

(一)前期阶段相关政策建议的代表性观点

1. 弱化或者消除农村公共品"自愿供给"的制约条件

首先通过深化财政税收改革减少农民的负担。只有少取多给才能间接激发自愿供给行为。政府必须"用足用好"财政这块资金,民间主体才有"自愿供给"的意愿。如林万龙(2002)指出应该取消农村公共品制度外筹资,把资金筹集纳入制度内并规范之。张军(2005)针对农村公共产品供给制度提出要确保财政资金的投入和有效利用,尤其要规范预算外财政支出,保证取之于民的资金能够最

---

① Werner Guth, Cologne, Martin Hellwig, Bonn, F. R. G. The Private Supply of a Public Good. *Journal of Economics*, Suppl. 5.

② Rudolf Kerschbamer, Clemens Puppe. Voluntary Contributions when the Public Good Is not Necessarily Normal. *Journal of Economics*, 1998, 68(2):175—192.

大化地满足农民的需求。刘炯和王芳(2005)指出应通过制定相应的法律来替代行政性法令,处理好基层各级政府的财权和事权;必须要进一步深化分税制财政管理体制,真正做到政权、事权、财权和预算的相对独立和配套。张秀生等(2007)指出要科学统筹管理,公开透明,建立相应的资金绩效评级考核机制。王丽娅(2007)认为应建立和完善政府间的转移支付。刘炯和王芳(2008)认为中央的转移支付应更多地考虑一般性的均等化转移支付。其次,界定明晰的产权可以减少收益外溢,从而保护和激发自愿供给的兴趣。如王奎泉(2005)、刘炯、王芳(2005)、范方志等(2007)、吴伟(2008)提出实行政企分开,明晰集体和个人的产权,减少私人收益的外溢,确保私人供给利益的实现,从而激励私人和组织的自愿投资。再次,放宽市场准入,消除歧视。如王奎泉(2005)指出应打破农村政府公共产品的供给垄断,通过放开公共产品供给的市场准入来体现农民生产者主权的完整性。林万龙(2007)提出要在政策理念上消除对农村公共产品私人供给的歧视,将私人供给政策纳入农村公共品供给选择集,同时指出要对民间主体的进入资格、确定程序、权利义务等制定公平的政策,避免造成对潜在民间供给者的政策歧视。最后,消除金融制约,为自愿供给提供资金保障。如林万龙(2007)提出要完善农村金融体系,建立健全农村信用担保体系。

2. 增加或者强化农村公共品"自愿供给"的诱致因素

我们需要的不是"强制性自愿供给"。结合我国的基本国情,学者们提出了一些有利于诱导"自愿供给"发生的建议。相关建议主要有:(1)财政引导。如林万龙(2001)提出强化财政对私人供给的支持,通过给予供给者适当的补贴(包括建立村级公共事业转移支付制度)降低公共产品的供给价格,增加供给带来的利润。(2)科学经营。如林万龙(2001)提出通过推进生产规模和专业化来促进当地市场经济的发展,增加生产者的利润,增强农户对公共品的需求和支付能力;林万龙等(2007)指出应加快土地规模经营和专业化经营,提高当地的经济水平,增加农民自愿供给的需求。(3)优化意识。如樊丽明等(2007)认为政府应对适合通过自愿供给的项目进行精心策划、宣传,以扩大参与范围和力度。王朝晖(2008)提出通过慈善性的非营利组织、免费培训和主流媒体宣传培养来增强人们的公益意识。吴伟(2008)提出通过培养人们的公益意识来提高公共产品的供给水平。王金辉等(2008)建议通过主流媒体大力宣传公益事业。(4)发挥精英示范作用。如焦少飞(2006)指出农村中的强势成员(精英分子)在农户品供给中的组织作用有利于减轻公共产品供给中的"搭便车"现象。(5)增加农民收入。林万龙(2001)指出农民收入的提高不仅能提升对公共品的需求支付能力,而且有助于产生拥有较多资产的民间供给主体。王朝晖(2008)建议通过提高农民收入来促进农民参与公共产品的自愿供给。(6)创新供给模式。如王朝晖(2008)

提议通过拓宽筹资渠道、采取激励措施和创新供给模式的方法促进非营利性组织的自愿供给行为。(7)提高市场化程度。市场机制的完善能够有效配置资源。如林万龙(2001)认为提高市场化、扩大市场规模可以增加潜在的利润。随后,林万龙(2007)指出通过增加获利机会可以满足农民自愿供给公共品的需求。

3. 科学规范"自愿供给"的前期工作,提高供给效率

在前期工作过程中,学者们认为还应做好以下几个方面以提高供给效率:(1)政府科学指导。许多学者认为政府部门应该以提高资源配置效率为标准来选出那些能通过"自愿供给"以提高供给效率的公共产品,选出哪个阶段可以让自愿供给介入以提高配置效率,而不是一刀切地采取"自愿供给"。譬如,卢洪友和刘京焕(2003)指出在公共产品的供给中,应该区分生产与提供、直接生产与间接生产之间的关系。吴毅和杨震林(2004)在把农村公共产品供给分为决策、提供、生产和运营四个阶段的基础上,提出在各个阶段扩大供给主体的范围。王丽娅(2007)等多数学者对农产品供给的"公办民营"、"民办公营"、"特许经营"、"公私合办"等形式的供给模式给予了肯定。(2)搭建自组织网络。俞云峰(2007)在对浙江农村公共产品供给调查的基础上提出大力发展农业专业化合作组织的建议,因为这种组织一方面能够为农民提供需求意愿的表达平台,另一方面该组织的成员在产品需求偏好方面具有较高的一致性,可以避免"搭便车"行为。吴伟(2008)提出加强非营利组织自身的建设,大力发展民间公益性组织。陈东(2008)提出通过强势成员、获取相互信任等加强农民合作,提高农民的组织化程度,促进农村公共产品的自愿供给。(3)创新筹资渠道。张军(2005)指出除了国家财政筹资外,还有三种途径:非政府组织筹资、境外筹资和个人筹资(①企业家直接投资公共领域生产、建设②村民集资③社会个体捐助)。吴伟(2008)也提出要拓宽非营利组织的筹资渠道(政府资助、发行彩票、个人所得税抵免的捐赠等)。(4)建立真实的需求表达机制。如吴毅和杨震林(2004)提出通过各种民间自组织、基层政府组织构建公共品需求表达和谈判平台(机制);通过完善基层人民代表大会运行机制,有效发挥农民需求集中的作用。刘炯和王芳(2005)提出要建立多中心的治理结构,打破单一的、自上而下的供给决策模式,发挥农村自治组织的力量,尽可能多地获取公共产品的需求信息。曲延春(2007)、王丽娅(2007)和俞云峰(2007)提议通过农民民主政治制度的建设,建立"自下而上"的公共产品供给决策机制,让需求者参与供给的决策,最大限度地整合需求意愿。卢洪友和丁晓安(2008)提出应从中央政府、乡镇政府、村委会以及农民自身的角度研究农村公共产品供给的"退出和意愿表达机制",消除城乡二元体制、实行土地流转制度、完善农村社会保障体系、加强农民的技能培训、提高农民政治地位、取消乡镇独立的财政权、取消村委会行政性质(将其改为农民真正的自治机构),

鼓励农民积极参加村级活动。

（二）中期相关政策建议的代表性观点

学者们对做好自愿供给中期阶段相关工作的建议主要有以下两点：（1）规范各供给主体行为。仲伟周（1999）对我国农村经营性公共物品的私人供给的可行性进行分析后认为，要建立一套制度安排来防范个人与政府代理人之间的合谋行为（譬如低价获取提供权、生产权后通过垄断供应权提高消费价格的行为），建议建立违约惩罚机制；政府应通过二级密封拍卖机制转让公共产品的生产权和供给权。林万龙和杨秋林（2000）分析了"民主理财"和公共产品最优供给之间的关系后认为，民主理财不仅能够让农民更好地表达需求意愿，而且能够约束基层政府人员的"失灵"，加强乡镇财政的"硬约束"，提高资金的使用效率。王奎泉（2005）也提出要通过政府的价格管制防止私人垄断公共产品所有权以索要高价而导致的农民福利损失。林万龙（2007）提出规范农村公共品私人供给中各主体行为确保供给效率和公平；科学监管供给主体的行为和履约情况。柳士双（2007）建议规范地方公共组织的行为。（2）分类对待。如吴俊培和卢洪友（2004）认为有关收益范围和排他成本对于公共品供给的制度安排很重要。例如，如果排他成本低，可以采取收费的方式，反之，则应该由公共部门负责承担外部收益的补偿；如果受益范围过小，而扩大范围可以使社会总福利增加时，应该由较低一级的政府承担外部收益的补偿。林万龙（2007）根据外部性的强弱和公平性对公共品进行分类给予政策支持。另外，林万龙还从公平与效率的角度出发提出在引入民间供给机制过程中应该根据不同经济属性的农村公共产品采用不同的政策：对难以形成垄断的公共品供给应实行多元化供给，政府的重点是做好相关配套工作；对容易形成垄断的公共品供给应加强价格和质量的监督；对基础性公共服务供给，财政应给予消费者和供给者适当的补贴；对外部性较强的纯公共产品供给，政府在引入市场（民间）供给机制的同时应该与供给方签订详细和严格的协议。

七、小结

从对国内外相关研究综述比较中，我们可以得出以下几点启示。（1）研究方法不同。国外对公共产品自愿供给的研究大多采用实验经济学和行为经济学等多学科理论，在已有的相关研究基础上，通过选择不同的对象，控制相关的参数，进行试验性的定量研究，对已有的相关结论进行进一步的论证、完善甚至是驳斥。国内学者则大多运用社会主义市场经济学理论，采取规范性分析的方法，多为实证性的定性研究。(2)研究内容不同。国外对公共产品自愿供给的研究相对系统,对微观机制、影响因素和主体动机的研究比较透彻;相关研究成果之间的关联性和系统性较强。而当前国内对公共产品自愿供给的研究只是零散地见于一些对公共产品供给的研究中,还没有形成一定的体系,已有的成果也只是对相关政策的宏观指导性研究,多数泛泛而谈,点到为止,缺乏一定的学术和理论深度,对建议的可行性论证欠缺,创新性不足,研究成果的相关性也不够。(3)无论是国内还是国外,对农村公共产品自愿供给的研究匮乏。国外对公共产品自愿供给的研究中鲜有把农村公共产品供给作为研究对象,国内对农村公共产品供给的研究较多,但很少有对其中的自愿供给进行研究,更少把某一个区域的农村公共产品自愿供给作为研究对象的,因此,对浙江省农村公共产品自愿供给的研究可以借鉴国外公共产品自愿供给的研究成果,同时借鉴国内学者对农村公共产品供给的研究成果,创新空间较大。

第二章

自愿供给的内涵及制度分析

<hr>

在浙江这片极富创新活力的土壤上,民营经济发展领先于全国,同样,浙江农村公共产品自愿供给的实践也走在全国前列。这种具有独特的逻辑起点和理性归集的公共产品供给制度,在浙江逐步地萌芽和成长。在此,先切入公共性视角认识自愿供给的内涵,界定农村公共产品自愿供给的概念,再理性分析浙江农村公共产品自愿供给的形成机理,初步划分农村公共产品自愿供给的三大制度类型,并从行为主体、项目载体、资源类型等多个角度描述农村公共产品自愿供给的现状特征。

一、切入公共性视角认识的自愿供给内涵

出于对现实的自愿供给特殊现象的认识,首先需要给予自愿供给范畴的基本界定,需要对于自愿供给内涵的清楚厘定。与政府供给、市场化提供、制度外供给相区别,自愿供给具有如下四个兼容之处:

第一,供给主体上,兼容市场供给与志愿供给主体。从供给者角度观察,自愿供给者包括了除政府外的各类市场主体,有各类所有制的企业供给者,诸如国有、民营、股份制以及个体经营户等;有作为社会组织的供给者,诸如各类第三部门、非营利性组织和农民自身组织,现实中的村委会、农村经济协会、妇委会、老人协会等;当然也有作为个体的供给者,如现实中的农民自我提供、企业老板自愿资助村庄、城乡结对公益捐资等。

第二,供给动机中,自愿供给在公益性主导下兼容利他动机和利己动机。经济学研究早已说明,利己心应当是市场主体参与市场活动的基本假定,但是在公共产品供给过程中,由于公共产品显而易见有别于私人产品的特征使纯粹的利己动机已经无法实现,或者至少在表面上无法实现,所以利他是公共产品供给的必然要求,尽管利他也是形形色色的,有非理性的、纯粹是为别人的利他和"有条

件"的利他主义。然而,自愿供给决定了这种供给方式可以两者皆有、兼容并蓄,即出于利他动机、利己动机、利他形式下的利己心或利己动机中客观上产生的利他效应等,皆有可能使人们因之而加入公共产品自愿供给行列,担当公共产品供给者角色。

第三,供给机制上,兼容市场法则和道德自律。自愿,意味着主动、自觉、志愿,所以维持自愿供给行为的有效运行需要一种内在机制。就自愿供给而言,一方面其动力源于志愿,是利他心驱使下的自觉,在自我完善的道德机制作用下的供给行为。然而从自愿供给的行为实现过程分析,另一方面,自愿供给的买单、生产阶段,"经济人"理性决定了不同市场主体的行为理性只能依据等价交换、效益最大、优胜劣汰等市场规则。

第四,供给成本补偿上,兼容使用者付费原则和免费规则。由于自愿供给动机的兼容性,呈现了营利、非营利、非营利表面下的实际盈利结果以及盈利目标下的实际非营利结果,在这些多元动机驱使下,对供给者而言的成本补偿机制必然是多元化的。扶老、救孤、济困、助残的慈善捐助和自愿为村庄铺路造桥、美化村庄环境等显然和村企合作开发乡村企业、辅助农民自强自立、运用产业发展带动农村富裕等方式相区别,体现了典型的免费特征,后者则从企业社会责任出发,体现了公益性质实现企业社会性甚至经济本能,一些社会组织为农民提供资金、技术、信息等服务更多地遵循了受益原则,采用使用者付费模式,在农村教育、农村医疗、农村社会保障方面则是两者兼而有之。使用者付费和免费规则兼容特点尤为明显。

因此,与政府供给、市场供给相区别,自愿供给的性质特征可概括为表 2-1。

表 2-1　不同供给方式的区别

供给方式 特　征	自愿供给	政府供给	市场供给
供给主体	个人、社会组织、经济组织	政府	经济组织
供给动机	公益主导	利他	利己
运行机制	道德机制、市场机制	道德机制	市场机制
成本补偿	部分有偿、自我服务、志愿者行动、捐赠	税收弥补、使用者付费	企业利润、使用者付费

对自愿供给内涵的认识需要我们反思公共产品的特定含义。其实,从经典定义出发的同时满足消费的非排他性和非竞争性的公共产品实际上是纯公共产品的名词释义,现实中严格满足该定义的产品数量并不多,大多数产品或多或少

存在一定程度的私人性质。显然不能将具有公共性的产品皆视为纯公共产品而不管公共性的程度如何,如果这样,现实中极少有物品不是公共产品。

公共经济理论告诉我们,产品的公共性越强,政府供给责任就越大,公共产品的公共性纯度影响着农村公共产品的市场介入程度。那么,浙江农村公共产品自愿供给的逻辑是如何形成的?

二、浙江农村公共产品自愿供给的形成机理

浙江农村公共产品自愿供给的现象有其独有的逻辑起点和理性归集。其中,区域经济环境变迁造就的产品公共性纯度发生的变异改变着公共产品原有的供给关系和供给效应,孕育着农村公共产品自愿供给现象的萌芽和成长。

1.活跃的民间自主力量作用于数量广泛的低层级农村公共产品,使供给效应在一定的区域中得到明确,将公共产品自愿供给的受益范围固定下来。纵向观察,决定社会产品公共性纯度的一个重要因素在于其层级性特征,一般而言,公共产品的层级性越高,公共性纯度越强,其需要统筹供给的层次就越高,于是就有了世界性公共产品(例如全球的环境、能源和安全问题)、国家层次的公共产品、地方性公共产品,相应的供给层次也就有了国际组织供给、中央政府供给、地方政府供给等概念。层级性决定了公共产品的受益范围,受益范围大小决定了供给层次的高低。层级相对较低、受益范围相对较小的公共产品,比较容易引起受益主体的关注。与农民生产生活直接相关的农村公共产品,绝大部分属于层级低、区域性强的准公共产品,受益人数有限且边界相对清晰,效益外溢较小,农民一般不会隐瞒对该类公共物品的偏好,市场机制可以发挥一定的作用,解决搭便车问题。在浙江农村,几十年来市场因素的浸润使浙江民众市场主体意识十分强烈,强烈的自我意识和自我动机,逐步形成了"镇里的事情就是我们村里的事情,村里的事情就是我们自己的事情"、"村、镇的路、桥、卫生,与我相干,周边的学校、水库和环境与己相关,大家一起,有钱出钱有力出力,毕竟受益的是我们大家"等较为一致的思想。这样,大量层级较低的农村公共产品由于村民的自我介入,村庄集体经济力量的介入,乡镇企业的捐助、投资,使得农民自我服务、自我提供、自我受益得到落实,公共产品的受益范围在一定的区域中固定下来,公共性纯度相对降低了。

2.繁荣的浙江经济为农村公共产品的自愿供给提供了资本基础,大大降低了农村公共产品供给的进入门槛。公共产品公共性的一个重要特质是其资本密集程度高,往往投入规模大,资本回报周期较长,投资中的不确定性高,比如农村公路、农田水利基础设施、农业科技和农业市场信息等,所以对于传统的这类公

共产品政府亲力亲为居多,即使是劳动密集的村道、小桥、幼儿园、校舍修缮等公共产品供给也需要最基本的资本准备,这类公共产品不仅投资回报率低甚至没有回报,而且其资本密集程度也远远超过一般的私人产品,因此私人提供中的资本准备成为制约供给方式的一个限定性因素。与公共产品的资本准备要求相吻合,这些年浙江民间资本大踏步进入供给农村公共产品行列,民间投资热情渐涨的背后是浙江民间实力的积淀。2010 年,浙江全省生产总值已经达到 27227 亿元,比上年增长 11.8%,人均 GDP 为 52059 元,按年平均汇率折算为 7690 美元,增长 10.1%。[①] 据对城乡住户的抽样调查,全省城镇居民人均可支配收入27359 元,农村居民人均纯收入 11303 元,扣除价格因素,分别比上年实际增长7% 和 8.6%。城镇居民人均可支配收入连续 10 年居全国第 3 位、农村居民人均纯收入连续 26 年列各省区第 1 位。"十一五"期间,浙江农村居民人均纯收入年均增长 11.2%,比"十五"期间的 9.4% 高 1.8 个百分点,扣除价格因素,年均实际增长 8.4%。2010 年浙江农村居民人均纯收入比全国平均水平高出近 1倍。目前,浙江是全国唯一一个没有国家贫困县的省份,并且在全国百强县评比中一直位列第一,目前民营经济已占全省经济总量的 70% 以上,贡献了 90% 以上就业岗位,几乎覆盖浙江经济社会的各个层面。2010 年 8 月 29 日,全国工商联发布了《2010 中国民营企业 500 家》榜单,浙江民企再一次毫无悬念地成为最大主角。[②] 这是全国工商联自 1998 年起第 12 次发布"中国民营企业 500 家",跟之前的 11 次一样,浙江上榜的民企数量依然冠绝全国。与 2009 年相比,2010年民企 500 家入围门槛由 2008 年的营业收入 29.7 亿元提高到 36.6 亿元,增幅接近 1/4,首次超过 30 亿元大关。截至 2010 年 12 月 31 日,浙江省共有各类市场主体 2934494 户,在册企业户数 779582 户,较去年同期分别增长 7.59% 和8.92%,两个数值双双创下 1990 年以来二十年间年末统计最高值。[③] 同期浙江在册内资企业达 751142 户,注册资本(金)总额达 30161 亿元,首度迈上 3 万亿元新台阶。民营经济实力造就的丰富民资是公共产品民间自愿供给的基本保证。

3.愈益深化的市场化程度为公共产品的成本补偿提供了多元回归路径,创设着农村公共产品自愿供给的有效途径。公共产品的消费非竞争特点是其公共性的一个重要表现,因为增加一个消费者的边际生产成本为零,所以从社会效应

---

① 2010 年浙江省国民经济和社会发展统计公报,2011 年 2 月 10 日,浙江省统计局、国家统计局浙江调查总队。

② 《"中国民企 500 家"浙江占了 180 席》,《今日早报》2010 年 8 月 31 日第 3 版。

③ 《2010 年第四季度全省市场主体信息报告》,浙江省工商行政管理局,2011 年 1 月 10 日。

角度看,公共产品适合政府供给公共消费,政府供给的最佳成本补偿是税收机制。这些结论已经在经济学的经典著作中得到了反复证明,然而,经典的证明并非彻底关闭了私人自愿供给大门。同样,学者们也在努力寻找实践公共产品私人供给的方式。20世纪六七十年代起,随着经济自由主义和反国家干预思潮在西方的兴起,学者们开始运用市场方式探索通过私人自愿供给公共产品的可能性以及公共产品私人自愿供给对政府治理结构产生的影响和要求,其典型体现就是科斯的"灯塔理论"、布坎南的"俱乐部理论"、德姆塞茨的"价格歧视"思想和戈尔丁的"选择性进入"理论。值得一提的是,与之有着同样意义的创举却在发端于20世纪80年代的浙江市场化实践中得到了充分的可行性论证。浙江是市场经济开展比较早的地区,是民营经济发展最快、数量最多的地区。在沿海地区,也是最早实行开放政策的地区之一。面对农村公共产品短缺的新矛盾、新问题,浙江在提高要素配置的市场化程度的过程中,围绕着保护和发挥民间的积极性和创造性、保持经济社会发展活力的目标积极作为。这些年,各级政府坚持解放思想、从实际出发,尊重群众的首创精神,对一些重大理论问题和政策问题上存在的不同认识,不争论、允许试、允许看,让实践来检验,这为农村公共产品私人自愿供给的探索创造了宽松环境。一系列深层次改革乘势而上:全面停征农业税,浙江农民率先告别了延续两千年的"皇粮国税";改革行政审批制度,浙江成为省级审批项目最少的省份之一;不遗余力地体制创新,浙江省资本自由度高居全国之首;公共财政发挥"四两拨千斤"的投资杠杆作用,浙江财政贴息、以奖代补、配套投入、支持担保等政策支持手段日益丰富,市场自愿供给中的成本付出通过政策支持、财政补贴、经济效益、社会名望、企业品牌以及企业家声望等各种有形和无形渠道得以补偿,公共产品供给中的效益外溢难题得到了内在化解,民间力量介入政府垄断供给领域的多元化有效路径终于贯通。初步统计,"十一五"期间,全省财政"三农"投入资金累计3202亿元,年均增长24.3%。① 总之,在一系列的政策驱动和市场开放措施作用下,利于自愿供给的制度环境渐趋完备。

4.众多成熟的市场主体基于对新的企业财富观的认识和认同,激发了农村公共产品自愿供给的内在动力。由于公共产品公共性的非排他要求,所以从理性经济人出发的行为模式只能是"搭便车",这样,关于公共产品的私人自愿供给动机就难以落到实处。然而,曼库·奥尔森和霍克曼、罗杰斯等人关于公共产品自愿供给动机的两种不同阐释②对我们认识今天浙江农村公共产品自愿提供动

① 《"十一五"时期浙江农村经济社会稳定发展》,http://www.zj.stats.gov.cn,2011年3月2日。
② [美]乔·B.史蒂文斯著:《集体选择经济学》,杨晓维等译,上海三联书店、上海人民出版社1999年版,第139—146页。

机提供了新的视角。曼库·奥尔森(Mitchell,1979)运用理性选择方法认为人们提供公共产品的动力在于获得某种私人产品或者选择性激励,即自愿中的利己动机:"在不存在强制的情况下,提供诸如保险、团体旅游机票和杂志这样的正向激励和私人产品是必要的。个人只有成为集体利益集团的成员,才能获得这些属于个人的、非集体性物品。"霍克曼和罗杰斯(Hochman & Rodgers,1969)则认为,当收入自愿地由富人向穷人再分配时,他们都会获得效用。分享意识是一种强有力的大众黏合剂,人们愿意为此放弃收益。克利夫·兰德曼(Cliff Landesman)[1]认为仅用理性和自利不能解释公共产品的自愿供给,利他主义是自愿的最佳理论基础,因为利他主义不仅重视自己的福利,而且重视他人的福利,他们的效用是个人和他人福利的函数。历经改革开放市场历练的浙江,已经成长起一大批成熟的市场竞争主体,他们对于个人财富认识是独树一帜的,他们对企业财富观、效益观的认识早已超越了养家糊口、发财致富的原始积累特征,开始进入追求长期可持续企业效益直至企业社会责任的阶段,已经跨越了传统,脱离了单纯对眼前利益、局部利益的企业效益追求。自 2006 年杭州西子联合控股有限公司发布了全国民营企业首份《企业社会责任报告》起,国内外名目繁多的慈善榜中浙江企业一直是第一位的爱心团体。据胡润研究院发布的历届《胡润浙商慈善榜》显示,自 2005 年至今,30 位上榜浙商慈善家共捐赠 16 亿元,人均捐赠额 5333 万元。[2] 在这张榜单上,浙商曾经蝉联五届"最慷慨群体",上榜人数为国内第一。近年来,浙江企业参与公益事业更加主动,做慈善的形式也不拘一格,以企业名义建基金会已经很普遍,更有浙江民企开始尝试在公司内部专设公益事务部,以个人名义的捐赠模式更是无法统计。除了捐钱捐物,浙江企业家还修路、造桥、建学校、建养老院,不仅出钱,不少人还亲自跑去做义工。这些企业慈善行为具有明显的自发自愿性质,在很大程度上是企业家良心发现的个人行为,利他主义动机得到了具体阐释,他们的行动无异于新时期的雷锋形象,独特的行为取向基于浙江企业家独特的企业利益观和财富观,正如慈善榜常客德力西董事局主席胡成中说:"浙商需要新的财富观。"改革开放以后,民营企业是最大的受益者之一,而民营企业绝大部分是土生土长的乡土经济,浙江的民营企业依靠村庄、依靠村民、依靠地方政府在第一次创业中成功完成了原始积累。今天,他们愿意回馈乡村、回报家乡、协助乡村政府,纷纷加入农村公共产品的自愿供给者队伍中。另一方面,通过这些自愿供给活动可建立起企业与社会、企业

---

[1] Cliff Landesman. The voluntary provision of public goods. *Doctor Dissertation*. 1995(6).

[2] 郑宇民:《浙商式慈善符合中国现实》,中国新闻网,http://www. chinanews. com/cj－10－30/2623287. shtml。

与环境的和谐友好关系,增强企业经营中的长期而持久的竞争能力,因此,不能否认浙江企业与企业家亦试图通过慈善行为来获取企业的长期利益,正如Smith(1994)倡导的"新企业慈善行为"①,强调将慈善活动管理与其他生产经营活动整合起来,以达到通过慈善活动来提升企业知名度、提高雇员生产率、降低研发费用、减缓政府管制、推进企业各职能部门协调发展的目的。应当说这是企业自觉进入公共产品供给队列的另一种重要效益,此谓之"失之东隅,收之桑榆",这种行为理性有效地兼容了社会公益和企业私益,公共产品供给的正外部性在一定程度上得到了企业的内部实现,适当降低了公共性程度,激发了农村公共产品自愿供给的内在动力。

三、农村公共产品自愿供给的制度类型

到目前为止,研究认为参与自愿供给的主体主要有:(1)非营利组织:即指在政府和营利部门之外的一切志愿组织,社会团体、社区和民间协会,也被称为"第三部门";(2)个人:出资人直接捐赠给受益人;(3)企事业单位:农村公共产品自愿供给的团体包括企业和事业单位;(4)政府部门:主要扮演中介和监督等作用。同时研究认为自愿供给的实现途径有:(1)无条件的社会捐赠;(2)部分无偿的政府或慈善机构发行的公益彩票;(3)"俱乐部"方式,如农户合资共同购置小型水利设施、修建村道等;(4)公私合作方式,主要包括非营利组织和政府部门之间合作提供公共产品的关系和私人企业与政府部门之间的公共产品提供合作。综合研究和调查,作者根据农村公共产品自愿供给的各类主体性质、资源获取途径、供给产品范围、供给实现机制的不同,将农村公共产品的自愿供给分为三种制度类型:一是集体自愿供给——村集体经济投入和村民自筹实现公共产品自愿供给;二是企事业单位和个体自愿供给——企事业单位、个体等捐助及合作形成公共产品自愿供给,主要包括政府有组织的企事业捐助、本村的个体捐助、慈善组织的多方捐助、官产学研合作的各类捐助;三是民间组织②自愿供给——多种农村非营利组织开展公共产品自愿供给,主要包括:社戏、腰鼓队等文体组织实现了农村公共文化的自愿供给;老年协会、和谐促进会实现了农村社会秩序的自愿供给;专业经济协会、科技类民非推动了农村生产性公共产品的自愿供给;用水户协会实现了农村公共资源自治;卫生服务站等民办非企业单位拓展了农村服

---

① Smith C. The new corporate philanthropy. *Harvard Business Review*,1994·5—8):105—114.

② 民政部已将原先的民间组织概念修改为社会组织,为了避免与书中社会自愿供给的概念混淆,本章仍采用民间组织一词,包括了社会团体、民办非企业单位等。

务性公共产品的自愿供给(见表2-2)。

表 2-2　农村公共产品自愿供给的制度类型

	Ⅰ 集体自愿供给		Ⅱ 企事业和个体自愿供给				Ⅲ 民间组织自愿供给	
实现形式	村集体投入	全体村民自筹	引导企事业捐助	个体自发捐助	慈善机构捐助	多方合作、扶助	社团组织活动	民非组织经营
参与主体	村干部和村民	全体村民	企业事业个人	个人	基金会等慈善机构	学校、研究所、个人、企业	文化类社团、经济类社团、联合类社团	民办幼儿园、敬老院、卫生所、科技中介
形成机理	配套政府项目、满足村民共同需要进行投资	村民民主协商、自觉履行	政府引导、企事业落实	村民自发或村干部游说	社会公益精神加慈善机构专业运作	政府整合产学研合作、企业资助等	乡村传统留存而成、农民自愿结社	民间投入补缺农村服务市场而成
性质特征	集体性、民主性、共享性		公益性、无偿性、志愿性				非营利性、互益性、经营性	

四、农村公共产品自愿供给的现状特征

鉴于自愿供给内涵的特殊界定,受制于环境条件的限制,所以本书较难对浙江全省自愿供给的现状进行全面数据分析,然而,出于描述浙江农村公共产品自愿供给全景特征的目的,作者采取了空间四维描述的手法,拟从参与主体、供给项目、资金来源和使用资源四维坐标出发,给予自愿供给的全息图像。研究的结论是:浙江农村公共产品的自愿供给呈现出纵横交错多元化主体参与,软硬兼容多形式项目承接,上下互动多渠道资金集中,内外交融多种类资源供给的特点。

(一)自愿供给的行为主体:纵横交错的多元化供给主体

在农村公共产品的自愿供给中,纵向自下而上的参与主体有个人、村庄、企业、乡镇政府和上级政府吸引的各类社会事业组织;横向从农村层面观察,有村内外、现在和过去的村民自愿,村长村支书等干部的自愿因素,村两委会等村集体组织的自愿行为,乡镇等各级政府通过种种方式组织的社会自愿力量,具体如下。

1.个体的偶然性自愿活动

这类自愿行为在全国较为普遍,浙江尤甚。作为经济较为发达省份,浙江借改革开放先机,受乐施好善、同情弱者等观念、文化传承,企业家、村民的个体自愿捐赠不胜枚举。慈溪市龙山镇周芳龙先生是上海优秀的民营企业家,曾在龙山凤浦岙村插队落户。事业取得成功后,他没有忘记曾与自己共同工作生活的父老乡亲,积极参与到当地新农村建设中来。近几年来,周先生先后出资400多万元,为家乡建造了村落文化宫、农民公园和老年乐园,拓宽了进村道路,整治了路边环境,使凤浦岙村的村容村貌焕然一新。同样,在外地创办工商企业的温岭市石桥头镇中扇村村民陈才聪,投资200万元,为村里建造老年公寓。这些类似的捐助和资助个体往往与村庄有着千丝万缕的关系,他们或是曾经的村民或是在村庄从事经营活动,在知恩图报回馈乡村的心理驱使下自愿从事公共事业。

2. 村集体、村民委员会等村级组织的集体自愿供给

集体自愿供给是村公共产品自愿供给的主要形式。改革开放以来,得益于把握了市场化改革先机和城市化进程加速的浙江农村,许多村庄逐渐富裕,村集体经济也得到发展。因此,一些村庄和村集体组织有动力有能力自己出资改善本村农民的生产生活条件,解决村里的公共产品供给问题。而且,随着近年来政府公共产品供给模式的创新,政府在投入村公共项目中采取了财政补贴、以奖代补、民办公助等各种筹补结合政策,即通过村里出资一点、镇里补助一点、农民捐助一点的办法,解决农村公益事业建设资金缺口问题。由此激发了村民委员会、村党支部较强的自愿供给动力,纷纷结合村庄特点筹集力量增加农村公共产品的供给。这是当前农村集体自愿供给的一种主要形式。作者在2009年的调查中发现,浙江绍兴市的绍兴县就有三种政府供给与自愿供给结合的途径:一是村镇筹补结合,二是以资代劳或以劳代资,三是实物抵资或实施低赔偿低补偿。据统计,在2009年下半年全县59个村实施的79个公益事业建设项目中镇村投入资金达2248.55万元,占总投入资金的86.9%。又如该县漓渚镇棠棣村是有名的花卉专业村,但村级集体经济收入较为薄弱,2004年仅为20.5万元,但农民人均收入已突破万元。自2003年以来,该村采用"一事一议"筹资筹劳的办法,发动农户捐款筹资,共投入150万元用于村庄道路等公共设施建设,其中村民筹集的资金在50%以上。

3. 企业捐助的自愿行为

企业捐赠和资助是农村公共产品自愿供给的一条重要途径,这在经济较为发达的浙江尤其显著。浙江萧山衙前镇的恒逸集团出资150万元,帮助该镇四翔村开展自来水工程改造,使全村2400位农民的饮水条件得到了改善。通过一个项目一笔资金的扶助捐赠,帮助农村发展公共事业,这是企业自愿参与最普遍的一种形式。除了这种通常的一事一项捐赠,企业还与乡村建立了相对稳定的结对捐赠关系。比如浙江新成达投资有限公司与平湖市黄姑镇渡船桥村结对,

需钱出钱、需人出人、需物资出物资,真心实意地为农村、农民办实事;浙江黑猫神集团与择坞村全方位共建,累计投入700多万元,使该村形象基本改观。此类典型例子不胜枚举,浙江著名的华立、富通、罗蒙、东港、飞跃、广厦、万向等企业纷纷与有关村建立捐助关系,捐钱捐物长期扶助。台州1000个村和1000家企业"牵手",共建1000个项目。据悉,2010年的合作资金达到3亿元,其中无偿捐献资金1亿元,安置农村劳动力就业1万人。在台州市路桥区金清镇下梁村,率先与村结对的企业有8家,他们先后投入资金近300万元,组建了农机专业合作社,在近3000亩推行全程机械化服务的粮田里,农民种粮每亩均增收337.6元,工商资本的投资回报率则达到15%。同样,2009年在浙江富阳市有25家大企业大集团联系25个乡镇(街道),104家企业(单位)联系104个行政村,在湖州市则实现了企业对农村帮扶的全覆盖。一些企业纷纷建立自己的企业基金会,帮助农村公益事业,比如浙江中天建设集团出资1亿元设立的"浙江省扶贫基金会中天集团爱心公益基金",金华福泰隆控股集团重点围绕教育、文化、新农村建设等方面开展公益活动,由企业设立了非公募慈善基金会,这是金华市第一家启动资金达上千万元的企业慈善基金会,今后还将每年增加善款。企业自愿供给农村公共产品,一方面实现了企业回馈社会、报答乡村的目的,另一方面也树立了企业社会责任的形象,是一种村企合作的良性合作关系。

4. 政府引导下的社会自愿力量

讨论自愿供给问题,政府角色和政府作用与政府直接供给公共产品非常不同。自愿不是政府退出,自愿离不开政府,因为大量的自愿供给力量是由于政府投入农村公共产品的引致作用产生的,甚至是一种溢出效应。整体而言,新农村的基础设施和公共服务等公共产品供给,需要稳定而持续的巨额资金投入,完全依靠财政一家远远不够,需要大力引入民间资本和社会力量的投入。这些年,由于意识到农村基础设施的重要性,意识到公共产品对于农业发展和农民生活的意义,地方各级政府纷纷组织多种形式的城市支持农村、工业反哺农业活动,开展了多种类的对农村扶贫帮困活动。这些林林总总的活动借助行政引领机制,在强劲的政策助推下,通过村企、城乡间互利共赢的合作保障了社会各界开展公共产品自愿供给的动力,直接间接地引导各类社会力量介入农村公共产品的供给行列,构成了自愿供给公共产品的一种不容忽视的力量,形成了一个以政府组织动员、社会各方广泛参与的农村公共产品自愿供给格局。以浙江机关干部入户农村一年的"农村工作指导员"项目为例,[①]2011年上半年,浙江省第六批

---

① 浙江省农办扶贫办主任夏阿国在全省农办扶贫办主任会议上的讲话,http://www.zjfp.gov.cn/NewsShow,2011年2月13日。

33737名农村工作指导员,共帮助村庄落实经济发展项目23357个,水电路等基础设施项目28966个,争取各类社会扶持资金10.14亿元,争取捐赠物资价值1.12亿元。类似的由杭州市农业农村工作办公室牵头在全市开展的"联乡结村"[①]活动中,至2010年年底,杭州市共组建"联乡结村"集团206个,参与部门936个,参与企业2525家,参与学校53所;联系167个乡镇,结对村(社区)2051个、行政村结对率达89%。这场由政府倡导的城市支持乡村、工业反哺农业活动,引致了大量民间力量介入村公共产品的筹集和生产过程中(见表2-3)[②]。就全省范围,在中央和省委、省政府作出建设社会主义新农村决定后,社会力量踊跃参与新农村建设,浙江省初步统计有15000多家工商企业捐资投资新农村建设,有10205个城市文明单位与9830个行政村结对共建新农村,还有10000多名城市学校、医院、科研单位的科教人员参与新农村建设,浙江大学、浙江工业大学、浙江林学院等高等院校纷纷与湖州、丽水等地结对共建新农村。

表2-3　2010年杭州市级"联乡结村"活动情况汇总表

单位	实施项目(个)	参与主体情况　单位:个				到位结对资金(万元)	资金来源情况　单位:万元			
		结对村(社区)	参与部门	参与企业	参与学校		部门捐助	企业捐助	学校捐助	财政专项
合计	2120	2051(其中:市县两级共同结对72个)	936	2525	53	27944	6057	13776	21	8090
市级	445	199	148	112	34	6630	3238	2066	7	1319
县级	1675	1924	788	2413	19	21314	2819	11710	14	6771

5.民间组织的自愿供给逐渐显现

随着农村社会经济的发展,农村各地建立了许多经济协会、基金会,这些民间组织通过合作的形式来获得自己所需公共产品。比如在全国各地,已经正式成立的温州商会有127家,各地温州商会发挥优势,与欠发达乡镇结对帮扶,组

---

① 从2007年起杭州在全市范围内组织开展了"百团联百乡,千企结千村"(简称"联乡结村")活动,即由市、县两级组织企业、单位结对乡镇、村,实行市、县联动,参与相关乡镇、村的新农村建设。"联乡结村"这种以帮扶为核心内容的活动具有独特的运作机理,即以农村公共产品作为"联结"项目载体,充分动员社会力量,创新活动内容方式,财政配套资金激励放大了"联结"活动的规模效应。据作者调查,浙江全省各市县都开展了类似的由政府组织的城市与农村的对接扶助活动,各地活动名称不一,但内容相近。

② 根据2010年杭州市"联乡结村"活动情况汇总和活动项目建设情况汇总表整理。

织在外温州人反哺家乡。各地温州商会帮助欠发达乡镇开发资源,发展特色产业;帮助欠发达乡镇牵线搭桥,促进劳动力转移;帮助欠发达乡镇搞好技术培训,增强农民致富能力;帮助欠发达乡镇筹措扶贫开发资金,多办实事好事。[1] 成立于 2008 年 7 月的浙江象山茅洋同乡会,是由茅洋籍成功人士自愿组成的社会群众团体,目前有会员 185 人。自成立以来,茅洋乡第二届新农村建设同乡促进会共为家乡新农村建设出资 460 万元、捐赠实物 50 余万元。在永嘉县,由永嘉县在外企业家联合会发起,永嘉县农办、协作办牵头的"魅力家园"新农村结对共建活动中,在外企业家联合会与 22 个村签订了村企结对备忘录,计划实施新农村建设项目 30 多个,达成意向性捐助 1350 万元。据统计,近几年永嘉县由外商会牵头组织的为家乡提供的各类捐助已累计达到 5000 万元以上。[2] 在商会带动下,永嘉在外企业家主动与乡村开展"一帮一"共建活动,以一家企业对一个或多个村、或几户贫困家庭的方式,积极开展帮扶活动;同时,积极兴办农业项目,增加对农村的资金、技术、人力投入;积极参与家乡的社会福利事业和基础设施建设。同时,民非和社团等多种民间组织还通过自组织活动和服务性经营实现农村生产性和社会性公共产品供给。

(二)自愿供给的项目载体:软硬件兼有、生产生活兼容的多项目承接载体共建互赢

农村公共产品包括农村范围内的道路、水利、电力、电信、环保、教育、体育、文化等软硬件基础设施,也包括维护社会治安、调解民事纠纷、维护道德规范、村办集体企业等公有财产管理和促进经济发展、发展公益事业提高村集体福利等生活、生产类软件性质的公共服务,因此项目特征是"软硬件兼有、生产生活兼容"。浙江农村公共产品自愿供给力量正是通过作用于各种类型的公共产品供给项目实现的。浙江省自愿供给的农村公共产品,既包括了农村道路、村庄小路、自来水等村庄整治硬件类设施建设,也包括了医疗、养老、文化等村庄福利、村庄安全等软件类公共服务,既有村卫生所、村道、路灯、幼儿园、文化教育等事关农民生活类产品,也包括了农技服务、病虫害防治、产业基地建设等农村生产项目服务。作者根据对浙江淳安县王阜乡和鸠坑乡的调查,初步统计出 2009 年王阜乡自愿供给农村公共产品的项目承接结构(见表 2-4)。2009 年王阜乡的 486 个自愿帮扶供给公共产品项目统计中,经济发展项目有 203 个,占总数的 41.8%,比 2008 年提高 17.2%;鸠坑乡社会帮扶的 230 万资金中,经济发展项

① 《商会慈善活动》宁波扶贫网,http://fpb.ningbo.gov.cn/website/,2010 年 12 月 29 日。
② 永嘉异地商会活动报导,详见 http://xz.yj.cn/ReadNews。

目占总资金的 57.8%。

表 2-4　淳安县王阜乡社会帮扶提供的公共产品项目结构统计

(单位:万元)

项目名称	项目主要内容	总投资	政策补助	村自筹	社会扶持
下山移民工程	实施龙头村深湾里自然村 6 户 18 人搬迁移民,扶持建房安置,新建供水供电和道路。	78	12	46	20
经济发展项目	1. 万亩油茶增收工程。在山核桃林里套种油茶 5500 亩。	55	0	17	38
	2. 桑枝食用菌发展。在荷花坪村建设黑木耳示范基地,带动周边群众发展黑木耳产业。	11	0	6	5
	3. 建设 300 亩以贡菊为主的中药材示范园区。	36	23	3	10
	4. 白茶发展项目。新发展种植优质良种白茶苗 400 亩。苗款村民自筹一半,帮扶解决一半。	48	0	24	24
农村民生工程	1. 低收入农户增收工程。扶持低收入农民发展生产、改善生活、提高技能、增加收入。				
	2. 建沼气 100 只,扶持 600 元/只;建无害化厕所 200 只,扶持 200 元/只。	30 55	0 38	0 7	30 10
	3. 继续加强农民素质培训,举办培训班 8 期以上,参加人员 600 人以上。	6		2	4
教育项目	王阜完小教学楼危房改造。新建占地面积 216 平方米,建筑面积 820 平方米的教学楼。	86	35	8	43
基础设施项目	1. 管家村村道建设工程。通过拓宽改造新建一条长 1000 米宽 3.5 米的村道。	35	0	25	10
	2. 荷花坪村饮用水工程。安装引供水管网 4700 米,新建过滤池一座。	19.2	8	1.2	10
	3. 闻家村村道硬化工程。对 3500 米主要村道进行硬化,平均宽度达到 1.5 米。	24	5	9	10
	4. 横路村贡菊基地建设。新开一条 3 千米长基地生产道路,基地培管。	30	0	20	10
	5. 金家岙村道路硬化工程。对通往和公塔自然村的道路进行硬化,该道路长 2.4 千米,宽 4 米。	70	48	12	10
	6. 胡家坪村饮用水工程。对胡家坪自然村的饮用水进行改造,新建一个 80 立方米的蓄水池,安装引供水主管 5500 米。	21.5	0	11.5	10
合计		605	169	192	244

不同主体力量投身于新农村建设突出体现在参与供给各类农村公共产品的

供给过程中,通过村企结对,吸引多方资源参与新农村建设,探索村企互动、双赢发展的长效机制。各类民间力量对于农村公共产品的参与,最初往往是铺一条路、造一座桥、建个凉亭等设施,集中对特定项目的单一援助,或者一次性出资捐赠。发展到今天,很多地区已经开始从资金援助向项目开发、产业带动转变,从企业单向支持向村企互动双赢转变,从短期合作向长期挂钩转变,对于农村的援助项目有基础设施建设型、社会事业型、来料加工型、劳动力安置型、产业开发型、项目合作型、教育培训基地型、聘请经济顾问型、困难帮扶型等多种形式。

在浙江余杭,就有 102 名民营企业家担任 96 个村的经济顾问,支持新农村建设。浙江很多企业家从农村来,在农村发展,有着浓厚的乡土情结,积极参与新农村建设,自愿担任"经济顾问"。一些企业与村签订《携手共建社会主义新农村协议书》,有的企业家签了两个村,有的村签了不止一个"经济顾问"。签订协议书后,"经济顾问"在落实经济发展项目、修路建桥、绿化村庄、清洁村庄等方面成效尤为明显。据不完全统计,2010 年余杭的投资额已达亿元,对公益事业和清洁余杭活动的捐款达 800 多万元,众多农村劳动力得到了安置。过去,民营企业家与一些经济薄弱村也有过结对帮扶行为,但那种"结对"比较机械,大多是政府拉郎配,村和企业你不情我不愿,致使成效不大。现在,则较多通过工商联(总商会)的作用,按照企业家的出生地或企业所在地划分,根据企业志愿、村志愿,采取自愿结合。新型的"经济顾问"在余杭取得了一定的成效,成为企业参与新农村建设的良好平台和载体,许多企业家表示愿意在新农村的公共事业中发挥更多的作用。

养老、助学、就业、辅助弱势人群的社会事业自愿供给,更是十分平常。在萧山,从 2007 年 1 月开始,位于萧山区党湾镇的三元控股集团有限公司每年捐出 100 多万元,委托党湾镇政府向全镇 65～69 周岁老年人每人每月发放 60 元生活补贴。在杭州,娃哈哈小学与建德市新安江第三小学、临安市太湖源镇青云小学、萧山区三星小学、萧山区江寺小学结成了"学习共同体"。处在市区、拥有较好教学资源的杭州市娃哈哈小学,在"学习共同体"中发挥了主导作用,3 年来该校共接收了 25 名教师的上门培训工作。五所学校之间还通过优势课程展示交流、接纳培训、登门拜访、网上交流、行政管理研讨学习等方式,实现了教学资源的共享,推动了彼此的进步。再比如浙江绿城集团则在浙江遂昌县、景宁县低收入农户当中,招收 40 名高级管家、家政、健康服务专业学员,学制两年。学生一经学校录取,学杂费、住宿费全免,并由学校提供在校学习期间的伙食费、校服费、教材费等。学习期满并获家政、康复保健、妇儿护理、营养保健四门资格证书中两门的学生,统一录用安排在绿城物业、健康、医院、酒店等公司就业。

(三)自愿供给的筹资途径:上下互动的多渠道资金投入

自愿供给中的重要因素就是资金问题。以资金和项目来源分,浙江农村公共产品的自愿供给资金形成了一种多元化的投入机制,其中包含了村集体资金、外出村民、本村村民、企业、民间组织和一些事业单位以及政府牵头组织筹集的自愿资金。以浙江全省农田水利基本建设为例,管理上已经形成了水利部门牵头,其他部门积极参与的格局,资金上则形成了村集体和农民自筹、民营企业、各级政府财政、社会组织聚集参与的多元投入、上下互动、市场运作的多渠道集中机制(见表2-5)。[①] 例如杭州在农村饮用水工程建设与管理工作的实践,2003年—2008年累计完成投资121874万元,其中乡镇政府以上财政投入64742.7万元,村集体投入23986万元,农民自筹8300.1万元,市场运作达24845万元。在浙江新农村"千村示范、万村整治"工程实施五年间,累计完成全面小康建设示范村1181个、环境整治村10303个。这其中,全省各级政府累计投入160多亿元用于村庄整治建设,而村集体、农民和社会各界共投入资金547亿元,是政府投入的3.42倍。四年多来的大规模村庄改造,使全省8236个传统村落变成了一个个"水清、路平、灯明、村美"的农村新社区,截至2006年年底,全省累计投入资金555.61亿元,其中财政、村级集体、农民自筹和社会资金分别占了31.63%、20.2%、35.45%和12.72%。[②]

表 2-5　全省农田水利基本建设资金来源(2010-9-1—2011-2-28)

栏目	完成投资(单位:万元)								
	合计	中央	省	市	县	乡镇	群众	民营	其他社会
合计	1217422.66	76351.86	112099.96	97679.51	441003.37	135272.53	105129.11	21890.90	227995.42
杭州市	156286.30	9695.30	10760.10	8367.70	72945.10	22193.60	13063.70	90.00	19170.80
宁波市	217105.20	1880.00	0.00	25597.00	98000.70	32435.00	1273.50	317.00	57602.00
温州市	135939.21	5037.50	5336.20	14305.21	58876.00	2675.00	12330.00	2290.00	35089.30
绍兴市	112045.70	11007.00	10253.00	7110.00	45992.20	10457.50	16481.00	127.00	10618.00
湖州市	92981.00	5060.00	9119.00	7402.00	19242.00	4455.00	14432.00	3914.00	29357.00
嘉兴市	93095.12	8440.00	15232.57	4242.00	25559.85	16634.03	4639.97	289.70	18057.00
金华市	122854.66	10406.82	18531.00	7048.70	42390.77	10113.60	21097.37	2863.00	10403.20
衢州市	63420.00	8393.00	15166.00	1687.00	18293.00	4562.00	6515.60	2005.20	7798.20

---

① 表格资料来源:浙江省水利厅农建办,吕天伟提供。

② 记者报导:《一个个村庄旧貌换新颜》,《浙江日报》2007年04月26日第3版。

第二章　自愿供给的内涵及制度分析

续　表

栏目	完成投资（单位：万元）							
	合计	中央	省	市	县	乡镇	群众	民营	其他社会
台州市	101890.69	10231.54	9968.11	225.00	35508.07	6046.00	9256.97	518.00	30137.00
丽水市	55099.46	4662.10	10798.00	6027.10	17120.26	535.00	5406.00	6055.00	4496.00
舟山市	66705.32	1538.60	6935.78	15667.80	7075.42	25165.80	633.00	4422.00	5266.92

当前,浙江农村公共产品自愿供给中上下互动的筹资手段大体有以下几种形式:(1)村委会等基层组织出资:利用村集体经济、生产合作社、征地后的留用土地经营收入、村庄物业出租、办市场等,筹集村一级的公共产品生产建设与管理资金。(2)企业出资:企业渠道主要包括企业的直接资金投入和企业组织的专项基金等,企业通过直接投入渠道自愿参与。(3)政策部门的引致资金:在农村公共产品的自愿供给现象中,政府的作用是营造环境、搭建平台,政府以各种项目、活动作为载体,导引民间资金流入农村公共产品供给,这部分的资金量是比较大的。据浙江省扶贫办 2009 年工作材料显示,[①]在实施"低收入农户奔小康工程"中,省劳动和社会保障厅负责协调推进龙泉县团组工作,到 2009 年初通过"低收入农户奔小康工程"实现的对浙江龙游县帮扶资金有:省电力公司出资100 万元;省劳动保障厅增拨就业专项资金 95 万元,并筹集扶贫资金 40 万元;省物产集团 45 万元;海盐县发改局 50 万元;省财经学院 35 万元;省医科院 25万元;海盐县武源镇 21 万元;浙江德意控股集团 15 万元;茶叶研究所 15 万元。省电力公司除按每村 5 万元,共落实帮扶资金 60 万元之外,还投入 184 万元启动了 12 个村的亮灯工程和农村电网改造工程。年底,又投入 20 万元慰问资金和大量慰问物资。(4)非政府组织渠道筹资:非政府组织不仅增加了乡村地区公共产品生产和建设的资金投入,弥补了财政资金投入不足导致城乡公共产品生产和建设供给需求日益扩大的裂痕,而且在筹资形式上引入了"社会"的概念。非政府组织的筹资活动主要有学校、医院、基金会慈善总会等。(5)使用者付费:使用者付费购买自己需要的公共产品,是农村公共产品自愿供给的一种补充形式,通过将公共项目经营权、管理权和冠名权进行交换,吸引投资和加快公共产品生产、建设管理。从浙江农村当前的情况看,在农村乡镇道路、村道、桥梁、学校和一些小型水利设施的建设中,以出售冠名权的方式筹集资金比较普遍,其中的付费基本上维持在非盈利状态。嘉兴市采用出让道路、桥梁冠名权等方法,吸

---

① 浙江省扶贫办《全省低收入农户奔小康工程结对帮扶推进会交流材料》,浙江三农网,http://www.zj3n.gov.cnhtmlmain/zhxwview/33356.html,2009 年 7 月。

引和调动民间资金参与筑路建桥;海宁市天天建设有限公司、桐乡市一舟皮革公司出资数百万元建设乡村公路,以公路命名的形式将建成的路取名为"天城路"、"一舟路";温州、宁波、杭州的一些房地产开发公司,在自己开发的楼盘项目中,往往先出资建设楼盘周围的道路、公园、游泳池等配套设施。(6)个体资金:零星个人出资的援贫助困项目。

(四)自愿供给的资源类型:城乡互动、内外交融的多种类供给资源

从自愿供给的主体角度看,村庄内部的自愿资源以及由内而外吸引资源进入是主要来源。首先,在农村村庄内,农民是农村公共产品的最大受益者,因此他们有意愿成为自愿供给的重要来源,尤其是随着浙江经济的迅速发展,一部分企业和村庄有实力有能力,也愿意介入农村公共产品的供给队列。在发达的地区、特别是受益于城市化迅速扩展的城乡结合部,一些村富起来了,农民们不满足于以往的对城市生活,特别是对城市教育、医疗环境和马路、公园、运动场的单纯心理向往,他们希望在自己身边实实在在地复制城市的生活状态、生活环境,于是在村两委、村庄能人的带动下,出资出力自愿供给农村多样化公共产品。而在浙江的许多经济贫困、落后地区的村庄,当他们自身的资金能力微弱、不足以实现村庄公共产品的建设、管理、运营时,更多村民们则通过直接投工投劳,形成公共产品的供给资源。其次,在村庄外围,自愿力量一方面产生于原来从村庄起家的一些企业家、在完成财富积累后回报家乡的回馈动机;另一方面,在这些年城乡统筹发展战略指导下,政府出台了许多倾斜性政策,由此带动实现的城市支持资源和工商产业支持资源,在政策杠杆作用下也纷纷流向农村。

各类社会资源如何参与农村的公共事业?作者通过对浙江乡镇的调研表明,在村庄公共产品的投资、运作过程中,自愿供给资源主要体现在出钱出物和出智出力两方面。除了前述的资金作为主要的供给方式外,其他资源概况如下:

1. 物资资源

从公共产品的直接受益者——农民方面,较多利用实物抵资或低赔偿、低补偿政策提供自愿资源。如绍兴平水镇同康村修建公路时,为了解决资金缺口,受益农户采取低补偿、低赔偿的办法,征地需砍伐毛竹6149支,按常规每支赔补10元,而实际每支赔补1.5元,少赔付52267元;需要征用竹山55.54亩,按常规每亩补偿1.5万元,实际每亩赔偿0.5万元,少赔付55.54万元,以这样的方式出资修筑公路。在外部,一些政府部门、事业单位,发挥自己的行业特点和优势资源,支持农村发展公共事业。许多医院、报社、学校、剧团和协会等事业组织和相关部门,采取组建"服务队"、"志愿队"、"咨询组"等方式,开展送政策、送法制、送科技、送卫生、送信息、送教育、送文化、送人才、送项目等送资源活动,将教

育、信息、销售渠道、市场等资源提供给农民,帮助农村发展集体事业,解决实际问题。在淳安,杭州银行与鸠坑乡进行帮扶结对,与其他在鸠坑乡实行帮扶的企业一起,把茶叶产业提升作为帮扶重点来扶持,通过内建茶厂及交易市场、外请专家传茶经,使鸠坑毛尖品质大大提升,荣获中国名优绿茶评比金奖,实现了乡镇"国字号"品牌零的突破。老百姓评价说"扶贫进千家,毛尖工艺新,品质铸品牌,品牌赢市场,家家户户起变化"。

2.人力资源

第一,运用智力资源发挥智库作用的间接供给。建设新农村最紧缺的是人才,在企业帮助村庄、城市支持农村方面,智力资源发挥着智库作用。浙江各地活跃着一批涵盖经济、技术、村庄发展各个方面的"新农村建设顾问"。奉化市的"新农村建设顾问"队伍包括经济发展顾问、农业技术顾问、党建工作顾问和强村综合顾问等。目前,全市3000多个"顾问"与354个行政村结对,成为各村不拿工资的优秀"编外参谋"。经济发展顾问在筹集资金、开拓发展思路上为新农村建设助力;党建工作顾问、农业技术顾问和强村综合顾问发挥专业特长,在村务、党建、农业技术、规划编制、项目申报、环境整治、公益事业建设等方面为农民提供指导。奉化市林场党支部负责人成为尚桥头村党建顾问后,帮助尚桥头村化解了村两委多年的矛盾,还派出懂农技的林场党员与该村干部共同规划旱地利用。同属萧王庙街道的滕头村干部成为林家村的强村综合顾问后,提议开发"滕头林家桃子采摘一日游",打响了"林家桃子"的名声。过去村民骑着自行车去城里推销桃子,现在上门收购桃子的客商一拨又一拨,价格也比周边高出一截。此外,滕头村还帮助林家村重新包装"桃花游"。

第二,运用劳动力资源的直接供给。作为供给资源,农民的自愿供给除了出资外最主要的方式是直接参与公共产品的建设维护过程。在农村电网改造、小型水利灌溉渠道建设、村庄道路等公共项目建设中,农民自己组织劳动力,自己出资出力修建,然后由出资出力者共同使用。以水利工程为例,浙江无论已建还是新建的小型水利工程,甚至一些大中型农田水利工程,建设的主体都是农民,其总投入构成中2/3是农民以劳动积累工形式出劳出资。[①] 在基础设施建设完工后期维护中,大量的农田水利、道路等基础设施的日常管理维修,也是增加农村公共产品存量的一种重要方法。但由于财力限制,政府资金的投入主要集中于建设施工以形成实体,在道路、路灯、垃圾房、文体设施的维修方面政府则投入很少,比如改水、改厕、改房、改路和垃圾、污水处理工程完工后,政府就很难负担

---

① 蒋屏(浙江省水利厅农水处):《"浙江农村水利发展的若干思考"》,《中国农村水利水电》2004年第1期。

起日常维修的角色。而农民对于自己参与决策与修建的路、桥、水电设施往往有着更多的心理认同，所以日常的维护管理就通过村集体出资配合农民的出工出力完成。

3. 社会资本

传统经济学中的资本首先表现为物质资本和人力资本，前者指厂房、原材料、资金之类，后者指劳动者的劳动力、管理、生产技能等，而社会资本的概念类似于通常所说的"关系"，特指社会组织中的信任、规范和网络等。事实上人的社会关系或者说他们的社会资本也与物质资本和人力资本一样，能够产生效益。

传统文化和国情政情决定了我国现阶段社会资本在获取各级政府的公共投资项目时有着特殊作用。这在浙江农村较多地体现在村干部利用自己的社会关系，游说相关部门，获得政府对村庄公共项目的支持。公共产品自愿供给中社会资本的价值实现主要体现在项目立项和配套两方面。为了争取获得政府立项，许多乡镇、村庄纷纷寻找并且"包装"项目，动员村内外力量有钱出钱、有力出力、有智出智，为项目实施筹集前期准备资源。村干部、乡村能人们竭尽心思寻找同乡、亲友、老领导，说服动员社会关系寻找社会资源，争取获得政府立项和配套。这几年，浙江农村出现了大量的"富人村官"现象。据浙江省民政厅 2009 年统计，全省 2/3 以上的村由企业家、工商户、养殖户等先富起来的人担任村委会主任或村党支部书记，其中不乏资产过千万元乃至上亿元者，被称作"老板村官"、"能人村官"。[①] 经济实力雄厚的"村官"上任后，为村里出钱出力、牵线搭桥，利用自己的社会资本带动村民致富。许多村官带领村庄干部群众，兴建水利设施、建设康庄工程、启动旧村改造，大力推进新农村建设，使许多工作停滞不前或处于瘫痪状态的村庄走上了规范化和正常化轨道。许多历史遗留问题得到解决，农村班子建设、基础设施建设得到加强，农村经济得到发展，农村面貌得到显著变化。

---

① 《浙江富人村官普遍，老板村官背后存隐忧》，浙江新闻网，http://zj.takungpao.comzjyw09914377787.htm,2009 年 9 月 24 日。

第三章

农村公共产品自愿供给的绩效分析

　　农村公共产品供给的绩效问题是中国社会主义新农村建设必须深入研究的理论和实践命题。已有文献中对农村公共产品自愿供给的绩效分析屈指可数,一方面是对该供给机制的研究不多,另一方面自愿供给实证研究的数据获取困难。所以国内学者对公共产品的自愿供给的绩效实证分析几乎空白,但对其产生的各种效应进行了价值分析,提出了六大效应,即规模效应、竞争效应、公平效应、财政效应、结构调整效应和挤出效应。从可查到的文献看,对于什么是绩效,目前还没有一个较一致的表述,分析各个表述后,可以看出人们对绩效理解的差异主要是绩效包括的范围不同,但在绩效的核心思想上,认识还是比较一致的。即绩效是实施一项活动的有效性,而且是基于预期目标的有效性。据此,提出农村公共产品的自愿供给的绩效是多维度的,既有巨大的经济绩效,也有直接的社会绩效,还有鲜明的政治绩效和文化绩效。作者将结合当前学者已经提出的"规模效应、财政效应"等研究内容,借鉴已有的农村公共产品供给效率定性和定量分析方法以及供给满意度评估方法,同时考虑对全省各村公共产品自愿供给统计的困难,部分采纳浙江省统计数据和杭州市"联乡结村""农村困难家庭危房改造"等实例的调查数据,对农村公共产品自愿供给的经济、社会、政治和文化绩效予以分别阐释。

一、农村公共产品自愿供给的经济绩效分析

（一）推进了城乡统筹发展

　　城乡统筹发展包含了城乡经济、社会、文化等多方位的统筹发展。统筹城乡需要社会多元主体积极参与、需要多个渠道融合资源、需要多种方式方法共同推进。农村公共产品自愿供给正是通过"山海协作"、"低收入农户奔小康工程"、

"希望工程"、"联乡结村"等城乡统筹渠道和载体,由社会个体、工商企业、机关单位、金融部门等多元主体与农村结对帮扶、加强建设、助学扶贫等,从而实现了"以城促乡、以工补农",推进了城乡统筹发展。具体包括以下方面。

1. 农村公共产品自愿供给促进了农村经济增长

浙江各地开展了各种主题的城乡结对帮扶活动,帮扶的重点是加快农村建设、促进经济发展和农民增收,这种帮扶是一种政府组织的社会捐助,已成为村公共产品自愿供给机制的主体部分,带来直接的经济绩效。比如杭州市2001—2002年,政府组织成立了94个市直机关部门和金融单位参与49个特困乡、100个贫困村的挂钩结对联系制度(简称"49100"工程)。2003—2006年,新一轮"49100"帮扶工程实施了集团式帮扶的新举措,在坚持38位市级领导挂帅、89个部门单位结对联系的基础上,吸纳了93家企业、38个强乡镇加入,较好地实现了党委和政府主导力、市场的配置力、企业的推动力、群众的创造力的"四力合一",使得更多的农村公共产品供给从单一的财政转移支付转变为政府、市场、社会自愿供给相结合的格局。从经济角度看,"49100"帮扶工程的实施,促进了欠发达地区产业结构的调整,加快了经济发展的步伐。据统计,2004—2006年3年里,杭州欠发达村镇新发展茶园、桑园、高山蔬菜、山核桃林、笋竹两用林、花卉苗木等优质农产品生产基地11.4万亩;新办农产品加工企业7家,新建机制名茶厂18家,新增名茶机(灶)1785台(只),等等,增强了欠发达乡镇、村的"造血功能"。[1] 2007年,杭州在"49100"帮扶工程基础上发展的"联乡结村"活动更加强调了"村企互动,突出双赢"。各地按照"互惠双赢"的原则,围绕构建新型工农城乡关系的要求,充分发挥共建双方各自优势,以项目和产业为纽带,实现城乡资源组合、工农优势互补、村企共同发展。淳安、桐庐、临安等县(市)一些乡镇在"联乡结村"活动中,引导企业、能人参与发展休闲观光农业,创办"农家乐",使乡镇、村及农户多方获益。余杭区余杭镇洪桐村、萧山区靖江镇靖港村等在"联乡结村"活动中,通过企业参与盘活土地、厂房等存量资产,积极发展物业经济,搭建了村企发展的平台。又如2010年,浙江省工商联开展的全省民营企业"光彩事业衢州行"结对帮扶活动,共为37个村落实了402万元资金,37个项目。[2] "结对帮扶"机制发挥出了企业帮扶积极性,使农村农业结构调整、工业产业升级、三产开发有了更多的机会,为农民增收提供保障。

2. 农村公共产品自愿供给推进了农村集镇建设

实现城乡统筹发展的一个重要途径是分散农户向城镇的集聚发展。在此过

---

① 杭州市政府办:《杭州市"49100"帮扶工程基本情况》,2007年12月。

② 申志贞:《村企结对子 共建新农村》,www.jindong.gov.cnnewsBMDT_10861/20832434153.html。

程中,村镇发展规划、基础设施配套、村庄管理调整、村落文化衔接等都是发展关键。在这些关键环节中,政府引导是一方面,村集体村民的自主自愿,以及社会各界的自愿帮扶是同样重要的另一方面。村公共产品的集体自愿供给和社会自愿供给让农村旧貌换新颜。比如浙江省金华市多湖街道的"村企结对"共建新农村活动让众多村庄享受到了结对带来的巨大实惠,其中包括平整的道路、清澈的河道、令人耳目一新的绿化工程等。该街道充分发挥民间资本优势,引导工商资本反哺农业,广泛发动企业能人参与村庄投资建设,参与捐资赞助。企业主们把智慧、经验、见识贡献出来,积极参与村庄管理,共商村庄规划编制、村容村貌整治、基础设施建设、文明乡风培育等经济社会发展大事。像金厦集团就主动为"文明建设结对村"的自来水和污水整治工程捐款,帮助填补 150 万元的资金缺口,扎实推进了该街道集镇建设。[1] 又比如,杭州富阳市确立了"以企带村、以社带村、以村带村"的新农村建设思路,组织企业、村社与散居在高山、深山和地质灾害隐患地区的 15 个村结对,帮助下山移民,落实宅基地,筹资建造公寓,至 2010 年 6 月已有 159 位村民下山入住新居。[2] 富阳市鼓励企业和社会各界多形式地参与结对乡镇、村的基础设施建设和环境整治,鼓励企业以合作开发形式投资旧村改造、村庄整理等项目建设,改善了农村面貌,推进了集镇发展。正是村集体、社会、企业的自愿供给机制作用,才使得浙江省的下山移民、中心村改造、集镇建设等工程顺利推进。

3. 农村公共产品自愿供给推进了城乡公共服务均衡化发展

以浙江希望工程为例,从 1991 年至今,二十年五个阶段过去了,浙江希望工程拓展出了助困、助学、助医、助业的新内涵。截至 2010 年 12 月 31 日,浙江青基会实施的希望工程系列项目,在全省各级共青团组织的共同努力下,累计接受海内外捐款 5.49 亿元,资助家庭经济困难学生 43.9 万名,援建希望小学 533 所,建立希望书库 1133 个,培训希望小学教师 550 名,捐建梦想操场 118 个,[3]其中绝大多数援建项目落在农村。2007 年,国务院面向农村义务教育阶段的学生实施了"两免一补"政策(免教科书费、免杂费、补助寄宿生生活费),农村孩子无钱上学的问题基本解决。在此基础上,浙江省低收入农户青少年关爱行动启动,并推出"助困、助学、助医、助业"四大行动,从而将希望工程事业拓展到了教育、医疗、就业等民生领域。"希望工程"动员民间资金尤其是民营企业自愿捐助农

---

[1] 《"城乡文明手拉手"结对共建活动报导》,浙江扶贫信息网,http://www.zjfp.gov.cn/,2010 年 2 月 10 日。

[2] 根据作者 2010 年对富阳市农办调研整理。

[3] 《浙江希望工程:20 年爱与善的接力》,《青年时报》2011 年 4 月 8 日第 3 版。

村教育、卫生、医疗、就业等多个领域，比如杭州金都房地产集团捐赠 100 万元，在淳安县威坪镇建金都唐村希望小学。又如 2006 年温州日泰集团捐资 60 万元援助，政府部门承担 30 万元，在温州永嘉奠基成立了全省首家"希望医院"，方便当地 8000 多户农民就医看病。希望工程的实施扩大了农村公共服务的财政投入和民间自愿投入，明显改善了教育、医疗等环境，助推城乡公共服务均衡化。在浙江，除了希望工程，还有大量的企事业、个体通过其他基金会、扶贫结对活动等各种不同途径实现农村服务性公共产品的自愿供给，提升了农村的基本公共服务水平，使城市的公共服务向农村延伸。比如杭州采荷中学教育集团与淳安县王阜中学结为姐妹学校，提高农村教育水平。此外，社会热心人士和医疗机构组织的一次次的义诊活动填补了偏远落后地区的公共卫生服务空白。2010 年 7 月浙江省东联集团公司总经理率领省青春医院医疗队，冒着高温酷暑，奔赴浙西南山区庆元县四山乡，为全县唯一一个没有医疗诊所的乡镇村民提供免费医疗服务 200 余人次，并无偿配发和赠送近万元的各类药品。这次医疗队共为四山乡 167 位村民进行了内外科、眼耳鼻喉科体检诊疗和血压、B 超和心电图检查；诊治心力衰竭病人 1 例，疑似胰头癌病人 1 例，肾结石致肾积水病人 1 例，肾萎缩病人 1 例，胃炎、腰肌劳损病人各 10 余例，白内障成熟期病人 3 例，萎缩性鼻炎病人 2 例，并配送了必需的药品。[①]

（二）实现了农村居民增收

农村公共产品的供给本身就可以促进农民增收，其原理主要有两个方面：一是农村公共基础设施的改善能够降低农业生产成本，提高农业生产效率，直接增加农民的农业收入；二是农村公共产品的供给能促进非农产业的发展，为农民提供更多获得其他商品和服务的机会以及非农就业的机会，从而增加农民的非农业收入。农村公共产品自愿供给机制提高了浙江农村一、二产业的生产效率，促进了三产的发展，使农民增收有了基础和保障。另一方面，通过社会、企业自愿帮扶，浙江农村尤其欠发达地区还出台了产业发展奖励政策、合作项目鼓励政策、技能培训政策、农业技术扶持措施等。这增进了农民创业致富的机会，拓宽了农村居民的就业渠道，实现了低收入农户提高收入的目标。以杭州为例，该市通过政府引导企事业与贫困村结对帮扶，2003—2004 年挂钩结对帮扶的 100 个村，2004 年人均纯收入达 3304 元，同比 2002 年人均增收 667 元，增长 25.29%；2005 年经调整对 49 个乡镇和 100 个贫困村实施集团式帮扶后，100 个村人均纯

---

① 《送医上山暖人心 山高路远显真情》，浙江省扶贫信息网，http://www.zjfp.gov.cn/NewsViewList.aspx? ModuleID＝27,2010 年 9 月 10 日。

收入达 3761 元,比 2004 年人均增收 457 元,增长 13.83%,被帮扶乡镇、村农民人均纯收入年净增 250 元以上,增长幅度高于全市平均水平;2007 年"联乡结村"活动中市级集团联系的乡镇农民人均收入比上年增加 632 元,增长 12.89%;2008 年市级集团联系的乡镇农民人均纯收入增长幅度达 12%,绝对值增加 664 元。2010 年,杭州市政府提出 2011 年至 2015 年要动员更多市区企事业单位参与"联乡结村"共建活动,提出使市级联系乡镇的农民人均纯收入年增长幅度高于全市农民人均纯收入的增长水平,人均纯收入绝对值 5 年增加 2500 元以上,到 2015 年,全市低收入农户人均纯收入达到 6000 元以上等目标。[1]

另外,村企结对帮扶的个例同样反映出自愿供给的农民增收绩效。如浙江省盾安集团履行企业社会责任,结对帮扶浙江西部山区 7 个村,总人口 900 户共 2637 人。这些村人均收入低于 2500 元的低收入农户有 677 户 1934 人,生活条件艰苦,基础设施条件极差,社会经济发展缓慢,其中海拔 600 米以上的张坪头等 5 个高山村农村 2007 年度人均收入仅为 2100 元左右。面对这种情况,集团拟定了《盾安集团结对帮扶"低收入农户集中村"2008—2012 五年发展规划》,分析了发展条件的各种因素,确定了结对帮扶行动计划。规划提出,通过形成以竹、茶、高山蔬菜、养殖业和农家乐为主的五大产业支撑,建成原生态农产品生产基地和农村生活体验基地两大基地建设,实现三个 70% 的主要预期指标,即使 70% 以上低收入农户(不包括低保户)实现年人均收入 4000 元以上,70% 以上农户都有一项以上脱贫致富产业,70% 以上农村实现年人均收入 4000 元以上。2008 年,集团帮助解决孟岭—黄石玄源康庄公路硬化工程缺口资金 20 万元,该工程已启动,总投资 350 余万元,其中自筹资金 80 万元,政策补助 250 万元,2009 年完成路面硬化。同时,集团帮助解决枫树坪—阴坑康庄公路路基修复 5 万元的资金缺口,计划 3 年内完成路面硬化。两条道路完成硬化,将给成屏山区发展高山蔬菜和竹笋两用林基地带来巨大的拉动作用,仅毛竹一项估计就可实现年人均增收 800 元以上。2008 年,集团拿出 8 万元对低收入农户发展生产进行扶持奖励政策,对新发展高山蔬菜、竹笋两用林、茶业种植和来料加工等达到一定规模以上的低收入农户进行奖励补助,引导低收入农户依托生态优势和山地资源,发展竹、茶、高山蔬菜等农业和建设原生态农产品生产基地,目前已形成高山蔬菜、高山茶叶、竹笋两用林等特色产业基地 3250 亩。政策还明确对饲养生猪的低收入农户补助 2 万多元。经过一年的努力,7 个村的灾后重建和低收入农户增收工作取得了较大进展,其中高山 5 个村农民人均收入水平达到 2864

---

① 数据来源于作者对杭州市农办的多次调查。

元,同比增长 36%。① 以上案例具体呈现了公共产品自愿供给实现贫困山区农民增收的机理,即企业对村公共设施的自愿供给拉动了村集体基础设施项目的自愿供给和财政配套投入,基础设施的完善和农户生产扶持奖励政策的出台又推动了偏远山区的产业发展,实现了农民增收的实效。

二、农村公共产品自愿供给的社会效应分析

(一)完善基础设施和公用设施,提升农民生活品质

通过农村公共产品自愿供给,农村生活配套设施得到完善。一方面,在政府有组织的城乡结对帮扶中,经济薄弱村庄的基础设施建设、自来水改造工程、文化娱乐设施建设等得以顺利完成。比如在杭州市"联乡结村"活动中,萧山区捐助资金 100 万元以上用于新农村建设的企业达 13 家,投入最多的浙江荣盛控股集团捐资额达 2000 万元,这些资金大部分用于农村各类项目建设。通过这样一项村公共产品自愿供给机制的运作,2007 年全市受助村新建及改扩建学校 76 所、道路 737 千米、桥梁 66 座、堤坝渠道 90 千米,建设村级公园 5□ 个、村级活动室 64 个、篮球场等健身场所 146 个,建设农产品基地 2 万亩,改造自来水 122 处,解决饮水困难农民 13.28 万人,为 1.25 万农民交纳农村合作医疗费用,为 3400 个农民发放生活补贴,活动新建及改扩建农村学校 76 所。2008 年全市受助村又新建及改建学校 54 所(其中新建 37 所);新建及修建道路 650.11 千米、桥梁 84 座、堤坝渠道 512.47 千米;建设村级公园 211 个、村级活动室 135 个、健身场所 272 个;建设农业生产基地 9.92 万亩,改造自来水 477 处,解决饮水困难农民 29.61 万人。2010 年全市受助村又新建及改建学校 29 所;新建及修建道路 876 千米、桥梁 83 座、堤坝渠道 256.7 千米;建设村级公园 153 个、村级活动室 208 个、健身场所 234 个;建设农业产业化基地 25.6 万亩;改造自来水 191 处,解决饮水困难农民群众 22.85 万人。② 另一方面,逐步富裕的村庄通过集体自愿供给和社会个体自愿供给,完善了基础设施,增设了文娱设施。农村教育公共产品的自愿供给带给农户更多的个体发展机会,卫生公共产品的自愿供给提高了农民的健康水平,文化公共产品的自愿供给丰富了农民业余生活,公用设施公共产品的自愿供给改善了农户的居住环境,所以农村居民的生活品质切实得到了提高。

---

① 盾安控股集团 2008 年"低收入农户奔小康工程"结对帮扶工作总结,浙江省扶贫信息网,http://www.zjfp.gov.cn/NewsViewList.aspx? ModuleID=28,2010 年 10 月 12 日。

② 2007、2008、2010 年杭州市"联乡结村"的统计数据来源于杭州市农办调研统计资料。

（二）改善民生，体现社会公平

在我国，城市社会保障日益完善，农村养老、医疗等保障性公共产品供给也逐步丰富，但同时我们也看到农村相对城市保障水平要低，同时农村内部和城乡的贫富分化现象仍然存在。① 在大多数城市和农村居民共享经济社会发展成果，不断改善生活和居住条件的同时，还存在许多农村家庭因残、病、灾等原因造成经济困难，基本住房无保障，居住偏远，生活水平低下等问题。所以，浙江各级政府正逐步重视农村低收入阶层的基本保障问题，加大财政转移，同时社会力量、村民、集体都在以多种多样的形式确保农村家庭的基本生活保障。比如杭州"联乡结村"活动开展期间，2007年，社会各界的捐助帮扶为1.25万农民交纳农村合作医疗费用，为3400个农民发放生活补贴；2007—2008年通过多元力量集中帮扶，安置了下山移民4059户，使14249人走下高山、走出深山，走上了脱贫致富之路；2010年该活动帮助3.04万农民实现就业。② 又比如在农村住房保障制度缺少的背景下，政府加大了农村困难家庭的住房救助，村集体、村干部、村企业和村个体也发挥了志愿互助精神。2007—2010年，杭州市困难危房家庭通过家庭节余、亲友借款、银行贷款等途径筹集资金5.3亿元，占74.41%；获得各级财政资金补助1.68亿，占23.61%，而农户亲友投工赠物、社会捐赠、村集体补助等投入也达到0.14亿元，占1.98%。③ 同时，一些慈善机构和社会组织为农村弱势群体的医疗、养老、住房等基本保障问题热心谋划，民营企业家慷慨解囊。如萧山区三元集团，每年捐出100多万元，委托党湾镇政府向全镇65至69周岁老年人每人每月发放60元生活补贴。这使党湾镇1200多名65周岁的老人提前享受到每月补贴的政策。温州一位华侨企业家多年来替本村所有村民交纳合作医疗费用，为村民提供了最基本的民生保障。2009年浦发银行与萧山区残联合作开展"亮居工程"公益活动，改造残疾家庭住房共18户（住房改造指标之外），户均补助2万元，为残疾户家庭雪中送炭。④ 诸如此类的保障性公共产品自愿供给在当今的中国农村社会越来越普遍，这既保障了农村百姓的基本民生，也在一定程度上缩小了贫富差距，彰显了社会公平，促进社会和谐稳定。

---

① 以杭州为例，该市2007年20%低收入农户年人均纯收入为3578.23元，仅相当于全市平均水平的37.45%，相当于20%最高收入农户的17.3%，当年20%低收入农户人均住房消费507.51元，仅相当于全市平均和20%最高收入农户的31.0%和14.3%。

② 2007、2008、2010年杭州市"联乡结村"的统计数据来源于杭州市农办调研统计资料。

③ 资料根据2010年对杭州市9区、县（市）25个乡镇（街道）115个村进行的座谈走访，以及100份村干部问卷，200份困难农户问卷整理统计。

④ 资料来源于对温州市农办、杭州市萧山区农办和建委的调查。

(三)改善农村生态环境

生活水平普遍提高后,浙江的农村居民对卫生、环境、生态问题更加重视,村集体、村民个人纷纷出资出力投入改水、改厕、污水处理和沼气、太阳能等新能源项目,环境保护组织也积极帮助农村实施生态保护措施,这些环境公共产品的自愿供给一定程度上改善了农村的生态环境。以2009年杭州农村生活污水处理设施供给情况为例,从实际投资份额上看,杭州农村生活污水处理设施自愿供给率达到52.4%,比政府供给率约高5个百分点。其中,地处西部山区的县(市)如淳安、富阳等地政府供给率高于自愿供给率,而城郊区农村如萧山、余杭等地自愿供给率高达60%~70%。从自愿供给主体上看,村集体占自愿供给总额的99.82%,农户仅占0.03%,而西部山区的县(市)如淳安、富阳等地的农户个体自愿供给率相对较高,达0.2%~0.3%,相反,桐庐、老城区、萧山的农村农户自愿供给率为零(见表3-1)。自愿供给农村生活污水处理设施的生态效应十分显著。一是污染物大量消减。据2008年6月至11月间杭州市各区、县(市)对农村生活污水处理项目的进、出水水质进行的抽样测试结果推算,在现有农村生活污水处理能力下,杭州市每年可削减化学需氧量3325.4、悬浮物727.2立方米、氨氮735.2、总磷88.8吨,大量污染物的消减,大大减轻了农村环境负荷水平,维护了生态环境的良性循环。二是一些区域和流域水环境明显好转。如杭州余杭区仅半山地区建设的52处(套)农村生活污水处理设施,使闲林镇的涎山港、鸭兰港、新桥港、站桥等8条河道水体免遭农村生活污水直接之侵扰,为清洁运河水体作出了巨大贡献。三是农村人居环境明显改观。农村生活污水处理实施后,从根本上改变了农民的居住环境,使他们从此告别了"室内现代化、室外脏乱差"、"垃圾靠风刮、污水靠蒸发"的状况(华永新,2008)。根据对杭州市2223个农民问卷调查,95.1%的受访者认为农村生活污水项目建成后,村里河道更清洁,村里卫生环境得到明显改善。[①]

表3-1　2009年杭州市区、县(市)农村生活污水处理设施自愿供给度

	工程造价 (万元)	政府供给度 (%)	自愿供给度(%)			
			合计	其中		
				村集体	农户	其他
淳安	2166.1	67.7	30.3	97.6	0.3	2.0

[①]　朱明芬:《农村生活污水处理设施自愿供给机制探讨》,《农村经济》2010年第5期。

续　表

	工程造价（万元）	政府供给度（%）	自愿供给度（%）			
			合计	其中		
				村集体	农户	其他
建德	1947.5	59.4	40.3	99.5	0.2	0.3
桐庐	2677.5	21.5	78.5	100.0	0.0	0.0
富阳	2579.3	62.4	37.0	99.1	0.3	0.6
临安	3517.7	55	44.5	99.4	0.1	0.5
萧山	8716.1	42.1	57.9	100.0	0.0	0.0
余杭	1081.7	58.5	39.7	98.1	0.1	1.8
老城区	1211	25.7	71.3	97.0		3.0
合计	23896.9	47.5	52.4	99.82	0.03	0.15

数据来源：2009 年杭州全市 102 个村的村干部及其 2219 个农民的抽样问卷调查。

三、农村公共产品自愿供给的政治效应分析

（一）农村广大群众受益，百姓普遍满意

农村公共产品自愿供给在多个领域让农村广大群众受益，老百姓对此类供给项目的满意度非常高，特别是政府有组织的社会捐助帮扶活动，因为规模大、内容多、覆盖广，得到农村百姓较一致的认同。根据 2010 年杭州市"联乡结村"项目的农民群众的满意度（全市每个乡镇发放调查问卷 200 份以上）调查统计，十个主要项目的平均满意度为 93.7%，特别是帮扶集镇建设的满意度达到 100%，平均 84.9% 的百姓认为这些帮扶项目自身受益较大，尤其是水库加固修缮和自来水工程等帮扶项目群众受益最普遍（见表 3-2）。群众受益、百姓满意正是公共产品自愿供给绩效的直接体现，同时也构成了农村社会改善民生、促进和谐、保障稳定的基础条件。

表 3-2　2010 年杭州市农民群众对"联乡结村"各类项目的满意度和受益情况

项目类型	被调查人数（人）	满意（%）	基本满意（%）	不满意（%）	受益大（%）	受益一般（%）	无受益（%）
村道、机耕道建设	179	95.5	4.5	0.0	79.3	20.7	0.0

项目类型	被调查人数（人）	满意（%）	基本满意（%）	不满意（%）	受益大（%）	受益一般（%）	无受益（%）
低产田改造	52	75.0	25.0	0.0	65.4	34.6	0.0
集镇建设	39	100.0	0.0	0.0	84.6	12.8	2.6
来料加工发展	94	96.8	3.2	0.0	89.4	10.6	0.0
农业结构调整	273	94.5	5.5	0.0	84.2	15.8	0.0
水库加固修缮	42	92.9	7.1	0.0	90.5	9.5	0.0
污水、垃圾处理	67	97.0	3.0	0.0	86.6	13.4	0.0
下山移民	303	94.7	5.3	0.0	87.2	6.9	5.9
小学兴建和食宿配套	136	97.1	2.9	0.0	92.6	7.4	0.0
自来水工程	96	93.7	6.3	0.0	89.6	10.4	0.0

（二）弥补政府供给不足，缓解基层财政压力

通过自愿供给填补了部分农村公共产品供给的空白，弥补了政府供给的不足，缓解了由于农村公共产品需求增长造成的地方政府尤其是县乡政府的财政困难。从杭州市历年来"联乡结村"的结对资金的内部结构分析，市、区县两级分别占结对资金总量约 20% 和 80%，初步估计，在市、区县级到位结对资金中，政府财政专项资金仅占 20% 左右，其余的 80% 左右资金大部分来自于企业、学校和其他部门的捐助。从结对项目的资金来源分析，2008 年，杭州全市"联乡结村"实施项目 2497 个，中间到位的结对资金共 23148 万元（企业 13474 万元，部门 4798 万元，学校 203 万元，财政 4673 万元），各界自愿投入资金是财政资金的 3.95 倍。同样 2010 年，杭州全市"联乡结村"到位结对资金 27944 万元（企业 13776 万元，部门 6057 万元，学校 21 万元，财政 8090 万元），各界自愿投入资金是财政资金的 2.45 倍[1]（见图 3-1）。在杭州市各乡镇调研中，一位"联乡结村"中结对的镇长反映："有了杭州市帮扶集团的支持，乡镇财政每年可以得到几十万元的有力支持，现在已经没有负债压力了。"

---

① 上述数据来源：杭州市农办《2008 年区、县（市）级"联乡结村"活动情况汇总表》和《2010 年区、县（市）级"联乡结村"活动情况汇总表》。

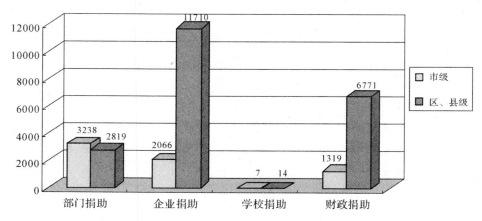

图 3-1　2010 年杭州市"联乡结村"活动资金结构（单位：万元）

（三）提升民主自治能力，维护农村和谐稳定

自愿供给的农村公共产品多是关系到每个农村百姓切身利益的民生工程，其实施具有扩大民主、提高自治、稳定社会的政治意义。村公共产品的自愿供给充分尊重民意，基础设施建设、经济建设、治安巡防、文化活动安排等自愿供给事项，都努力做到事前、事中和事后的全过程民主管理。具体包括：在公共产品村集体自愿供给计划前就摸底调查，查清民情民愿；实施中宣传政策、村民评议、村里公示尊重民情民意；实施后财务、村务公开，接受群众监督。公正的程序和深入细致的工作，调动了农村群众在公共产品自愿供给中的积极性、主动性和创造性。在自愿供给整个过程中坚持公开、公平、公正，培育了农民的民主意识，提高了民主权利的行使能力，也杜绝了不合民心的"形象工程"、"政绩工程"出现，让广大百姓得到实惠，真正实现了"民主促民生"。

农村各类公共产品的自愿供给不仅扩大了浙江农村管理民主范围，也提升了农村社会的自治能力。浙江大量富裕的城郊村，通过村集体自愿供给村治安公共产品，辅助公安部门解决外来人口增加引起的"治安乱"问题，比如集体出资购置监控等数字设备，甚至实行治安服务的市场化运作，通过承包招募社会保安公司加强巡防力量。浙江的一些村庄还通过村民志愿组织巡防队，村干部、村委会和村老年协会调解村民纠纷，提升了村民自治能力，维护了农村社会稳定。

四、农村公共产品自愿供给的文化效应分析

(一)发扬传统,丰富农村文化生活

大量的农村文化公共产品通过自愿供给得以实现,一是农村自主文化活动逐步开展。农民自发组织成立了社戏、健身队、武术队等基层社会组织。在节庆及日常生活中这些村民自发的文化活动既发扬传统,丰富了农民的文化生活,也促进村民沟通交流,保障了基层社会和谐稳定。二是多村连片文明共建、城乡结对文明共建等文化建设形式日趋多样。以电影进农村、文艺演出送下乡、举办各类文化培训班为主要内容的文化下乡活动不断为农民带来精神食粮;大型文艺晚会、鼓词演唱会、书画辅导讲座等文化载体不断丰富。三是村企结对完善农村文化设施,工农、城乡文明交融。在以"新农民、新生活、新家园"为主题的村企文明共建活动中,企业无偿捐助参与村老年活动室、文化室、图书室、村民健身活动场所等公共服务设施建设,自愿供给农村文化公共产品,提升了农民素质,转变了农民生产、生活和思维方式,促进了工业文明和农业文明、城市文明和农村文明相互交融,共同取得进步。

(二)改良民风,互助博爱精神重返民间

社会经济转型过程中,驱金逐利、唯利是图、人情淡漠现象普遍,无私奉献、同情弱者、扶弱济困的传统美德渐行渐远。但是在农村公共产品的自愿供给过程中不断涌现出爱心帮扶和慈善行为,昭示着"人间自有真情在",也营造起邻里互助、亲人帮扶的农耕文化氛围。团结、和谐的农村文化在一次次的帮扶互助中得以发扬。比如杭州市 2007—2010 年来,社会各界以投工投劳、现金捐赠、物质馈赠等方式累计向困难危房户贡献爱心 1411.23 万元,而且增幅巨大;2008 年达到 297.76 万元,比上年增长 59.8%;2010 年快速增长到 569.19 万元,比上年增长 59.54%。其中,亲友投工折价占一半以上(见表 3-3),还有建材企业以成本价为困难户提供水泥砖瓦,有建筑企业为困难户免费建房施工,有私人老板慷慨解囊上万元,有教会慈善募捐解燃眉……在危房改造中不断上演的"亲帮亲、邻帮邻",激发了乡邻互助的亲善友爱,促进了农村的精神文明建设。[①] 同时,受助家庭及孩子在接受帮助的同时,也感受着其中的爱心,这种爱心的传承和传递,哪怕是基于互动过程中的对等性考虑,先前受惠者也会根据对他人行动动机

---

① 来源于 2010 年笔者对杭州市农村困难家庭危房改造项目的问卷调查与统计。

的感知选择自己的行动,以友善的行动回应友善的动机(Fehr & Fischbacher,2002),从而产生良性互动的民风传承。

表 3-3　2007—2010 年杭州农村困难家庭危房改造社会爱心捐助及结构

	合计		2007 年		2008 年		2009 年		2010 年	
	总额(万元)	占比(%)	总额(万元)	占比(%)	总额(万元)	占比(%)	总额(万元)	占比(%)	总额(万元)	占比(%)
合计	1411.23	100	186.33	100	297.76	100	357.22	100	569.91	100
亲友投工折价	791.13	56.06	94.23	50.57	165.98	55.74	201.76	56.48	329.16	57.76
社会捐赠	155.80	11.04	17.80	9.55	5.00	1.68	45.00	12.60	88.00	15.44
村集体补助	265.23	18.79	53.68	28.81	81.40	27.34	57.42	16.07	72.73	12.76
其他	157.83	11.18	20.62	11.07	45.38	15.24	53.05	14.85	80.02	14.04

数据来源:2010 年笔者借助课题对杭州市农村困难家庭危房改造项目的问卷调查与统计。

第四章

农村公共产品自愿供给的影响因素分析

农村公共产品自愿供给的影响因素纷繁复杂,以上所分析的三种自愿供给制度都有各自的影响因素,而且各因素之间交错联动。本篇研究采用计量归因分析、文献综合分析和调查定性分析结合的方法,客观寻求不同制度类型自愿供给的影响因素,并在此基础上进行综合梳理。

一、农村公共产品集体自愿供给的归因分析

(一)数据来源及集体自愿供给的基本情况

本章研究所用的数据资料是 2009 年春季,作者及多位同事联合浙江省农办、杭州市农办、湖州市农办及温州市政府对村干部所做的调查问卷。多位同事共同设计了调查问卷,以村和村干部个人作为调查单元,调查的信息主要包括村基本情况、新农村建设以来(2006 年至今)村公共产品投入总额及资金来源结构、村公共产品投入后的治理情况、对各类村公共产品的满意程度、村公共产品自愿供给不足的原因等情况,共发放问卷 200 份,回收的 160 份问卷中,其中有效问卷 137 份。在此结合问卷统计和实地调查,分析农村集体自愿供给的基本情况、基本特性,主要包括以下方面。

1.农村公共产品集体自愿供给是最重要的农村公共产品供给制度,具有主体性

问卷统计[①]初步显示(见表 4-1),新农村建设以来浙江农村公共产品投入

---

① 本研究所用资料是 2009 年春季,作者联合浙江省农办、杭州市农办、湖州市农办及温州市政府对村干部所做的调查问卷,调查信息包括村基本情况、村公共产品投入总额及资金来源、村公共产品供给绩效等。

中,政府资助占比最大(49.64%),其次是村级投入(46.13%),再次是村相关企业、个体直接给村里的捐助款(4.23%)。但调研中了解到村里所得到的上级政府资助主要有三种渠道,像杭州建德大同镇的大同、永盛等村在公共项目投入中得到了大同镇的自筹资金、建德市的配套资金,还有杭州市"联乡结村"的扶持资金,这三块资金中前两者皆为财政资金,而市级"联乡结村"作为杭州市政府和社会各界的扶助资金中,约20%为市财政专项资金,约60%为社会企业捐助款,另20%为学校和各部门资助(主要是财政资金)。所以,问卷初步统计的上级资金中应有部分比例划入社会捐助的自愿供给,结合调研①重新估算出农村公共产品投入资金比例如表4-2所示,由此表可见村集体自愿供给比政府财政投入农村公共产品微多出一些,是占据第一的资金来源。调查了解到杭州萧山和温州瑞安市几个乡镇的村集体经济实力非常强大,在村公共产品供给中大手笔、高标准、全包办。总之,在浙江通过各种自愿实现了超过半数(约55.7%)的村公共产品供给,而其中村集体自愿供给(占总供给的46%左右)显然是最重要的农村公共产品供给途径。

表 4-1 问卷统计调查村新农村建设至今村公共产品投入情况

2006—2008 年	村公共项目投入资金总额	其中:		
		上级投资	村级投资	社会捐助
金额合计(万元)	62732	31140	28940	2652
占投入总额的比重(%)	100.00	49.64	46.13	4.23

注:上级投资包括了各级政府财政资金资助农村公共产品建设,也包括了政府引导社会和个人有组织的捐助资金,社会捐助主要是村企业、个人自发捐助,少部分为慈善机构对农村公共项目的直接捐助。

表 4-2 2006—2008 年今浙江各种主体在农村公共产品供给中的比例(%)

政府供给	自愿供给			市场供给
	集体	社会和个体捐助	民间组织	
45.3	46.04	7.61	1	0.05

注:以营利为目的的市场供给村公共产品只有很少部分约0.05%,民间投入养老院和医疗机构、幼儿园等理论上都是非营利组织约占1%的比例。

2.农村公共产品集体自愿供给的主要是村集体物品,具有共享性

农村公共产品集体自愿供给主要是村道、路灯、河道、卫生、治安、环境治理、

① 调查中浙江全省政府组织的捐助活动中财政和社会资金比相近(约4∶6),所以以杭州建德大同镇具体数据推算,统计2007年到2009年该镇"联乡结村"占各类农村项目的资金比约为7.31%,由此4.39%应归为社会捐助,而2.92%仍然是财政资金。

文体设施等农村生活性公共产品。因为这些公共产品在消费中带有非竞争性和非排他性,是典型的公共产品,但这种公共产品是在有限范围的非排他性,是在村民和村地域范围内共享的村集体物品或称为俱乐部物品,市场供给失灵是显然的,但财政买单全民承担的政府供给也非资源配置最优,相反,村民自愿供给具有理论上的合理性。相对于医疗、就业、教育这些服务性农村公共产品,村道、路灯等生活性公共设施更突出村集体共享特征,更容易得到村民认可从而实现村集体自愿供给。调查中,50%和38%的受访者表示对村集体投入的公共项目非常满意和满意,当然还有12%的村民认为这些项目运作一般,但没有村民认为这些项目绩效不佳。

3.农村公共产品集体自愿供给是公共选择的结果,具有民主性

公共产品集体自愿供给必须以公共需求为基础、以民主科学的决策程序为保障,才能顺利实现自愿集资、项目落实、村民监督、评估验收的整个过程。对村公共产品的供给需通过民意调研、村民大会、投票表决等规范的程序来激励村民的公共偏好,并形成自愿负担机制、监督机制和实施机制。据浙江省问卷调研统计,每个村平均一年召开村民代表大会约5次,而对公共项目进行宣传决议的村民大会约3次,最多的村一年召开了10次针对村公共产品供给的民主会议。总之,只有像重庆麻柳乡那样落实"八步工作法"[①],真正做到在供给前民主决策、供给中村民直接参与监督、供给后民主评估,才能有效实现农村公共产品的自愿供给。

4.农村公共产品集体自愿供给需要集体经济保障,具有差异性

集体自愿供给是一种优化资源配置的农村公共产品供给方式,但它需要以一定水平的村集体经济和村民收入作保障,我国农村因经济基础不同而出现村公共产品供给水平的巨大落差。调查中22个村(占16%)集体可支配收入超过100万,38个村(占28%)超过50万,这些村为满足村民实现全面小康生活的共同需求,在生活性农村公共产品方面进行了逐年逐项的投入。一些城中村和城边村在近年的土地开发中已使村集体资金突破千万甚至亿元,这些村除了基础设施的投入,还对村养老、卫生医疗、幼儿教育等服务性农村公共产品供给进行了集体供给。相反,还有相当多的村集体经济不容乐观,调查中近三分之一的村集体可支配收入低于10万元,有些甚至为零。这些村在投入农村公共产品中,就要结合生产需要。比如杭州临安和淳安的一些山村在一批种植香菇、山核桃农户的共同发起下,集合全村资源自愿建设村道,这不但在生活上方便了村民,

---

① 高新军:《对重庆市开县麻柳乡"八步工作法"制度创新的分析》,http://www. cq. gov. cnzwgkzfxx/ 35602. htm。

更为经济生产提供了便利,也使村经济发展慢慢步入良性轨道。可见,很多偏远贫穷的农村还处在没钱修路、没法改进生产的困境中,村公共产品要实现集体自愿供给障碍巨大。

(二)多元变量回归的变量特征和计量模型

从以上情况分析中,可预测村集体经济、村民收入、民主化程度、村公共产品性质对村公共产品集体自愿供给的形成都具有一定的影响。这种供给方式的影响因素究竟有哪些?影响方向和影响程度如何?都需要在实践数据的基础上进行定量分析。本章以村集体各类公共产品的投资量为因变量 Z,以村特征因素和村干部特征因素为自变量 X 进行回归分析,这些影响农村公共产品集体自愿供给的变量及其描述性统计分析详见表 4-3。

表 4-3　影响农村公共产品集体自愿供给的变量特征值

变量类型	变量名称	最小值	最大值	中位值	标准误
农村特征变量	X_9 村行政面积(平方千米)	0.7	32	6.924	6.511
	X_8 村人口总数(人)	283	6000	1873.876	1055.987
	X_3 村个体户数量(户)	0	300	22.423	37.725
	X_{14} 本村企业数量(家)	0	60	7.350	12.236
	X_4 村人均耕地(亩)	0.1	8	0.855	1.001
	X_5 村离县城距离(千米)	1	87	28.591	18.824
	X_{15} 村离乡政府距离(千米)	0	22	5.258	4.771
	X_7 外出劳动力占本村人口比例(%)	0.01	0.8	0.262	0.185
	X_{11} 本村民在乡、县政府工作人数	0	55	8.124	8.632
	X_{10} 村人均收入(万元/年)	0	1.9	0.886	0.335
	X_1 村集体可支配收入(万元/年)	0.2	869.65	62.608	131.850
	X_6 村集体负债金额(万元/年)	0	750	56.661	119.442
	X_2 政府投入公共项目资金(万元/2006—2009 年)	0	4000	227.299	424.784
	X_{16} 每年村民代表大会次数(次/年)	1	15	5.091	3.046
村干部特征变量	X_{12} 受访村干部受教育年限(年)	3	15	10.493	2.191
	X_{13} 受访村干部任职年限(年)	1	30	9.174	6.536

考虑变量之间的非线性关系,对变量取对数进行多元分步回归,计量模型:

$$\ln Z = a_0 + a_1 \ln X_1 + a_2 \ln X_2 + a_3 \ln X_3 + \cdots + a_{16} \ln X_{16} + \varepsilon$$

(三)多元回归的计量结果及分析

运用SPSS13.0统计软件对上述计量模型进行分步统计,结具如下:

$$\ln Z = -1.44 + 0.257 \ln X_1 + 0.316 \ln X_2 + 0.198 \ln X_3$$
$$+ 0.456 \ln X_4 - 0.249 \ln X_5 - 0.029 \ln X_6 - 0.183 \ln X_7 +$$
$$0.257 \ln X_8 + 1.129$$

$$\text{Adj } R^2 = 0.615, F = 38.761$$

这表明方程的拟合度较好,模型整体较显著,其主要控制变量的参数解释见表 4-4。

表 4-4　村集体自愿供给的影响因素模型估计结果

	估计系数	标准误	残差	t 检验值	显著度
常数项	−1.44	1.129		−1.275	0.205
村集体可支配收入	0.257	0.053	0.312	4.875	0
政府投入公共项目资金	0.316	0.063	0.322	5.047	0
村个体户数量	0.198	0.068	0.189	2.922	0.004
村人均耕地	0.456	0.111	0.229	4.096	0
村离县城距离	−0.249	0.105	−0.141	−2.375	0.019
村集体负债金额	−0.029	0.013	−0.131	−2.175	0.032
外出劳动力占本村人口比例	−0.183	0.088	−0.12	−2.077	0.04
村人口总数	0.257	0.127	0.122	2.024	0.045

1. 村公共产品集体自愿供给与多个农村特征变量的关系显著

表 4-4 反映村集体可支配收入、政府投入公共项目资金、村个体户数量、村人均耕地、村人口总数与集体自愿投入之间具有显著正相关关系,而村离县城距离、村集体负债金额、外出劳动力占本村人口比例与之表现为显著负相关关系。具体分析如下:

首先,正面影响最显著的因素依次为:村人均耕地、政府对村公共产品投入、村集体可支配收入、村人口总数及村个体户数量。可见,耕地作为农村的自然资源禀赋仍是最能影响村公共产品集体供给的因素;因近年来新农村建设中政府对农村投入急剧增加,而上级拨付的建设资金多数需要村里配套,当然也有很多项目是在村自行解决资金,建成后再向各部门申请验收和配套资金的,所以政府对农村公共产品的投入直接促成集体自愿供给,反之亦然,两者之间形成相互促动的正相关关系;村集体经济强大才使集体自愿供给公共产品有了经济基础,这项统计结果正好验证了以上的特性分析观点;村人口总数与因变量正相关的原因是人口多的村在供给公共产品中具有规模优势,容易形成公共产品的有效需求并通过自愿供给得以实现;而村个体户数量反映了本村商贸旅游等三产开发的程度,直接决定村民的非农收入高低、经济状况优劣,直接影响到村民在自筹资金提供公共产品中的积极性和经济能力。

其次,村离县城距离、外出劳动力占本村人口比例和村集体负债反方向显著影响了村公共产品的集体自愿供给。因为离县城距离远的村在获取上级相关信息、资金、政策等方面确实相对不利,从而对农村公共产品的集体自愿供给形成制约;外出劳动力比重高反映了当地经济发展困难,而且这些村还不同程度出现了"富个人、穷集体"的局面,农村人口流出既使集体自愿供给缺乏人财物来源,也使农村公共产品无法形成一定规模的需求,这就解释了该变量与因变量出现显著负相关的原因。此外,村集体负债高则显示该村自身集体经济相对薄弱,村公共产品集体自愿供给能力低下。

2. 村集体自愿供给与村干部特征变量及部分村特征变量不十分显著

计量结果显示了村行政面积、村人均收入、本村民在乡、县政府工作人数、村干部受教育年限、村干部任职年限、本村企业数量、村离乡政府距离、每年村民代表大会次数这些指标与集体自愿供给之间存在一定关系,但目前这种关系并不显著。这可能说明本研究的变量设置还不够完善,细究每个变量不显著的原因可解释为:

(1)人均收入高的村实际上在新农村建设前就完成了众多公共产品的投入,所以 2006 年以来,公共产品投入较高的村并非是收入很高的村,这使得此次数据未能揭示该变量与因变量的相关关系,但实际上从调研了解,村人均收入反映了村经济社会发达程度,收入越高,公共产品需求越大,集体自愿投入越大。

(2)本村民在乡、县政府工作人数、村离乡政府距离所反映的村社会资本丰欠程度可能只在个别公共产品供给事例中有所影响,而不在整体上影响集体自愿供给。村民代表大会次数所反映的村民主程度目前对村公共产品集体自愿供给的影响还不显著。村干部受教育年限、村干部任职年限并不必然反映村干部工作能力,所以没有与因变量显著相关。

(3)本村企业数量和村个体户的回归发现个体户影响集体投入显著,而村企业影响要小,原因在于很多样本村根本没有企业或没有发生公共产品的企业投入行为,而样本村个体户普遍存在且影响较普遍,但在社会个体捐助行为中村企业数量影响就比较大。

二、企事业和个体自愿供给的主要影响因素

在农村公共产品的供给中,我们可以看到政府、市场和村集体、社会、个人都以不同的形式实现了各自的职能和作用,再深入分析可以发现,他们在不同性质的村公共产品中所发挥的作用和形式也不一样。农村公共产品集体自愿供给主要是村道、路灯、河道、卫生、治安、环境治理、文体设施等农村生活性公共产品,因为这些公共产品带有典型的集体共享特征,更容易实现村集体自愿供给。而当一些集体能力有限的村不能完全满足这些公共需求时,社会和个体捐助、政府资助都成为弥补资金缺口的主要方式,但社会和个体自愿供给与政府资助不同,它往往带有慈善性、无偿性以及志愿性。农村公共产品中社会和个体自愿供给的四种途径都不同程度地凸显了浙江特色,在这块民营经济先发之地上成长出现的各类社会自愿供给机制都值得我们深入挖掘其各自的制度影响因素,更好地揭示其中的经验和问题。

(一)政府有组织的企事业自愿供给影响因素

政府组织的企业事业单位捐助在全省较为普遍。比如杭州市 2000 年以来先后实施了两轮"49100"帮扶工程,动员企业和社会力量参与社会主义新农村建设,在此经验上,从 2007 年至 2010 年底杭州计划在全市范围内组织开展"百团联百乡,千企结千村"(简称"联乡结村")活动。再如,2005 年绍兴市通过市委、市政府全体会议决定在全市范围内开展村企结对共建新农村活动,组织动员更多企业参与社会主义新农村建设,并在 2010 年实现每个行政村都有企业结对共建新农村的目标。实际上不仅是杭州、绍兴,各地区都在以组织引导"村企结对"工作为抓手,加快实施城乡统筹发展战略。所以政府、企业和农村三方都在影响这种捐助机制,实践中,政府和企业对其影响更显著,具体因素分析包括以下方面。

1.政府组织捐助的需求程度

政府组织引导社会力量供给农村公共产品基于三种需求:一是谋求发展的村民需求,二是回馈社会的企业需求,三是完成任务的工作需求。现实中这三种需求对政府是否组织捐助的影响程度不完全相同。很显然前两者是"自下而上"影响政府行为,而后者是"自上而下"影响各级政府。一直来我国企业或个人捐助农村公共事业并不是少数,但近年来"村企结对、共建新农村"活动如雨后春笋般在各地铺开,主要还是归因于"自上而下"的政策要求。比如浙江省提出了"万企结万村,促进新农村发展"的目标,各市和各县(区)就相应提出了"千企结千村"、"百企结百村"工作计划,分解上级任务。全省、全国各条战线、多个系统

都有相关的工作精神,同样可以上下联动组织社会实现农村扶助。比如 2008 年 9 月《浙江省人民政府印发关于低收入群众增收行动计划的通知》明确指出"进一步形成政府主导、全社会参与的扶贫格局。到 2012 年,争取每年为'低收入农户集中村'提供结对帮扶资金 1 亿元,村企结对资金 5000 万元,社会各界和各类基金投入扶贫事业 5000 万元"。同年,全国华侨捐赠工作会议之后,各地也积极开展了引导侨民捐助农村的一些活动,比如宁波侨办提出了"侨爱工程"——万侨助万村活动,通过让港澳侨胞以及他们在当地的成功企业参与新农村建设,实现侨村"共赢";通过总结"爱心基金"运作经验,进一步建立起海外侨胞不断运用智力、资金、技术、管理等助推新农村的长效机制。各地的扶贫办、精神文明办、农办、侨办、工商联、经贸委等都在各种会议精神和相关政策要求之下组织了各种名目的捐助组织工作,实现了社会各界对农村公共产品的一种自愿供给。

这种自上而下的体制影响因素,正通过层层考核的工作机制发挥效力。深入看,往往责任考核严,政府组织力度就大。省市大大小小的会议要求各级各部门把"村企结对共建新农村活动"作为"一把手"工程,列入新农村建设的重要议事日程。村企结对活动由各市社会主义新农村建设领导小组及其办公室牵头组织,市农办、市经贸委、市工商联等具体负责实施,而乡镇和街道是这项活动的具体实施者。杭州市已经把村企结对共建活动列为新农村建设的重要考核内容,定期进行督查总结,对乡镇干部和村干部实行"联乡结村"的任务考核,迫使个别村干部对农村老板实行"劝捐"。绍兴等地还建立了开展村企结对共建活动的评选表彰制度,对村企共建绩效明显的企业和村予以表彰,市里准备评出"十佳村企结对共建新农村工商企业",在全市新农村建设工作会议上予以表彰,允许这些企业在各类评先评优活动中,同等条件下优先参评;对表现突出的企业家授予荣誉称号。这种责任到人、考核表彰的工作机制直接影响到政府在组织社会捐助中的工作积极性,形成强有力的约束激励机制。

2. 组织运作机制的完善程度

村企结对要真正实现双方共赢,政府的组织才能长效进行。杭州的"联乡结村"活动由市、县两级政府组织 100 个以上集团联系 100 个以上乡镇,动员 1000 家以上企业(单位)结对 1000 个以上行政村,市、县集团联系到乡镇,企业(单位)结对到村,实行市、县联动,围绕"共谋发展思路、共兴农村经济、共办社会事业、共推村庄建设、共育文明乡风、共促管理民主",参与到农村生活性公共产品、生产性公共产品和服务性公共产品的自愿供给。但对当前红火场面进行反思,通过考核干部推进帮扶工作,也难免会出现竭泽而渔、甚至"拉郎配"等短期行为,这将影响到政府公信力,也挫伤企业、社会捐助农村的积极性。所以,在现实中政府有无完善的组织、考核机制只是一方面的影响因素,村企结对活动的运作规范程度、长效机制的完善程度才是这种农村公共产品自愿供给机制的最终影响因素。具体来说,政府在整体统筹、因地制宜、分类指导等方面的机制完善度包含了各级政府有无建立健全村企结对的共赢机制,如项目对接机制、自愿捐助机制、政策激励机制、公开监督机制等;有无建立健全村企结对的长效统筹机制,如整体宣传机制、资源整合机制、通盘规划机制、交流研究机制;有无建立健全分类推进机制,即根据乡情况的分类帮扶机制、根据项目性质的分类实施机制、根据企业意愿的分类引导机制等。

3.组织捐助资源的丰歉程度

"巧妇难为无米之炊",浙江虽然是东部沿海发达地区,但地区发展并非均衡,"以工补农、以城促乡"的帮扶过程中,不同地区因工业发展区别很大,所以组织捐助的来源就有了天壤之别。如表 4-5 显示,2009 年浙东北的企业数量、工业总产值、主营业务收入和利润总额分别是浙西南的 1.7、2.8、2.7 和 3.1 倍左右,农林牧渔业总产值也相差 1.7 倍,[①]所以总体上,从公路、公共体育场馆、学校、图书馆藏书和医生的数量比较[②]可发现浙东北地区农村公共产品的投入较浙西南地区要多些。这其中很重要的因素可概括为经济发展程度影响到了当地政府直接投入或者组织社会资金投入农村公共产品的资源数量。

表 4-5　2009 年浙江各市规模以上工业企业概况

城　　市	工业企业 单位数 (个)	工业总产值 (亿元)	工业企业主营 业务收入 (亿元)	工业企业 利润总额 (亿元)
浙东北	38143	30035.12	28766.64	1605.65
杭州市	10032	9390.73	9026.32	510.97
宁波市	12059	8272.85	7824.88	462.11
嘉兴市	6819	3863.99	3725.26	202.91
湖州市	3371	2198.09	2098.00	105.14
绍兴市	5266	5518.91	5438.72	298.48
舟山市	596	790.56	653.45	26.04
浙西南	21839	10892.51	10540.20	513.62
温州市	7636	3648.71	3541.32	181.54

① 根据 2010 年的浙江统计年鉴,浙东北六市的农林牧渔业总产值 1205.03 亿元,浙西南为 697.54 亿元。

② 根据 2010 年的浙江统计年鉴各市公路里程、邮电通信和用电量情况、各市各类学校在校学生数、各市文化和卫生事业主要指标三个统计表数据比较而得知。

续 表

城 市	工业企业单位数（个）	工业总产值（亿元）	工业企业主营业务收入（亿元）	工业企业利润总额（亿元）
金华市	5312	2673.66	2580.78	119.20
其中：义乌市	1185	485.80	470.07	26.36
衢州市	1230	832.59	863.41	46.61
台州市	6210	2869.88	2719.48	132.63
丽水市	1451	867.67	835.23	33.64

（三）本村村民的个体自愿供给影响因素

在农村的公共产品供给中容易产生搭便车现象，但同样的，很多村的村民因种种因素影响非但没有搭便车，反而自愿出资出力出物，实现公共产品个体捐助。国内外学者一致认为个体在捐助行为中有利己动机和利他目的，利己如个人或家族的声誉受益、经济发展得利、政治需求满足等，而利他偏好往往也具有自身慈善心理的满足，村民个体生活环境改善等益处。所以不管是哪种动机和目的在现实中都影响到了村民个体志愿捐助公共产品的积极性。综合多方面分析，这些具体的影响因素包括以下方面。

1. 村民经济基础

浙江省近年来农村居民的经济收入逐年上升，全年人均总收入从2001年的5804元上升到2009年的11748元，年均增幅达到25.3%。同样，农民全年人均纯收入也从4582元上升到10007元，年均增幅达到27.3%（见图4-1）。

但是，农村居民对农村公共产品的捐助不一定能同步上升，因为村民之间的收入差距也比较大（见图4-2）。将农村居民人均总收入五等份分析，最高一组农户全年人均总收入26571元，比最低一组农户收入高出2.6倍，60%的村民低于平均收入水平，很显然收入水平的参差不齐直接决定村民捐助公共产品的行为不可能具有普遍性或者统一性，多数情况下，捐助者是收入前40%的个体。浙江东部和中西部村民的巨大收入差距更加决定了各地农村公共产品捐助情况千差万别。

2. 捐助的激励机制

不管是出于私利动机还是利他偏好，捐助行为中合理的多方位的激励机制是促动村民个体捐助的直接因素。奥尔森的集体行动逻辑已经提出破解公共产品供给困境的有效途径是选择性激励，比如对捐助的农村路桥等有冠名权、捐资

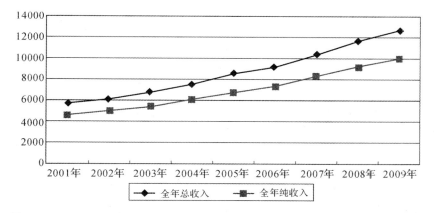

图 4-1 2002—2009 年浙江省农村居民人均总收入和纯收入增长情况(单位:元)

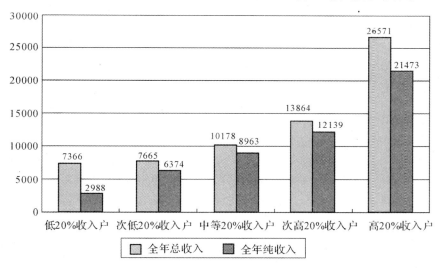

图 4-2 2009 年浙江省农村居民按人均收入等级分组情况(单位:元)

立碑、表彰大会、公共设施优先享用或者村公共资源的优先承包权等激励措施。不管是哪种激励机制,只有满足了捐助者的心理需求或者实际经营等需求才能影响到个体对村公共产品的捐助行为。

3.村干部活动能力

在很多农村都出现了部分先富人群,但并不是所有这些先富村或者先富人群都积极投身慈善捐助事业。尤其在中国农村传统的"枪打出头鸟"的理念影响下,即便有心之人也未必会主动捐助农村社会事业,所以村干部的正面引导、适时游说也是促成捐助不可缺的重要因素。比如对先富的乡村企业家,村干部耐心细致地做好个人与家人的思想工作,以家族荣誉、本村长远利益为名进行劝说；对外出打工已有经济基础的人群，村干部借丰富村文化生活之机，组织该人群在节庆之际出资出力自愿供给多项村公共产品，增强村集体凝聚力。调研发现任职年限长、资格老、经验足的村干部在组织个体捐助中确实有优势，这些村公共产品供给相对丰裕。

4. 公共产品需求迫切度

浙江的新农村正大力发展农家乐等休闲旅游业，这个行业本身进入壁垒低，村民最易效仿，随着产业规模的不断扩大，村环境受到一定程度的破坏。村污水、卫生、河道溪流水质等公共环境缺失治理已经使得很多村三产走下坡路，在这种紧要关头，不仅村民需要生活性公共产品的供给配套，村农家乐等个体家庭更急切于环境治理，所以很多个体户带头捐助污水项目的建设和维护。同样，像杭州西北的一些贫困山区近年来逐步发展了经济作物。山核桃、蘑菇效益良好，但苦于山区道路崎岖，运输成本高，蘑菇不及时运下山经济损失重大，所以村干部发动全村力量、争取社会扶助修建道路，此间，本村的种养户是最积极的个体捐助者。所以农村生活改善的需求会影响到个体捐助，但农村生产改善的需求是促成个体捐助的更迫切因素。

5. 社会氛围

对村公共产品的个体捐助需要物质基础、激励机制、切实需求，但现实中发现地区与地区之间即便经济条件和有形制度相差无几，村个体的捐助积极性却相差很大，除了村干部的工作能力影响，与村里有没有形成多年来捐助、慈善等公益氛围也有很大关系。比如温州里呑县是有名的侨乡，个人富村集体穷，但在多年后侨民回馈故土，一件件村公共产品都逐步得到个体的资助，捐资捐物已经蔚然成风。还有一些乡村虽然村居民收入并不高，但贫穷中也养成了互相帮扶的慈善传统，延续至今就自然形成了村公共产品的自愿供给机制。社会公益精神、乡村家族名誉等都能促成个体捐助的社会氛围，从而成为无形的但确实存在的影响因素。

（三）慈善组织的多方自愿供给影响因素

到 2008 年年初，浙江省民政厅注册登记的公益性基金会共有 140 个，资产总量近 19 亿，[①]其中公募基金会 100 个、非公募基金会 40 个，2010 年年底，全省公益基金会已达到 189 个（3 个农业和农村发展基金会），[②]其中公募基金会 114

---

① 数据来自省社会组织管理局《浙江省基金会年检情况分析报告》，2008 年 7 月，第 1 页。
② 来自省民政厅 2011 年 6 月提供统计数据，189 个基金会中按行业分科技与研究类 6 个，教育类 94 个，卫生类 5 个，社会服务类 57 个，文化类 8 个，体育类 1 个，农业和农村发展类 3 个，其他 15 个。

个、非公募基金会 75 个,从数量和规模上来看,都位居全国前列。这些基金的资金来源主要是社会主动捐赠、公开募捐、政府补助、投资受益、银行利息以及发起人(单位)投入,这些基金约 96% 的年度支出用于公益支出,其中有一部分是对农村公用事业、农村贫困个体的资金捐助、实物捐助,也有部分是农村受助对象的联谊活动、咨询和义诊等无偿活动,等等。此外,浙江省慈善总会(包括各级慈善机构、各种慈善分会)是国家登记、影响力最大的慈善组织。十多年来,浙江的慈善机构坚持以市场化为导向,慈善事业逐步从政府主导推动向机构自治阶段转变,企业尤其民营企业已成为参与慈善事业的主要力量。这些慈善基金与公益性基金会一起参与了新农村建设,实现了农村公共产品的多方捐助。影响这种有组织的社会捐助的因素错综复杂,主要包括以下方面。

1. 社会经济基础

浙江强大的民营经济阵营支撑了慈善捐助的持续发展,浙江的经济基础与农村公共产品的社会慈善捐助是息息相关的。浙江全省生产总值从 1978 年的 123.72 亿元到 2010 年的 21486.92 亿元,年均增长 13.1%。与此同时,到 2008 年年初全省各级慈善机构历年筹募善款累积已超过 46 亿元,筹集企业留本冠名基金超过 42 亿元,募集物资价值超过 2 亿元,筹款总量居全国首位,[①]这一结果最大的决定因素是浙江的经济基础,尤其是一批"走向世界、日益注重社会责任"的民营经济基础。2008 年的金融危机影响到浙江的外向型经济,企业订单减少、经济受损,无法如期承诺捐助,这更加从一个侧面反映了农村公共产品慈善捐助受到国内外整个经济面的高度影响。

2. 捐助的激励和约束制度

不管是慈善总分会还是公益性基金会都需要在一定的制度环境中发展,政府出台的激励和约束制度无疑是扶持和引导其健康成长的先期条件,同时也是发挥其帮扶新农村作用的重要影响因素。正面的激励制度包括了从捐助款的税收减免、捐助项目资金扶持、基金会的人才培训、相关社会保障制度出台、运作机制开发等多方面的法律支持;约束制度主要是基金会或慈善总分会的管理条例,如 2004 年出台的《基金会管理条例》有效规范了基金会发展,明晰了一些管理细则。[②] 这两方面的制度建设直接影响到慈善组织的健康持续发展,也影响了社会农村公共产品慈善捐助的来源和实效。

---

① 吴锦良等:《走向现代治理:浙江民间组织崛起及社会治理的结构变迁》,浙江大学出版社 2008 年版,第 197－198 页。

② 该条例确实在实际中发挥了有法可依的作用,但条例上有很多规定也是"双刃剑",规范的同时制约了发展。比如 2004 年杭州滨江房产集团,想出资 1 个亿成立基金会,但是因条例规定基金会的法人不得兼任其他组织的法人而放弃,最后只是到慈善总会设了个专项基金。

3. 捐助渠道的丰富性

在市场、政府机制发生作用的基础上进行资源配置的"第三层次"机制,是一种独立的、融经济行为和人文关怀为一体的、有社会意义的公共产品供给方式,这种供给的渠道越丰富、供给的程序越简便,则供给的可能性就越大。比如在更多的社会层面设置无条件的社会捐赠箱、便利的捐物网点、众多的志愿服务站(送温暖、送技术等)都会形成捐助的社会氛围、示范效应。除了捐助网点的普及,很重要的一个因素还是捐助的形式多样化,比如部分无偿的慈善机构发行的公益彩票、慈善推动的农村公共产品自愿供给的"俱乐部"、慈善捐助中形成的"公私伙伴关系"机制、民政系统的福利彩票等。多样、丰富、宽广的捐助渠道是影响捐助绩效的一个重要因素。

4. 慈善组织的公信力和活动策划能力

慈善组织的公信力是该类组织的生命线,是其存亡的决定因素,目前我国的慈善组织公信力尚在培育之中,并经常因管理不善等原因出现"信用危机",继而影响到该类组织的筹资、运作及在助推新农村建设中的慈善作用发挥。慈善组织的公信力是基础,而组织策划能力是生存的保障。目前的基金会、慈善组织因工作人员的职业化程度不高、专业化程度不高,已经影响到组织的正常发展。比如目前浙江省基金会的专职工作人员数量还不多,部分基金会甚至无专职工作人员。部分基金会专职工作人员数量较少,据年检资料反映,每个参检基金会平均拥有专职工作人员 1.29 人(见表 4-6)。

表 4-6　基金会专职工作人员数量分析表

专职人员数	基金会数			占参检基金会比例(%)
	公募(个)	非公募(个)	总数(个)	
无专职人员	46	9	55	49.55%
1~3 人	33	12	45	40.54%
4 人及以上	11	0	11	9.90%

资料来源:2008 年浙江省基金会年检资料。

基金会作为非营利组织,其对项目、人员、资金等的管理运作方法不同于政府或企业,有一定的特殊性,尤其是作为一个以资金为结合体的组织,资金的募捐、使用、增值等更需要有系统专业知识的工作人员。但是从浙江省基金会专职工作人员的情况看,绝大多数工作人员都缺少专业培训,而且基金会也没有制定相关员工的职业培训计划,这导致了基金会运作效率较低,并加大了基金会运作的风险,使基金会缺乏可持续发展的能力。相比国外,基金会已经进入专业分工的运作体系:有些基金专门负责筹资,有些专门负责寻找项目,而更多的基金会是专门运作具体项目,如针对青少年犯罪、农村妇女发展、农村脱贫、农村孤寡老人生存等问题开展项目。因为专业所以活动策划针对性强,目标明确,效果明显。因此,职业化、专业化将是影响我国慈善组织扩大农村公共事业帮扶能力的关键因素。

5.社会公益精神

我国红十字会、中华慈善总会及分会、一些公募和非公募基金在针对农村、农民的帮扶中供给了一些基础性的私人产品,也包括了一些农村公共产品。比如温州华丰集团捐助上百万资金成立慈善总会分会,对农村养老和助学方面进行资助,从企业偶发性捐助或被动捐助转变为有组织的社会捐助。但这种组织在现实中非常稀缺,主要原因除了企业经济实力等客观因素,还包括企业的社会责任观,企业主的消费观念和道德情操等主观因素。慈善组织的发展需要企业、家庭、个人、政府等多主体融入的社会公益精神。

(四)官产学研合作的自愿供给影响因素

从目前已经形成的官产学研典型案例来看,最广泛的就是浙江大学与浙江省各地方构筑的战略合作关系,这种多方位的合作涵盖了各地新农村建设中的产学研互动项目,影响该类捐助的因素包括以下方面。

1.互动合作平台

我国推进新农村建设需要创新载体,实现管产学研合作更需要构筑新平台。2005 年十六届五中全会提出建设新农村的重大决策后,浙江大学立即行动,并决定"举全校之力,参与社会主义新农村建设"。同时,湖州市长期来有着很好的农业农村发展基础,在新农村建设中勇于创新思路。于是,湖州与浙江大学合作共建省级社会主义新农村实验示范区,实现地区"三农"工作基础和高校科技、人才、信息优势的有机整合、有效互补,发挥新农村建设的"乘数效应"。多年来,官产学研合作中建立了浙江大学(湖州长兴)农业科学试验站,开展了市校和国内外有关方面的产品、技术经贸洽谈会,组织了全国 30 多所大学校长考察湖州新农村建设、发掘合作机会,引导了企事业单位与贫困农村结对。在合作项目中,浙大的教师、研究生和本科生三类志愿团队在湖州农业科技、产业这些生产性公共产品供给中深入合作、成果颇丰。这些成效体现出创新一个新农村合作的平台,就能突破新农村建设的桎梏,有效载体的开发是影响多界合作供给农村公共产品的主要影响因素。

2.互惠合作利益

对农村的各类慈善捐助更多基于公益目的,而农村公共产品供给中要实现产学研的合作不仅仅需要公益精神,更重要的是寻求多元合作方的利益交叉点。就像浙大与湖州的新农村建设合作项目,是在多方受益、取长补短、相辅相成的前提下完成的。同样在临安,浙江绿城集团(房产公司)因开发青山湖别墅的商业利益需求,自愿出资1亿多元帮助山区农村修建路桥等基础设施,这种自愿供给实现了经济开发和山区建设的"双赢"目标。所以,寻求合作共赢的机会才能实现多方合作捐助的农村公共产品自愿供给。

三、民间组织自愿供给的主要影响因素

公共产品根据其消费特性可分为纯公共产品和准公共产品。农村的纯粹公共产品,由于其受益范围并不局限于农村区域,外部性大,所以采取中央政府供给型模式,具体如农村基础教育、卫生防疫、计划生育、社会保障、环境保护、大型骨干水利工程、农业基础科学研究、全国性的农业病虫害防治等。农村的准公共产品,根据其受益范围和排他成本的大小,可以采取基层政府与私人混合供给型、民间供给型与私人供给型等三种模式。[①] 这其中,农村民间组织在当前供给了特定领域的多种公共产品,有些供给的是互益性的俱乐部产品,有些供给的是地方性公共产品,也有些供给的是有外部性的私人产品,所以在民间供给模式中需要有区别的研究其具体影响因素。

(一)农村民间社团的自愿供给影响因素

1. 农村社团的种类和数量

整体上我国的社会组织发展都还处于起步阶段,不管是数量和类型都滞后于社会需求,长期自给自足的农耕社会更使得农村的社团组织十分欠缺。从目前已经形成的农村社团看,一类是民间自发形成的,比如社戏、健身队、武术队等文化类社团;一类是政府引导形成的,如老龄委、妇委、计生委等在全国组织农村老人协会、妇女协会、计生协会;还有一类是民间需求政府推动形成的,比如农村专业经济协会、合作社、用水户协会等。各种社团组织的出现和发展无疑在农村生活、生产性公共产品种实现了自愿供给,发挥了良好的经济、文化和社会效益。综合来看,农村社团的发展受到农村社会公共需求或互益需求、结社传统、政府的支持引导等多种因素的影响。

2. 农村社团的自治能力

组织自治是农村社团的生存之本也是发展方向,这种自治能力决定了该类

---

① 官永彬:《农村公共产品供给制度:现状、形成机理与目标模式选择》,《农村观察》2005年第1期。

组织发展的经济基础和社会合法性基础,也是组织发挥村公共产品自愿供给长期效应的保障。农村社团的自治能力主要受制于组织的资金来源、活动能力、运作水平、规范管理及与政府的合理关系。

(二)农村民办非企业组织的自愿供给影响因素

1.农村民非的生存空间

与农村发展相关的民非主要出现在两个领域,一是教育、医疗、养老等社会性公共产品供给领域,二是农业技术开发等生产性公共产品供给领域。在农村幼儿教育、职业教育、医疗服务和养老服务中,民非组织发挥了拾遗补缺的作用。浙江农村大大小小的幼儿园多数是民办的,城市的民办职教因生存需要向农村拓展空间,如萧山爱心连锁站等民办非营利性卫生机构将网点延伸到农村社区,老龄化社会挑战传统养老模式给了农村民办养老院新的发展空间。总之,农村社会随着经济发展、生活水平提高,在社会性公共产品的需求上形成了更多的民非生存空间,城市民非与公办事业的激烈竞争也促成其向农村发展,而民非在农村的生存空间决定了该类组织的成长规模、规范程度等,也决定了该类组织能在多大程度上发挥农村公共产品自愿供给作用。

2.民非的自身发展水平

当前农村民非的发展领域不同、规模不一、良莠不齐,可以说多数民非发展处于起步阶段,生存艰难,但从调研中了解到,90%的举办者对未来充满希望。从浙江省2007年的民非年检报告中,可看出教育类民办非企业单位的总资产总量最多,占参检民非单位总资产总量的86.91%;其次是民政类(养老院等),占7.29%;再次是劳动类(培训机构等),占2.00%。同样在农村,从事教育的民非是发展最早最成熟的,民办养老院等民政类民非发展速度很快,规模迅速增大。这些组织因自身发展的相对成熟从而在村公共产品自愿供给中作用较显著。相对的,有些发展迟缓、规模较小、管理欠规范的民非组织作用也较小,有些甚至产生了负面影响。

3.民非的自愿供给精神

农村民非在发展中除了通过经营性服务活动实现公共产品的自愿供给,还通过多种公益活动实现公共产品供给。据浙江民政局统计,2008年全省民非一直在供给免费长期教育服务:低价半年以上的长期教育服务,折计直接社会效益537.52万元;提供免费半年以下的短期培训服务,折计直接社会效益560.72万元;提供免费咨询服务和免费或低价技术服务;提供188人次的免费医疗门诊服务,1300人次的低价医疗门诊服务,折计直接社会效益3.92万元;提供免费收养服务,折计直接社会效益41.12万元;提供免费接待参观服务,折计直接社会效益 82.6 万元。总计提供各类公益服务 596924 人次，折计直接社会效益 1516.39 万元。[①] 这些公益活动中相当部分发生在农村或针对农村居民，所以民非组织的志愿精神也影响到此类供给的社会效应。

4. 民非的自愿供给环境

民非要发挥村公共产品自愿供给作用，除了自身主客观条件，发展初期还受到环境因素的影响。比如从决定民非生存的收入情况看，2008 年浙江全省参检的民非少部分获得捐赠，占整体收入的 8.07%；多数民非依靠提供有偿服务获得收入，占整体收入的 77.98%；极少数的民非有政府补助收入，只占整体收入的 1.04%（主要集中在教育类、体育类、科技类和民政类）。[②] 由此可见在民非投入农村公用事业过程中，主要靠自身经营行业积累，社会和政府的资助十分有限。在城市，人们对教育、医疗等服务性公共产品的购买能力远高于农村，而在城市逐步规范对民非服务的政府采购行为的同时，农村尤其需要政府的资助和引导才能助推民非在自愿供给公共产品过程中获得成长。政府扶持、社会捐助、公平竞争环境是目前影响民非持续发展的重要环境因素。

四、农村公共产品自愿供给的影响因素综合分析

（一）农村公共产品自愿供给的影响因素存在多维度特性

农村公共产品自愿供给的影响因素是多方面的、综合性的，既包含了经济因素，比如村集体经济条件、村民人均收入、财政支农支出、区域经济基础、捐助资源丰欠、帮扶项目管理效率等，也包括了政治因素，如政府对农村发展重视程度、农村自治能力、村委会工作能力等，还有文化因素，如互帮互助的乡风民俗、慈善文化传统、社会公益精神等，另外还包含了社会和自然因素，如农村人口、地理位置等因素。同时，这些影响因素还涵盖了制度因素和非制度因素，尤其是全国范围的捐助税收减免法规、地方政府出台的金融、税收、奖励等多方面的引导政策都是影响企业、个体向农村自愿供给公共产品的重要制度因素，而村公共事务中的村规民约、对捐助者的社会认同、慈善荣誉嘉奖等则是同样发挥作用的非制度因素。各类因素都在影响着村公共产品自愿供给机制的形成，只是影响程度在不同的阶段有所区别。

---

① 引自浙江省民政局民间组织管理局提供的《2008 年度民办非企业单位年检情况总结》。
② 引自浙江省民政局民间组织管理局提供的《2008 年度民办非企业单位年检情况总结》。

（二）农村公共产品自愿供给的影响因素存在多层面特性

农村公共产品自愿供给的影响因素是多层次的、互动性的：一是村民村集体层面因素，主要包括农村的公共产品需求规模、村公共产品集体供给的经济基础、村民个体收入条件和村两委工作能力等因素；二是企业层面因素，企业对农村的捐助、合作是农村公共产品获取外界自愿供给的主要渠道，所以企业微观层面的经济状况、企业社会责任和企业文化、企业自愿供给村公共产品的各种激励和约束，企业对自愿供给项目的可参与和可监督的程度等因素都是影响农村公共自愿供给的重要微观层面因素；三是各级政府层面因素，目前农村公共产品自愿供给中包括企业、个体在内的众多社会捐助还十分需要政府出面组织，因此政府尤其是县乡市级政府组织各界自愿供给农村公共产品的压力和动力、政府组织捐助的运作机制完善程度等因素也是中观层面影响因素；四是社会层面因素，主要包括了社会慈善组织的公信力和活动策划能力、农村社会组织的自身发展水平和自愿供给精神、社会爱心人士对农村公共产品的捐助渠道、社会公益精神等多方因素；五是宏观层面因素，主要是国际社会经济、文化和政治背景对我国农村发展的整体影响因素，这些因素在村公共产品自愿供给中多数是间接性的影响，比如 2008 年的全球金融危机影响到我国企业，尤其浙江等区域的外向型企业生存，从而也影响到这些企业对农村捐助的行为。总而言之，各层内的影响因素并不是孤立的，相互之间有着很多必然联系，甚至互动的关系，比如通过以上实证分析已经证实政府对农村的公共产品供给，直接影响到村民村集体对公共产品的集体自愿供给投入量，而村干部的活动能力也影响到县乡政府对本村的公共产品投入情况，所以村和政府两个层面在公共产品自愿供给中存在互动关系，有着多方关联；同样，政府的组织与企业的捐助、村干部工作与企业捐助合作、政府监督与社会组织自愿供给之间都有着互动关联效应。

（三）农村公共产品自愿供给的影响因素存在关联性和传导性

农村公共产品自愿供给机制的形成包含了"一个需求四个机制"，即农村公共产品的需求和自愿供给的激励机制、动力机制、运作机制和监督机制，农村公共产品自愿供给机制分解出的四个机制显然都有一定的内在影响因素。影响自愿供给激励机制的因素主要是自愿供给中的包括税收在内的各项优惠政策、捐助后企业家或村民个体所得到的社会认同、各项荣誉以及相应的政治地位（如人大代表、政协委员等政治身份获得）、农村互惠合作利益，等等；影响自愿供给动力机制的因素主要是企业、组织或个体的内在利他偏好、区域的经济基础、企业的社会责任、政府对自愿供给的多方引导、整体社会的公益氛围等；影响自愿供给运作机制的因素主要是各级政府组织帮扶的能力、村集体的公共项目运作能力、社会组织自愿供给和慈善活动能力、社会捐助及合作的实现渠道多寡、农村公共产品自愿供给中的帮扶项目管理效率，等等；影响自愿供给监督机制的因素主要是我国社会各种监督的法制环境、农村民主程度即村民对村情村务的民主参与程度、社会慈善的透明程度、监督政策的完善程度，等等（见图 4-3）。四个机制之间是内在关联的，自愿供给激励机制的完善一定程度上决定自愿供给动力机制的构成，而动力机制的存在是村公共产品自愿供给运作机制的前提条件，有了可行的运作机制，自愿供给的监督机制才有必要，而村民、社会、政府多方监督机制的完善既可以反向促成运作机制顺利开展，也能促使激励机制运行到位。进一步分析可以看到，四个机制的关联性可通过各自影响因素的传导性来实现，比如政府出台了企业捐助的更优惠合理的税收政策，这直接影响自愿供给激励机制，再则影响到企业、社会对村公共产品自愿供给的内在动力（动力机制），也影响了政府组织捐助的能力，进而决定自愿供给的运作机制完善，同时也为监督机制提供了更明晰的制度依据，影响监督机制的可操作性。总之，村公共产品自愿供给的四个机制存在关联性，多个因素之间具有影响的传导效应。

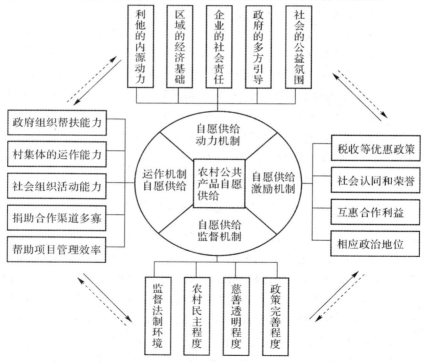

图 4-3　农村公共产品自愿供给机制的影响因素综合图

第五章

农村公共产品自愿供给的主要问题分析

浙江农村公共产品的自愿供给行动形成了独特的新农村公共产品供给新路径,勾勒出农民生活品质提升的新愿景。然而,在取得成效充满希望的同时,作者在调研中也了解到,不论是供给主体、项目实施还是消费对象等方面仍然存在一些棘手的困难和问题,这些问题集中表现如下三个方面。

一、镇村集体自愿供给的问题分析

乡镇、村集体总体上在自愿供给活动中表现出很高的积极性,这无论是对上级、对村民、对左邻右舍村庄等都是有益的,但在乡镇和村自治组织对社会帮扶项目的引导、村公共产品供给的通盘规划以及镇村的配套能力等方面还不同程度地存在一些问题,这些问题带来了村公共产品自愿供给的低效化甚至负面效应。主要表现在以下方面。

(一)镇村盲目配套公共项目,自愿供给带来负债

浙江的农村经济实力差距很大,东部沿海大城市的城郊农村普遍富有,而西部偏远的山区农村相对落后,由此带来村公共产品集体自愿供给的不同结果。由于村干部村民对于道路、路灯、卫生、养老等项目整体都比较有兴趣,所以出现一些村脱离当地实际,不顾自身实力和经济条件一哄而上,负债上项目现象。公共产品项目上去了但是村集体经济更薄弱了,村级债务沉重,使得该类乡、村后续发展和建设更加困难。而且,理论分析和实际调研表明,集体经济较强的村对公共产品项目建设力度大,而较弱的村推进难度很大。在浙江,有许多政府对农村地区公共产品的帮扶工程,比如"山海工程"、"联乡结村"、"低收入群众增收行动计划"、"村企结对"、"49100"等结对帮扶工程,这些帮扶工程以项目为载体,需要村庄规划、政府出一部分资、村集体配套几个环节的配合进行,许多村公共产

品帮扶项目批示下来但村里没有配套资金,完成起来很困难,甚至无法实施。有的村为了完成工程项目,到处筹款结果负债累累,虽然这些村在结对单位的帮助下基础设施改善了,农民得实惠了,但村集体更空了。有的项目资金需求量大,全部靠社会帮扶资金解决不了,只有变卖村级资产,甚至负债上项目,造成村集体更加困难,甚至到了难以运转的地步。比如杭州市淳安县425个行政村中,村集体经济收入万元以下的占50%以上,村集体经济来源很少,大多数村主要靠公益林补助收入,村里运转经费也难以保证。就整体而言全省现有行政村大约3.1万个,而5万元以下的集体经济薄弱村还有11766个,占37.9%,大致1/3多一点。其中集体经济收入低于1万元以下的村共有6831个,占22%,集体经济的薄弱严重制约着公共产品自愿供给的推进。一个淳安县村级债务就达到9000多万元,另外杭州市建德、临安、桐庐,温州市平阳、泰顺等地区情况也不容乐观,如此下去进一步推进新农村建设,会出现后继乏力之态。[①]

(二)镇村公共项目筹划管理能力薄弱,无力争取自愿供给

许多村为了争取政府的帮扶结对项目资金配套,把注意力集中于资金的争取上,对项目本身兴趣不大,因为项目实施会增加乡镇的管理工作。在实施过程中,为项目建设而项目建设,不注重项目可行性论证,或多或少存在低水平、盲目建设现象。一些村的村干部素质能力有欠提高,在归集村民公共需求、争取项目落户、配套资金筹划、争取外部资源支持等方面能力弱,根本无法争取到政府和各类社会帮扶项目。还有一部分村庄的村班子成员,由于各种历史和现实的原因内部不团结,内耗多而班子战斗力不强,因此这些村对村级公共产品的项目争取、资金筹划动力不强,不去或者很少争取外部自愿资源,村庄公共产品自愿供给的动力不足。

(三)公共项目缺乏后续管理和监督,自愿供给回应性低

由于在规划论证中的动机问题,许多村在筹划建设村公共产品项目时主要是为了争取上级政府的扶贫帮扶资金,重"输血"轻"造血",对项目本身兴趣不大、关注不多。乡镇等在审核时也是睁一只眼闭一只眼,因为实际上项目实施反而会增加乡镇的管理工作。一些农民不需要或需求不紧迫的公共产品(特别是"硬设施"),像灯光球场,建设好后使用效率并不高。从2008年杭州市"联乡结村"项目结构分析(见图5-1)基础建设项目接近一半(48%),而经济发展项目和

---

① 浙江省委政策研究室副主任郭占恒在全省职能扶贫与结对帮扶推进会议上的讲话,浙江扶贫信息网,http://www.zjfp.gov.cn,2010年1月8日。

科教文卫项目都只有 15% 左右。相比而言，两年来，经济发展项目比例虽然有了一倍的增长，但基础设施项目比例仍然居于首位（39%），自愿供给中的基础项目偏好显而易见。[1]

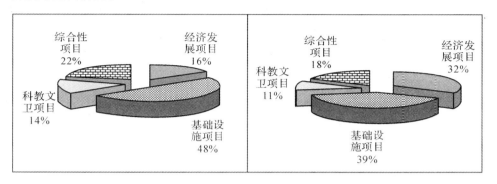

图 5-1　杭州市 2008 年（左图）、2010 年（右图）"联乡结村"具体项目分布情况

很多农村公共项目虽然建成了，但是后续的使用、管理、维护资金没有到位，如淳安县汾口镇祝家村，垃圾桶因缺少村保洁员而成为了摆设，道路破损因缺乏维修资金照旧影响农民出行。个别乡镇村存在攀比帮扶金额、项目资金不专款专用、监督不力、不愿让帮扶企业知晓资金使用情况等一系列问题，在工程建设中缺乏一定的预算、招投标、结算审核和竣工财务决算程序。在 2006 年前村级建设项目一般均由各村自行组织实施，其项目预算编制、招标程序、施工合同的签订及竣工决算不够规范，财务上不能反映工程经济活动的全貌和工程内部控制情况。如某村支付浇路工程款 92131 元，发票为白条，账面反映无项目决算和招投标的相关资料，捐助企业（单位）不知晓自己的捐助款用到了哪里，效果如何，从而挫伤了企业自愿的积极性，影响长期合作。[2]

二、村民自愿供给的问题分析

上述分析已经显示村集体、村民个体自愿供给是农村公共产品自愿供给机制的主渠道。镇村集体在村公共产品自愿供给中主要存在公共项目管理效能问题，而村民个体在自愿供给中不同程度地存在供给意愿不足和民主程序欠缺等问题。

---

[1]　数据资料来自杭州市农办《2008 年区、县（市）级"联乡结村"活动情况汇总表》和《2010 年区、县（市）级"联乡结村"活动情况汇总表》。

[2]　该情况系实地调查反映。

（一）农村公共产品消费的"搭便车"心理普遍，村民自愿供给协调困难

"搭便车"是指某些人或团体在不付出任何成本的情况下，从别人那里获得收益的行为。公共产品的非排他特征决定了容易产生"搭便车"现象，虽然农村熟人社会的特性本身决定了农村成员的"搭便车"倾向会受到一定的约束，但村庄成员作为分散经营的小生产者，在自我决策时难免存在"搭便车"倾向。公共物品自愿供给的关键在于消费者按自己从公共产品消费中获得的边际效用水平真实地表示自己对公共物品的需求，从而相应地承担公共物品的成本，通过自我筹资筹劳达到优化供给。可是人们不管付费与否，他所能消费的公共产品量总是相等，因而便有可能隐瞒其从公共物品消费中获得的真实收益，村庄整体自愿与个体的不情愿纠结在一起，农民这种"搭便车"行为的结果使公共物品实际供给水平无法提高。而且，自愿供给的农村公共产品，如果受益主体局限于村庄内部时，供给成本分摊时的筹资筹劳对象可以界定为直接受益或共同直接受益。但当受益范围扩展到相邻村社，或者外来人员也可以进入村庄社区获取收益时，情况就较为复杂。由于受益范围的相对扩大，各受益主体的受益程度有主次之分，在"搭便车"心态的作用下，极易导致供给主体模糊，主体模糊必然导致供给资金筹措困难。目前农村公共产品自愿供给主体主要是村集体，其组织主要依靠村两委或村两委领导下的村民议事会，治理范围以村庄为边界，但对跨村、跨区的公共产品束手无策。这就极大地限制了自愿机制作用的发挥，在运作公共产品项目时，往往是村内协调较困难，一旦跨村或跨区更加无力协调和组织。

（二）"多元化"背景的文化认同局限，使村民自愿供给难深入

今天，社会的价值观念趋于多元化，在农村也是如此。一些与社会的核心价值观、主流意识形态不同甚至相反的价值观念大量涌现，致使观念冲突频发。由于多种原因，社会所倡导的价值标准与实际生活中人们所奉行的行为准则在许多方面相背离，农民在处理公与私、义与利等重大问题上愈来愈向后者偏移，农民的相对剥夺感和社会不满情绪在增加和蔓延，他们对政府对城市对企业老板对村干部抱有怀疑、猜测甚至敌意，这种多元价值理念下的疑惑直接限制了农村公共产品自愿供给中的农民自觉参与，所以村集体村干部反复做工作、讲道理的引导工作量比较大。此外，农民的信仰体系趋于多元化。传统农村社会以儒家为主的传统信仰体系已变为多元体系。民间重修寺庙、宗祠，看风水和祭祖求神拜佛等旧的信仰和仪式十分盛行，宗教在农村有所发展，在公共文化领域的自愿供给主要集中于这些方面，而许多健康、积极的教育文化产品在农村流于形式，

较难深入农民的精神文化层面,形成农民的自觉意识。

(三)"被自愿"角色的农民负担,挫伤村民自愿供给积极性

政府供给农村公共产品中,农民要承担制度内公共产品供给成本,在自愿背景下无论何种形式,都需要农民承担一部分公共产品成本。无论是税费改革前的"三提五统",还是税费改革后的"一事一议",都是农民对公共产品的成本负担。目前的自愿供给项目从来源看有村民提议、村干部动议,也有上级决定项目,例如省、市、县(区、市)的涉农建设项目,都有村进行配套的要求。但是当这些项目是自上而下确立、并未真正体现农民意愿、供求关系错位时,特别是受当前行政体制的影响,提供公共产品的激励不是来自于真正的消费者农民的需求,而是基层干部追求经济利益和政治利益的双重目标,也就是当农民处于一种"被自愿"角色时,农民就承担了过多的公共产品成本,无疑挫伤了农民自愿的积极性。当"自愿供给"成为一些基层组织制度外筹资的另一渠道,某种程度上成为向农民变相摊派和收费现象泛滥的挡箭牌时,就产生了"被自愿"下农民的不堪重负。农民负担引发的参与积极性和努力程度降低直接关系到自愿供给成败。

(四)部分农村基层民主不到位,村民自愿供给有待制度规范

公共产品与私人产品不同,它不是通过市场价格来反映消费者的需求信息,从而对供给者会形成激励和约束。目前在村民自治程度相对较低的情况下,农民尚缺乏能够正确表达自身意愿的机制和渠道,对农村公共产品的强制性供给更是无法进行"硬"性约束。同时,受当前行政体制的影响,政府提供公共产品的激励也不是来自于真正的消费者农民的需求,而是基层政府追求经济利益和政治利益的双重目标。目前仍有少数村社干部民主意识比较淡薄,缺乏必要的财务知识且不按规则办事,对于村级的重大财务决策,例如大额投资、资金出借等事项,没有按照文件规定的程序操作(村社班子先要拟订方案,再提交村民组长、党员、老干部、村务公开监督小组座谈征求意见,然后提交村民代表大会表决)。部分村社即使召开村民代表大会,也是流于形式走过场,缺乏规范的书面依据,经不起历史和群众的检验。

三、社会个体和企业自愿供给的问题分析

无论是社会个体还是企业都是村公共产品自愿供给的主力军,而且潜力巨大。但从目前分析,这种自愿供给难题是多方面的,最主要体现在村企、政企合作互利的局面尚未形成,企业自愿供给的动力机制构建十分不足。

（一）整体社会责任意识较淡薄，企业自愿供给主动难

目前企业整体的社会责任意识还不是很强。要培育多元化的公共产品供给主体，企业必须树立社会责任意识，但现有企业的公益精神还不强且自身实力也不均衡，客观条件稍有变化，都会影响到捐助行为。比如因为国内外环境变化，企业自身经营遇到麻烦，对地震等自然灾害的捐助等情况，都立刻影响到其资助农村的能力和热情。同时，在村公共产品出资中容易横向比较：为什么我出钱了人家不出？虽然作为企业，符合"经济理性人"假设，追求利润最大化的原始冲动无可厚非，况且参与公共产品供给确实需要企业在经济上作出一定的贡献，但这毕竟与他们的经济目标相违背，他们愿意消费更多的钱在其他方面，如浙江一些老板动辄几万几十万甚至几百万的赌博消遣，但是对于公益事业，企业责任意识却相对淡薄，仅认为投入公共产品可以为企业赢得美誉，并没有充分认识到公共产品供给可以为企业带来的巨大商机。

（二）政企村关系"貌合神离"，企业自愿供给长效难

新农村公共产品供给需要社会各界的力量，除了农民自身的努力，还需要政府的引导、企业的参与，而且三者要同心同德，才能形成合力，最大限度地发挥整体优势。现在问题是企业与政府之间的合作并不默契，企业与村庄的帮扶途径不多，信用体系还不健全，相互信任机制还没完全建立。具体体现在以下方面。

1.政府与企业之间：政府一厢情愿"配对"，企业面临慈善窘境

与前述问题相反，浙江同样有很多企业有意愿有行动扶助农村，尤其是一些大企业大集团有很高的社会责任感，还有一些在乡镇发展较快的企业以及走出乡镇的企业对回馈本村本土发展持有很高的积极性，但是他们反感政府出面的"配对"。由于政府提供公共产品的职能使然，加之当前各级政府的财政紧张状态，浙江各地政府积极推出各种"村企结对"形式活动，激励企业加快进入农村公共项目建设步伐，当各种结对活动受益面逐步扩大、社会效益逐渐增加的同时，也由此产生了一部分非企业自愿的政府"拉郎配"现象。企业迫切希望自主选择结对村、结对项目，基于乡情、亲情企业最愿意与本村、最多本镇结对，不愿意跨村、跨镇或跨县（区、市）参加非亲非故的政府"配对"活动，而政府出于区域统筹、公共服务均等化目标，往往在县域、市域直至全省范围的结对帮扶。企业的本质就是要生存、要盈利、要发展，企业在履行企业社会责任、开展慈善捐助的同时，最希望能结合自身行业产业特点，自主选择结对村，找到合适的合作项目，真正达到村企互利双赢、合作长效。

2.村庄与企业之间：缺乏相互沟通，企业自愿供给难以长效

目前有较多的企业帮扶对象、结对项目是政府指定的，村企之间缺乏相互沟通、交流、联系、合作的途径。一些帮扶对象要的是钱，对企业的投资考察和商洽不感兴趣，企业和村庄之间很难找到合作点。许多企业希望在供给公共产品的同时获得长期合作的机会平台，但往往是"一厢情愿"居多，村企之间的合作双赢途径有待探索。虽然在杭州、萧山、余杭、富阳等发达地区有了一些较好的合作内容，如利用村级集体房屋和土地出租给企业，企业从中可以受益，这样就有了长期合作的基础。然而，在景宁、磐安、淳安等经济欠发达地区，农村与企业合作的要素匮乏，农村资源使用自主权受到束缚，工商企业难以深度介入农村的生产开发，企业只能重"输血"轻"造血"，很难从慈善帮扶中得到直接利益，给一笔钱一走了事，农民增收的长期利益难以实现，输血与造血关系难以平衡。

（三）激励政策"画饼充饥"，企业自愿供给推动难

激励政策的缺乏主要体现在以下两个方面：一方面，地方政府的地方性政策限制。对于企业的慈善捐助行动，地方政府陆陆续续出台了一系列政策规定，但是政策"虚置"无法实施。比如杭州市委在2008年的文件中虽然明确了鼓励村企结对的八条政策，但没有配套的实施办法，缺乏可操作性，落实起来也非常困难，个别政策连贯性不强也使激励效果打折扣。比如"企业投资或参与农村公益性社会事业项目或建立单项公益事业基金，其捐赠部分经税务机关核准可在规定范围内实行税前列支"这条，2008年市政府出台的政策中有，但2009年又没有了。一些企业出钱出力，而有些企业顾自赌博输钱，但我们的政策对于前者目前并没有很有效的激励约束措施。

另一方面，从国家激励企业公益捐赠的财税政策本身看，也无法全面发挥激励作用，其局限性体现在三方面：第一，企业享受税收优惠的捐赠途径有限，大批量的对农村经常性捐赠难以获得减免税凭证，而且现实生活中大量存在的实物捐赠也不在税收优惠政策范围之内，抑制了企业捐赠做公益事业的积极性；第二，企业公益捐赠的退税程序复杂，获取税收减免的程序繁琐，耗时长，举证困难，增加了捐赠者的交易成本，公益救济性捐赠所得税税前扣除的有关政策不尽合理；第三，最关键的是税收制度落实难，中国现行的捐赠法律规定，企业捐赠只有投向规定的几家公益组织，才能获得减免税的优惠，从法律上规定捐给指定的几个基金会才可以免税，使大量捐给其他社会组织的善款无法享受税收减免，这种有限制的优惠使许多企业在捐助的最后时刻停住了脚步。

四、政府部门和单位自愿供给的问题分析

从广义政府基本职能角度思考,供给农村公共产品是政府职能的基本内容之一,但是各级政府在财政、体制考核、社会民生三重压力下希望拓宽农村公共产品自愿供给路径,分解压力。在本篇研究的自愿供给中,政府在其中起了协调、引导作用,具有四两拨千斤的效用。从参与农村公共产品自愿供给的具体政府部门和单位角度出发,这方面存在的问题主要是政府的部门筹措帮扶资金难度大,一方面,目前财政层面增收空间趋紧,工业税收增幅下降,房地产税收增幅大幅下降,土地出让金的减少以及房地产新政都使政府可用资金减少。另一方面,财政支出刚性进一步增强,社会各项民生需求不断扩大,支援四川、甘肃、青海地震灾区支出增加,而政府部门为完成帮扶任务,就有可能出现违规行为。另外,在部门长期直接介入农村帮扶过程中也出现了一些与部门本职工作冲突的情况。具体表现在以下方面。

情况一:一些政府部门筹措供给资金往往最后还是要找企业出钱,请企业帮忙解决。而企业这时就会借机找政府"帮忙",这样从而不同程度地影响政府部门和单位行政的公正性,危害到市场经济中的公平竞争秩序,降低市场效率。

情况二:帮助农村公共产品建设的供给资金如从政府部门和单位账上开支,必然要以其他可列支的名目列支,按制度规定是不允许的。但如果实行阳光预算,这笔资金必须要列入年度预算,否则部门无法解决,这样两难结果部门是无法解决的。

情况三:部门参与村庄公共产品供给建设工作开展一段时间后,个别被帮扶村庄的村民会直接到市里找结对的部门,提出要求安排工作等使政府为难的事项。不少结对帮扶单位的机关干部在工作时间接到贫困结对户的来电、来访,要求帮助协调有关问题。随着在机关工作效能建设的推进,政府各部门各单位的工作量日趋饱满,在工作时间随时接待来访户,影响工作人员正常工作。

情况四:现在各具体政府部门要参加各条线上的农村扶助活动名目众多,资金分散,干部工作负担重。例如目前安排给杭州市市直各单位机关党组织的"一户一策一干部"活动联系地点与"联乡结村"共建活动联系地点不一致,各单位既要与"联乡结村"共建活动联系乡镇结对,又要与"一户一策一干部"活动联系乡镇结对,还要参加"春风行动"等其他帮扶活动,干部们普遍感到负担过重,精力不足,既耽误了工作,又做不好帮扶工作。

五、社会组织自愿供给的问题分析

现代经济学既揭示了在公共物品领域市场失灵的存在,也指出了"政府失败"的不可避免。解决公共物品领域的双重失败,既不是抛弃市场机制,也不是放弃政府作用,而是如何将二者的有效性有机地结合起来。社会组织恰恰能够以多样化的方式把二者很好地结合起来,从而可以展现出其多样性服务和供给的优势,与政府形成互补关系。① 如前所述,社会组织在农村公共服务中的自愿供给以及与政府的合作,既可增加政府提供农村公共产品和服务的不同方式和渠道,又促进了政府公共产品和服务提供数量的提高和质量的改善。但总体上,我国的社会组织(或民间组织)发展还处于起步阶段,不同区域不同组织发展很不平衡、政府扶持不够、法律制度滞后等原因都让该类组织在实现农村公共产品自愿供给过程中,面临众多问题。

(一)社会组织发展的制度环境欠缺,当前自愿供给范围有限

正因为是起步阶段,我国社会组织在农村提供公共产品或服务时已得到了一些政策鼓励,比如民办学历教育的税收减免、农村民办教育的师资支持、政府的公共服务购买,等等,同时社会团体在农村开展活动中也有政府和社会各界的帮助,比如农村经济技术协会的开办资金奖励、农村公共文化社团的社会资助等。但是面向农村服务的民非组织、社会团体和基金会整体上是艰难生存,政府的支持体系没有构建完善,扶持政策局限于某一些个例或个类,在税收、购买服务、社会保障、法律性质界定、土地金融优惠等方面没有规范统一的规章制度可循,这就导致该类社会组织对农村公共产品自愿供给的能力、范围都十分有限。要解决这一现状,政府在公共产品供给中应转变过去"大操大办"的职能特点,将自己定位为公共产品决策者,强调与市场、社会组织的合作,提高公共产品供给效率。但在现实中,我们通过调研发现,一些政府与社会组织在农村公共服务领域的竞争多于合作,而且这种竞争往往对处于弱势的社会组织不利。比如浙江一些地区乡村公办的卫生服务中心,自己不开展社区服务,也不允许民办的社区卫生服务站进入农村卫生服务领域,教育类民非尤其是乡村开办的学前教育在

---

① 李德国,蔡晶晶:《非营利组织和公共服务:功能发展与策略探析》,《华南农业大学学报》(社会科学版)2006 年第 3 期。

与当地公办单位竞争时在招生、评奖评优多方面受到不平等待遇。① 又比如在郊区或乡镇的民办养老院因为城乡医保不通用等政策因素而导致大量床位空置。这些环境因素束缚了社会组织对农村公共服务的延伸。相比日本农协、美英等西方国家非营利组织的农民民主权利维护、对政府政策咨询和行为监督等拓展职能，我国目前的社会组织对农村社会主要关注的还是传统慈善领域，例如"希望工程"、志愿者组织、慈善团体等组织通过实施农村扶贫、助残、再就业、养老等活动，调节社会成员的收入差距，减少贫富不均，救助社会弱势群体，创造平等机会，缓和社会矛盾，而针对农民维权等方面的社会组织凤毛麟角。所以，社会组织对农村公共产品自愿供给范围有待深化、覆盖面需要扩大。

（二）农村社会组织数量少实力弱，村公共产品自愿供给能力还不强

调查统计发现，即便在浙江这样一个社会组织先发地区，面向农村服务的民非组织或农民社团组织数量并不多。尤其是在民政部门注册登记的农村社会组织少之又少，比如杭州到 2010 年 6 月，具有法人资格的市级农村民非只有 11 家，占全市 127 家民非总量的 8.7%。② 农村的教育、医疗、养老的民非组织数量和规模都还不足。社会团体中，农村专业经济协会、老年协会、妇女协会等政府推动的社会团体数量较多，③但满足农民需求的文化类社团相对较少。从规模上看，农村的民办诊所、幼儿园只有极个别是上规模的，大量都是没有注册的小型托儿所、卫生室。这些社会组织确实填补了政府在农村公共产品公共中的供给缺口，但受到自身服务水平的限制，当前在村公共产品供给中公信力低、实力弱。

（三）社会组织缺乏有效监督管理，自愿供给过程欠缺规范

农村社会组织的发展虽然有久远的传统，目前因为还存在合法性、资金人员等问题，所以总体上运作欠规范、管理少规章。比如文化类社会组织本身是非正式的松散组织，很难实现稳定而规范的运作，所以在公共文化产品的供给中还不能普遍而固定地发挥作用；妇女发展类和老龄协会、用水户协会等民间组织因为

---

① 萧山娃哈哈幼儿园（一位腿残者 15 年前艰辛创办的萧山第一家民办园）目前 400 多个孩子，因不交 1000 元的所谓辅导费给当地乡镇（城区为街道）中心学校，结果教委的通知、比赛、评比都被卡，当地公办小学有个附属幼儿园，用直升小学来拉拢外地小孩子，往往一些外地小孩在本园读中班后跳到公办园，他们利用的是升小学招生考试的出题权来拉拢生源。

② 2010 年 6 月对杭州市民政局调研所得数据。

③ 截至 2011 年末，杭州市农村专业经济协会达到 165 家，备案 149 家，杭州市民政局提供数据。

政府、国际组织等外界支持,运作相对稳定,但在管理上还比较粗放。一些真正民间发起的农村专业经济协会和教育基金会在运作和管理上比较好一些,但要与国际同类组织相比,还缺乏法人治理制度等完善的内部治理结构。而规范问题最突出的还在于农村幼儿园、养老院、卫生机构等民非组织为农村百姓提供服务时质量良莠不齐,存在很大的安全隐忧。这些经营性的民办社会服务机构只有一部分在政府民政部门登记注册,相当一部分并没有注册也没有备案,同时由于经验规模小、管理不规范、社会缺监督,已经产生了各种服务质量问题。比如民办农村托儿所的幼儿护理卫生问题、安全问题、教育理念问题,等等。

第六章

农村公共产品自愿供给的
国际经验及其启示

近年来,为更好更快地推进我国新农村建设,国内学者也对国外农村公共产品供给的实践和理论进行了分析和总结,提出了不少值得借鉴的经验,但是鲜有对国外农村公共产品自愿供给的实践进行总结和分析。因此,本章通过对日本、韩国和德国等国家的农村公共产品自愿供给案例进行分析研究,提出以下可供借鉴的经验和启示,旨在提高我国农村公共产品自愿供给的水平(数量、质量和结构)、效益(社会效益兼顾经济效益)和可持续性。

一、培养农民自主、自立、互助友爱精神和发展农村经济

我们不仅要认识到农村公共产品自愿供给的物质意义,更要充分意识到农村公共产品自愿供给的精神意义。由于公共产品具有较强的效用外部性且消费行为难以避免"搭便车",所以一直以来公共产品的供给被认为是政府的一项基本职能。当前在国内,在面对一些具有利他偏好的行为人和组织自愿供给农村公共产品时,人们仅仅把这种行为定格在公益事业这个层面;在面对一些具有"经济人"意识的行为人和组织自愿供给农村公共产品时,人们会把这种行为定格在有利可图这个层面。同时,一些正享受着由自愿供给机制形成的公共产品的人们只是把享有这些公共产品等同于享有政府提供的公共产品一样,并没有任何的感恩或激励成分在内。这不仅与当前我国农村公共产品自愿供给还处于萌芽阶段有关,更重要的在于整个社会还没有普遍意识到推行农村公共产品自愿供给的最终落脚点是培养农民自强、自立、互助精神和发展新农村经济。

(一)农村经济发展与公共产品自愿供给互为因果关系

首先,本章拟通过对国外相关理论和实践的研究,从两个方面论述农村经济

发展有助于农村公共产品自愿供给。

1. 农村经济水平越高,公共产品自愿供给的水平一般来说也越高

一般来说,较高发展水平的农村经济意味着较高的资源禀赋和村民个体素质。马斯洛的需求层次理论指出人们在满足低层次的生理需求和安全需求以后,会有获得更高层次的归属与爱的需求、尊重需求和自我实现需求的想法。公共产品自愿供给可以满足供给主体获得尊重和自我实现的需求。因此,在经济水平较高的农村地区,公共产品自愿供给的水平也较高。

2. 农村经济速度越快,公共产品自愿供给的发展速度一般来说也越快

Edward Buckley 和 Rachel Croson[1] 通过实验发现初始资源禀赋低的人们自愿贡献的绝对数量占个体资源禀赋的比重要比那些初始资源禀赋高的人自愿贡献的绝对数量占个体资源禀赋的比重要高。农村经济水平的快速发展,拥有低资源禀赋的人们的边际效用要比拥有高资源禀赋的人们要高。因此,农村经济的发展越快,拥有低资源禀赋的人们在实现低层次的需求后会更渴望获得社交、尊重和自我实现的需求。自愿供给农村公共产品既可以满足社会主体高层次的需求又可以帮助村民发家致富,有助于农村经济发展。因此,自愿供给农村公共产品是不二选择。随着农村经济发展水平的提高,公共产品自愿供给的速度也在提高。

其次,公共产品自愿供给是农村生产关系创新的一部分,有助于农村生产力的提高和生产方式的转变,从而促进农村经济发展。一些农业发展领域的公共产品,如大型的水利灌溉工具代表着该区域农业生产力的程度,通过俱乐部方式或者个体自愿出资建设等方式自愿供给可以大大提高农业生产力。

(二)自主、自立、互助友爱精神是前提,同时又内生于公共产品自愿供给中

“农民”是农村生产力的重要组成部分,是农业经济价值的主要创造者。因此,培养农民自强、自立和互助友爱的精神尤为重要。这不仅是自愿供给的前提,更重要的是在自愿供给的过程中,这种精神可以得到发扬和强化,有利于农村经济的可持续发展。始于 20 世纪 70 年代的韩国新村运动是自主、自立、互助友爱精神与公共产品自愿供给互动的最好案例。韩国新村运动的三个主要目标是培养农民自主、自立和互助友爱的精神,提高农民收入和农村经济发展水

---

[1] Edward Buckley, Rachel Croson. Income and wealth heterogeneity in the voluntary provision of linear public goods. *Journal of Public Economics*, 2005(5):30−38.

平。① 最初,政府通过免费提供部分生产资料的方式,积极主动地引导当地农民参与新村建设,在此过程中,村民的积极性和主动性得到了提升,至 80 年代,公共产品自愿供给已经成为韩国新村运动中的一部分。同时,公共产品供给方式的多样性也提高了农民的收入和农村经济发展水平,最显著的成果是提高了农民的自主、自立和互助友爱的精神。"授人以鱼不如授之以渔",因此,作为自愿供给的主体,不仅把这一行为看作是公益行为,更应视之为发展农村经济的一种手段和培养农民自强、自立和互助友爱精神的主渠道。我们不仅仅要"输血"更要"造血"。作为自愿供给公共产品的受益者,则更应把公共产品自愿供给行为当作是一种激励和动力。只有从主观上意识到新农村建设和公共产品自愿供给这种良性循环的重要性,我国农村公共产品自愿供给的高效性和可持续性才有可靠保障。

二、努力实现自愿"供给"和"需求"之间的均衡

资源配置必须是高效的。市场是迄今为止被公认的资源配置最有效的方式。在市场上,资源配置的均衡点是指供给与需求相等的点。公共产品虽然存在市场失灵,不能和私人产品一样可以完全通过竞争价格来反映需求,但是,国外经验直接和间接地说明了要保证农村公共产品自愿供给的有效性、达到资源配置的帕雷托最优,关键是上下结合,努力实现供需均衡。

(一)自上而下提高自愿"供给"的水平

至今,在发达国家,自愿供给公共产品只是政府供给公共产品的一种有益补充。因此,必须以政府供给引导为主来提高各类供给主体的供给水平。另外,提高自愿供给水平需要一段时间的逐步积累形成,并不是一朝一夕之事。如韩国新村运动是在经历了基础设施阶段、全面发展阶段、充实提高阶段后才进入民间自发运动和自我发展阶段,整个过程经历了十几年的时间。当前我国沿海发达省份的部分农村出现的自愿供给公共产品现象也是在经历了改革开放二十多年的经济发展后,在一定的环境中自发形成的。这里的"供给"是指在一定时期内供给主体能够自愿提供公共产品的意愿和能力,即提高"供给"水平要兼顾两个方面——"意愿"和"能力",缺一不可。因此,本章试图通过该线索从国外成功案例中寻找可供借鉴的经验,原则是自上而下引起重视。

---

① 参见[韩]李秉东:《韩国农村开发运动(上)》,《世界农业》1994 年第 6 期。

1.提高自愿供给的意愿,增强自愿提供农村公共产品的主动性和积极性

这主要通过培养、激发、引导和激励约束等手段直接或间接实现:(1)培养公民等社会主体的社会责任感。如日本、韩国等国家十分重视农村教育的发展,通过教育培养公民的社会责任感,树立为人民服务的意识。(2)激发公民等社会主体的社会责任感,主要是通过村庄带头人和骨干领导人的个人魅力激发其他社会主体的主人翁精神,使其显示出利他偏好,如在韩国新村运动中,政府大力培养新村运动骨干,并将农村文化建设和物质建设并列起来,大力开展农村的精神文明建设;其中的村庄带头人一般是农事的教员或某种新活动的组织者,他们的工作完全是免费的,工作动力主要来源于社会的认可、公众的尊敬和一些非经济性激励,这对村民自愿参与公共产品供给等村集体事务具有重要的象征和激励意义。[1] (3)政府营造良好的环境,尤其是软环境,以改善政府、社会团体、企业和个人之间的关系,从而引导公民等社会主体生成社会责任感。如果仅仅具有社会责任感却无法保障供给主体的一些权利,容易导致其权利受损,从而大大降低其自愿供给的意愿。当前我国已经有一些个人和组织显示出较强的社会责任感,但苦于相关法律和制度的缺失而无法实现自己供给公共产品的愿望,最典型的就是慈善事业的有效监督缺失和对民间资本投资相关公共领域的"玻璃门"和"弹簧门"。国外的实践经验表明以下几个方面是必须建立和完善的:(1)适当的政策支持。政府支持"社会责任投资"[2],如日本、韩国等国家政府对当地的农民和农村合作组织给予法律、税收、小额信贷等政策支持帮助其成长和发展,解决发展中遇到的困难。在美国,20世纪80年代末期就有85%的家庭参与慈善捐赠,超过50%的税收返还中包括了因为慈善而扣除的税收。[3] (2)良好的供给环境。随着社会经济的发展,大多数自愿供给主体逐渐具备理性利他的特征,而不仅是超越自利的感性利他。这部分供给主体十分看重接收供给的区域是否具备良好的环境。该区域首先要有明晰的产权制度。尤其是在公私合作提供公共产品时,清晰的产权划分是前提条件之一;其次要有完善的公共产品供给法律支持。各级地方政府的财权和事权一定要划分清楚,并给予法律约束和公众监督。如德国的《基本法》就明确了各级政府在公共产品供给中拥有哪些权利、负有哪

---

① 参见[韩]金荣枰:《韩国新村运动对中国农村发展的启示》,后小仙译,《经济社会体制比较》2007年第4期和苏振华:《韩国"新村运动"公共产品供给机制及其供给效率》,《中共宁波市委党校学报》2010年第1期。

② 著名经济学家茅于轼认为凡是能够让农民参与,而且能够生产财富的活动都可当作社会责任投资来做。

③ James Andreoni. Privately provided public goods in a large economy: the limits of altruism. *Journal of Public Economics*,1988(35):53—57.

些责任、承担哪些任务,同时相关法律还明确了农村公共产品供给的财政支持结构。① 其他诸如匈牙利、印度等国家也都有相关的法律对各级地方政府提供公共产品作了规定,细化到哪一级的政府应该提供哪些公共产品。公共产品供给是相关政府部门的基本职责,如果连政府体系内的责、权、利都没有明确的法律予以厘清,存在公共产品供给相互推诿、缺位的现象的话,任何一个理性供给主体都不会愿意供给公共产品。当前,国内自愿供给主体对接收自愿供给的区域政府缺乏足够的信任和信心。所以,在这方面我国需要积极改进。(3)高效的政府供给。目前,农村公共产品自愿供给只是政府供给公共产品的有益补充,不能替代政府供给。所以基本前提是必须提高政府供给公共产品的效率,否则,自愿供给主体会认为政府供给不力,从而降低自愿供给的积极性。我们可以学习美国在提高农村公共产品供给效率方面的做法,自下而上地传达需求,政府严格把关;政府基本上是通过项目管理的方式提供农村公共产品,首先是有公共需求的农村社区向政府提出项目申请,并对项目投资及其发展前景进行详细说明;政府收到项目申请后,组织包括普通民众在内的有关人员或者委托外部独立机构以量化打分的形式对项目进行论证,论证过关后予以批复;对批复的项目,政府按照相应标准给予资助,采取招标、委托等方式实施;项目完成后进行验收评估,并对项目进行情况跟踪调查。② (4)高素质的核心人物。农村公共产品自愿供给过程离不开拥有良好素质的核心人物,一般是村级领导。如德国的村镇长作为村庄治理的核心人物大多数是律师出身。③ (5)完善的监督体系。一般来说,自愿供给较多出现在监督体系较为完善的国家和区域。如德国通过体制内(法律监督、专门机构监督)和体制外(公民、新闻媒体和舆论监督等)两种途径对供给主体、供给(决策)过程、资金使用、主要决策者的监督等方面进行强有力的监督。④ 又如美国的基金会通过法律、政府监管、社会监督、内部监控、服务体系五个方面保证资金使用遵循捐赠者意图,并保证公众能够得到关于捐赠的准确可

---

① 财政部财政科学研究所:《国外有关构建农村公共产品供给机制的理论依据与实践经验》,《经济研究参考》2007 年第 12 期。

② 国务院农村综合改革工作小组办公室:《美国乡村地区公共产品供给情况考察》,《中国财政》2010 年第 1 期。

③ 赖海榕:《乡村治理的国际比较——德国、匈牙利和印度经验对中国的启示》,《经济社会体制比较》2006 年第 1 期。

④ 参考杨瑞梅:《德国乡村公共物品供给体制对我国的启示》,《中共杭州市委党校学报》2006 年第 3 期和陈家刚:《德国地方治理中的公共产品供给——以德国莱茵—法尔茨州 A 县为例的分析》,《经济社会体制比较》2006 年第 1 期。

靠消息。[①] 四是利用村落血缘关系引导村民自愿提供公共产品。韩国新村运动中把"村庄"作为一个单位看待,充分利用同村村民的亲缘性的优势,形成一个利益共同体,从而可降低交易成本,并且容易达成自愿供给共识。五是形成有效的激励约束机制。良好的生态环境是一项公共产品,拥有 5000 多个小农场的美国弗吉尼亚州采取专项财政奖补的激励约束方式保持牧场环境不受污染,监测并促使牧场保护环境。[②]

2. 提高自愿供给的能力

从广义上来说,一项公共产品的自愿供给能力应包括经济能力、生产能力、协调能力、管理能力、组织能力、领会消费者需求意图等能力。国外在提高自愿供给能力方面的主要做法有:(1)优胜劣汰的竞争方式。如德国农村通过内部市场化加强供应者之间的竞争,从而提高供给的质量和效益。[③] (2)优势互补的合作方式。农村公共产品自愿供给离不开一些农村合作组织的主导和参与。合作组织能将分散的社会力量集中起来,日本的农协和德国的农业合作经济组织便是典型。其中,日本的农协是连接农民与政府、市场的纽带,是拥有专门的《农业协同组合法》的非政府组织。作者认为这些合作组织之所以能够在公共产品自愿提供中发挥不可替代的作用之原因在于其科学的组织体系(见表 6-1)。组织上下级之间不存在行政隶属关系,而是业务指导关系。(3)发挥"社会责任投资"的乘数效应。通过全社会对农村的社会责任投资,帮助农民发展生产,实现收入的可持续性提高,增强农村企业和组织的经济能力,从而进行更多的社会责任投资。日本、韩国等国通过直接贷款、信用担保、贷款贴息等手段帮助农民和村级企业发展经济,提高自愿供给主体的经济实力。(4)发挥村级"精英"的作用。在韩国新村运动的公共产品供给中,村级精英领导的村中介组织发挥了积极的作用。村级精英通过协调供给过程中出现的各类矛盾管理资金,从而提高自愿供给能力。

---

① 姚俭建,Janet Collins:《美国慈善事业的现状分析:一种比较视角》,《上海交通大学学报(哲学社会科学版)》2003 年第 1 期。

② 国务院农村综合改革工作小组办公室:《美国乡村地区公共产品供给情况考察》,《中国财政》2010 年第 1 期。

③ 中央党校访德代表团:《德国土地整理和乡村革新的经验及其启示》,《科学社会主义》2006 年第 1 期。

表 6-1① 日德两国农村合作组织分布情况

层级 组织	日本农协	德国农业合作经济组织
全国层级	农协中央会	全国性(或跨国性)合作联盟
地区层级	农协联合会	地区性(或专业性)合作联盟
村级层面	基层农协	农场主投资开办的合作企业

(二)自下而上管理好自愿供给"需求"

有效的农村公共产品自愿供给必须建立在对村民公共需求正确把握的基础之上。公共产品的需求与私人产品的需求不一样。后者既要对物品有需要,又要有一定的支付能力,重点是支付能力;前者的重点是需要,而不是支付能力。因此,管理好农村公共产品自愿供给的需求必须做好以下四个环节的工作:一是让村民愿意充分表露公共的真实偏好和需要,尽可能地避免公共信息提供的"搭便车"行为;二是让村民能够充分表露公共的真实偏好和需要,尽可能地避免信息不完全;三是让这种偏好和需要能够及时有效地传达至公共产品自愿供给的主体,尽可能地避免信息不对称;四是让政府能够真实表达对自愿供给的需求。虽然自愿供给不能替代政府供给,但是当政府财政状况不足以承担公共产品提供时,应该让自愿供给主体知晓;或者政府应该适时引进市场机制进行公私合营的方式提供公共产品,提高供给效率和水平,而不是从公共产品的生产到提供的垄断。让政府真实表达对自愿供给的需求的关键是政府要变革观念和改革政绩考核等制度。公共产品的需求着重包括两个方面,即公共产品的结构和公共产品的数量,国外农村公共产品供给中有以下经验可以值得我们借鉴,其基本原则是自下而上管理自愿供给"需求"。

1. 激励村民表达真实的公共需求

韩国新村运动告诉我们这种"激励"必须要以能够反映村民利益为基础和中心。一要尊重村民愿望并赋予其一定的决策权。如德国巴伐利亚农村的发展政策规定,农村发展方案和规划必须符合人们的愿望,要以全体居民和经营者的参与来强化"自下而上"的参与过程以及赋予村民更多的责任,村民被允许参与基础性决策。② 又如在韩国新村运动中,政府会提供项目供村民们选择,村民和新

---

① 根据杨瑞梅:《德国乡村公共物品供给体制对我国的启示》,《中共杭州市委党校学报》2006年第3期等资料整理而成。

② 中央党校访德代表团:《德国土地整理和乡村革新的经验及其启示》,《科学社会主义》2006年第1期。

村指导员一起讨论决定,如果项目没有通过讨论,政府不会强制实施。[①] 日本农村公共产品立项过程中也十分尊重村民的意见。二要村民自治。韩国新村运动表明如果没有高度的村民自治,村民的参与几乎是不可能的。[②] 三要有公平的激励政策。韩国新村运动经验表明,激励政策和措施一定要简单明了,以便能够使村民对自身利益得失作出准确的估计;在各类激励因素中,村民最看重的不是因劳动而获得的经济报酬,而是公平感,所以,对村民的激励必须建立在相对公平的基础上。[③]

2. 建立健全公共需求的表露机制

表露机制的形式主要有:(1)民主选举:这种方式比较普遍。美国村民选举符合自身公共利益的行政长官,通过该行政长官向政府表达公共的真实偏好和需要;在韩国新村运动中,一些重要的公共产品项目立项是村民和指导员共同协商的产物。这些指导员是由村民民主选举产生。(2)直接向议员反映:美国村民可以直接向议员反映自己或公共利益的需要,然后通过议员提出立法需求的方式向政府表达需求。(3)通过非政府组织:美国村民可以通过非组织游说的方式向议会和政府表达需求意愿。(4)向有关部门表达:美国村民还可以直接向有关部门反映公共需求。(5)以脚投票:美国村民如果不满意自己居住区域的公共产品供给,就会选择搬迁到自己认为满意的地方居住,通过这种方式来反映自己的需求。(6)对话形式:德国巴伐利亚农村通过与居民对话形成规划。[④] (7)讨论形式:在韩国新村运动中,村民们通过讨论的形式表示自己的真实需求。(8)菜单式选择:在日本农村公共产品供给中,村民会通过菜单选择的方式对有关项目的决策提出真实意见。除了建立健全公共需求的表露机制之外,还需要对村民进行素质教育,从主观上提升其表达需求的能力,这也是让其能够准确及时表示其真实需求偏好的基础。所以,德国巴伐利亚农村政策就非常强调教育和研究中心对农村发展的重要性。[⑤]

---

① 参见苏振华:《韩国"新村运动"公共产品供给机制及其供给效率》,《中共宁波市委党校学报》2010 年第 1 期。

② [韩]金荣枰:《韩国新村运动对中国农村发展的启示》,后小仙等译,《经济社会体制比较》2007 年第 4 期。

③ [韩]金荣枰:《韩国新村运动对中国农村发展的启示》,后小仙等译,《经济社会体制比较》2007 年第 4 期。

④ 参见苏振华:《韩国"新村运动"公共产品供给机制及其供给效率》,《中共宁波市委党校学报》2010 年第 1 期。

⑤ 中央党校访德代表团:《德国土地整理和乡村革新的经验及其启示》,《科学社会主义》2006 年第 1 期;国务院农村综合改革工作小组办公室:《美国乡村地区公共产品供给情况考察》,《口国财政》2010 年第 1 期。

3.建立健全公共需求的传达机制

如果无法将准确的需求信息传达至自愿供给主体，供给效率就会降低。本章在对以上公共需求表达机制的经验总结中，已经谈到了一些传达机制，譬如通过行政长官、议员、相关部门、非政府组织传达等。另外，作者在对一些国家公共产品供给的研究中发现地方政府在对公共需求的传达中应该发挥积极的作用，而作用的发挥依赖于上级政府给予地方政府一定的自主权，代表村民传达民意。譬如，在美国的某些乡村公共项目建设中，如果代表地方民意的州政府不同意，联邦政府便不能强制决策，项目建设将无法实施。①

三、创新多样性的供给方式和多层次性的合作方式

市场经济中，通过自由竞争的价格机制可以实现商品的供需均衡。作为公共产品来说，要达到供需均衡则无法通过价格机制发挥作用，存在市场失灵。在自愿供给主体充分了解和掌握农村公共产品真实需求和努力提高自愿供给水平的基础上，作者研究国外农村公共产品供给实践后发现多样性的供给方式和合作方式应该是发展我国农村公共产品自愿供给的着重点。绝大部分农村公共产品自愿供给不是一个供给主体就可以完成，而是需要多个主体合作完成。首先，从广义上来说，一项公共产品的供给包括立项批复、调研、规划、生产、购买、提供以及后续的管理和维护整个过程。在多数场合下，人们习惯使用狭义的"供给"涵义，即着重购买和提供这两个环节。作者认为可以把参与购买、提供以及后续的管理维护的主体为直接供给主体，参与购买以前各环节的主体称为间接供给主体。同时，我们认为公共产品的自愿供给除了提供资金外，还包括提供土地、劳动力、时间、知识技术、信息等一切生产要素。其次，农村公共产品有些属于互补产品，即一些公共产品作用的有效发挥必须依赖相关公共产品，产品需要相互配套才能充分体现其使用价值。对属于互补产品范围的公共产品供给，我们把提供配套公共产品的主体称为配套供给主体，提供主体公共产品称为主件供给主体。通过对国外农村公共产品供给实践进行研究分析和提炼后，作者分别从供给方式和合作方式两个方面介绍国外经验。

（一）创新和开展多层次性的合作方式

根据国外个人、企业、社会组织和政府参与农村公共产品供给所自愿提供的

---

① 国务院农村综合改革工作小组办公室：《美国乡村地区公共产品供给情况考察》，《中国财政》2010年第1期。

要素内容,作者将合作方式分为以下几个层次。

1.资金层面的合作

除了建立慈善基金募集捐款之外,资金合作主要通过以下两和方式来实现:(1)财政资金引导。通过财政资金吸引和引导私人和其他社会资金参与支持农村公共产品的供给。一是通过政策性银行的渠道。如美国通过财政政策和金融政策的协调运用,以少量的财政资金用于政策银行的资本金和经营费用,通过政策性银行吸收大量的社会资金支持农业公共产品投资。二是通过财政投资引导。如美国的灌溉设施建设、农业科技和科技推广等公共产品供给中,既有财政投资也有私人投资。三是通过财政补助。如日本政府大部分农业固定资产投资是采用补助金及长期低息贷款的方式发放给农民,同时通过补贴利息,调动民间资本投资形成的;[①]美国政府则一般采取按比例自主、贷款担保补偿、贷款贴息等方式鼓励农村企业、社会组织和农场主参与提供公共产品;[②]韩国农村公共产品供给中也有通过政府补助一部分,金融机构低息贷款提供一部分,农民自筹一部分的方式解决资金合作的经验。[③] (2)资本市场筹集,如美国通过资本市场筹集支农资金。[④]

2.其他层面的要素合作

如自愿供给劳动力,在韩国新村运动中,农村道路和桥梁的建设都是通过村民提供耕地,投入劳动力后才建成的,政府不需要对这些土地和投入的劳动力支付报酬。[⑤] 另外,还有政府出资、出政策、作规划,自愿供给主体出技术(包括人才和知识)等生产要素的合作;政府作为主件供给主体,自愿供给主体作为配套供给主体的合作,如巴西农村的水利设施建设,联邦政府负责大兴水利枢纽工程,而配套工程则由农业生产者负责提供。[⑥] 提供劳动力和土地是农村公共产品自愿供给合作中最为简便的合作方式,层次较低,比较适合农村经济正处于发展启动阶段或者初级阶段的农村公共产品自愿供给。资本合作则是农村经济发展到一定阶段农村公共产品自愿供给的主要方式,层次较高。相比于资本合作,知识技术合作层次更高,如德国巴伐利亚农村公共产品供给中的居民、专家和地

---

① 魏丽红:《国外农业公共产品投资的经验及启示》,《世界农业》2008 年第 2 期。

② 国务院农村综合改革工作小组办公室:《美国乡村地区公共产品供给情况考察》,《中国财政》2010 年第 1 期。

③ 苏振华等:《韩国"新村运动"公共产品供给机制及其供给效率》,《中共宁波市委党校学报》2010 年第 1 期。

④ 魏丽红:《国外农业公共产品投资的经验及启示》,《世界农业》2008 年第 2 期。

⑤ [韩]金荣枰:《韩国新村运动对中国农村发展的启示》,后小仙等译,《经济社会体制比较》2007 年第 4 期。

⑥ 魏丽红:《国外农业公共产品投资的经验及启示》,《世界农业》2008 年第 2 期。

方政府的合作机制。[①]

(二)创新和发展多样性的供给方式

Ostrom 等(1961)指出公共产品的生产和供给必须区别开。[②] 奥斯特罗姆等也指出"供给的组织过程基本与消费、融资、安排物品和服务的生产与监督有关"[③]。因此,公共产品的自愿供给包括若干个环节。自愿参与农村公共产品供给过程的任何一个环节,无偿或者有偿提供任意的要素可以视之为自愿供给。因此,通过学习国外农村公共产品供给的实践,作者认为以下两种供给方式可供我国借鉴。

1.公私合作供给模式

这在国外农村公共产品自愿供给中经常被应用到,即在整个公共产品供给的整个过程中,原本应由政府负责完成的建设、经营等供给前期和后期工作改成由政府和私人部门等非政府合作供给的模式,也被称为公用事业民营化改革。公私合作供给模式中根据合作环节的分工不同,又可分为多种模式(如 BOT等)。早在 17 世纪英国的灯塔建造就使用了 BOT(建造—运营—转让)模式。20 世纪 70 年代中期,英国在农村公共产品供给方面就尝试着把一些业务委托给私人部门经营,到了 80 年代初期,美国在市政服务方面普遍实行民营化改革。德国农村的一些重要社会服务也是由政府委托给私人部门等来完成,如乡镇垃圾处理服务,通过内部市场化的方式来加强私人供给者之间的竞争,以提高产品供给的质量和效率,政府仅负责监督和管理。[④]

2.使用者(村民)自己承担部分和全部的公共产品供给的前期和后期工作

如德国某些乡镇的居民饮用水的供给,是由政府提供资金支持,一部分供水管道建设的费用要居民来承担。[⑤] 又如美国弗吉尼亚州劳登郡,新开发居民集聚区自来水供水和污水处理成本主要由用户负担,政府主要负责水利工程建设

[①] 中央党校访德代表团:《德国土地整理和乡村革新的经验及其启示》,《科学社会主义》2006 年第 1 期。

[②] Vincent Ostrom, Charlse M. Tiebot and Robert Warren. The organization of government in metropolitan areas:a theoretical inquiry.

[③] 埃莉诺·奥斯特罗姆等著:《制度激励与可持续发展》,上海三联书店 2000 年版,第 88 页。

[④] 陈家刚:《德国地方治理中的公共产品供给——以德国莱茵—法尔茨州 A 县为例的分析》,《经济社会体制比较》2006 年第 1 期。

[⑤] 陈家刚:《德国地方治理中的公共产品供给——以德国莱茵—法尔茨州 A 县为例的分析》,《经济社会体制比较》2006 年第 1 期。

的宏观规划和监督检查。[①]

　　此外,国外公共产品自愿供给中还有一些启示,比如:在德国,政府主办的公共事业项目不接受任何企业或个人的捐助。[②] 原因主要是防止腐败的滋生。这一点值得我们思索。另外,并不是所有的公共产品都适合自愿供给。提供纯公共产品例如法律制度、区域规划、国防等是国家政府的最基本职责,不能依靠自愿供给。

---

　　① 国务院农村综合改革工作小组办公室:《美国乡村地区公共产品供给情况考察》,《中国财政》2010 年第 1 期。

　　② 陈家刚:《德国地方治理中的公共产品供给——以德国莱茵—法尔茨州 A 县为例的分析》,《经济社会体制比较》2006 年第 1 期。

第七章

完善农村公共产品自愿供给的对策思路

今后一个时期,在推进社会主义新农村建设中,要进一步加大农村公共产品的投入规模和投入力度,激励自愿供给力量。作者结合影响因素、当前问题和国外经验等分析,提出完善农村公共产品自愿供给的总思路,即以各级政府力量为引导、以工商资本和村集体及村民资金投入为主体、以其他社会资源为补充,建立多元化、多层次、多渠道的新农村建设中的公共产品自愿供给机制。围绕这一思路,以下从构建自愿供给的基本前提和可行性条件、激发自愿供给的内在动力、创新自愿供给的运作方式、引导自愿供给的持续发展、规制自愿供给的微观行为入手,分析政府、企业、社会组织、村集体和村民不同层次主体如何发挥出应有的作用,以完善农村公共产品自愿供给制度。

一、"自主优先",奠定自愿供给的基本前提

农村公共产品自愿供给的基本前提是村民自主自愿、企业自愿捐助、社会组织自愿供给,所以要培育社会民主意识,赋予各类主体自主权利。尤其需要创新农村公共需求的表达、归总、决策机制,扩大农民话语权、企业话语权,建立"自下而上"和"自上而下"的互动决策程序。

(一)建立农村公共产品选择机制,提高自愿供给有效性

长期以来,农村公共产品供给实行的是单向的"自上而下"的决策机制,无法充分反映农民的需求偏好,造成农村公共产品供需结构失衡,公共资源配置效益低下。要实现公共产品的最优供给,必须改革农村公共产品供给决策程序,建立"自下而上"的需求选择机制。我国应进一步推进农村民主制度建设,实行乡、村两级政务公开、事务公开、财务公开,增加公共资源使用的透明度,建立农村社区公共资源使用监督制度,提高政策实施的质量。同时,在乡镇人民代表大会和村

民代表大会的基础上可建立民主投票的公共选择机制,畅通公共产品供需信息渠道,从而有效地发挥公共产品的社会效益。比如杭州淳安县探索村级民生项目建设"五票制",该县中洲镇以制度形式规定全镇所有村在确定经济发展、社会发展和文化事业等民生项目中,严格按照五个操作流程:一是户主意见票。召开户主会议征求或上门征求农户对本村下一年度项目建设的意见、建议。二是党员审议票。召开党员会议,对户主的意见和建议进行审议,并通过无记名投票表决确定 10—15 个村级民生项目安排意向。三是两委论证票。由村两委干部根据项目有关政策和村集体的实际情况对党员会议审议后的 10—15 个项目,以票决的方式确定 5—8 个项目,并在村务公开栏中进行公示。四是村民(村民代表)表决票。由村两委召集全体村民或村民代表开会,介绍项目及资金情况,通过村民投票决定 3—5 个民生项目,作为当年村两委重点实施项目,并公示 4 天以上。五是群众评议票。结合年终召开的村干部述职测评会议,由全体党员和村民代表对年初确定的民生项目的建设完成情况进行评议,评议结果作为村两委干部年度考评的重要依据。该镇还成立了"五票制"推行工作领导小组,下设 4 个指导组,强化工作的领导和推动。这种乡镇推动的农村公共产品选择机制,可以保障农村民生项目符合村民需求,从而提高了村公共产品自愿供给的针对性和有效性。

(二)构建农村公共产品的民主促民生机制,保障自愿供给公平性

农村公共产品供给就是一件件与农村百姓生产生活息息相关的民生事项,要确保民生事项的公平公正和高效运作,就要落实民主参与、科学决策、合理程序、社会监督,必须建立起农村"四问四权"的民主促民生机制。在农村公共产品的集体自愿供给中,要真正做到"问情于民、问需于民、问计于民、问绩于民",要切实保障农村百姓的"知情权、参与权、决策权、监督权",才能实现农村公共产品供给的"自主自愿、自治自理"。比如据作者及同事 2009 年对杭州 102 个村干部的问卷调查发现,在农村污水处理项目建设中,关于污水处理设施建不建、建在什么地方、采用什么处理模式、土地占用如何处理等问题,一般都能充分尊重民意,民主决策,类似的农村公共项目决策越来越突出民主自治的要求。宁波市北仑区为促进科学民主决策、规范村务管理,探索实施的村务决策"一事一议一签一公开"制度(简称"四个一"制度),[①]就是农村公共产品民主促民生机制的具体

---

① 据调查了解,"一事"是指村级重大事项和群众普遍关心的焦点、难点问题,主要分为五大类;"一议"是指通过村民民主议事,主要包括三个步骤:一是提议,二是商议,三是审议;"一签"是指召开村民代表会议对方案进行讨论并实施表决,表决结果书面签名;"一公开"是指村务决策事前、事中、事后全程公开。

措施,已收到较好效果。又如在社会的教育帮扶、住房救助、生活救助等过程中,为保证救助程序的公平公正,就要通过帮扶救助对象公示、信息公开、现场监督、指导服务、验收评估、定期回访等举措,多渠道听取被帮扶者和其他村民的意见,充分接受群众监督。救助对象的确定需经过县、乡、村三级公示,随时接受村民监督。通过民主促民生机制的建立,有效保障社会救助的公平性,避免因救助信息不对称造成的"道德风险"以及新的不公平。

(三)丰富农村公共产品的村企沟通机制,实现自愿供给的长效性

一方面,"自上而下"疏通村企连接渠道,由政府各部门各单位主动为企业和社会各界参与村企自愿共建活动开辟"绿色通道",让他们感到既有利又方便。让企业在利益驱动下结合自身发展的实际,在全省或全市范围内自主选择贫困村结对共建,真正实现村企互利双赢,避免政府单方面"拉郎配"或自行组团帮扶。另一方面,"自下而上"多开辟村企沟通平台,比如由企业自身发起,通过策划"村企文明共建"等活动平台,与所在地区乡镇村进行沟通了解,寻求双方互利互惠的合作项目,同时带动新农村经济建设和社会文化发展;又比如由相近区域的乡村与媒体联手,邀请热心企业深入新农村,互相沟通信息,让企业选择适合自身定位的共建项目,扩大企业社会效益。只有畅通村企之间的信息,才能发挥企业和村民自主自愿的选择权,为实现高效、共赢的长效自愿目标奠定基础。

二、"顺势而为",创造自愿供给的可行性条件

根据以上影响因素分析,村公共产品的自愿供给需要一定的环境土壤,既包括地区经济、村集体村民收入等经济基础,也包括法律法规、政策体系等完备制度,同时还有社会公益、慈善传统等非制度环境,这些都构成了自愿供给的可行性条件。

(一)完善法律制度,对村公共产品自愿供给中的各种权益进行界定和保护

对于投资农村公共产品供给(比如村污水、垃圾处理等环境项目和路桥等基础设施项目)的个人和企业,只有在明晰产权的基础上,才能确定其是否应获得收益以及收益如何划分。此外,必须从法律上保障投资个人和企业的合法权益,以往出现的一些村民集体侵占或是以政府机构行政手段非法干预和侵害他人财产和收益的现象,要坚决制止,只有这样,才能从根本上保护和调动个人与企业投资农村公共产品生产的积极性。其次,完善产权制度改革,引导农民自愿投

入。比如通过基础设施产权改革,引导农民提高对农业基础设施投入的积极性;通过水权水价调整,引导农民对农业基础设施的利用能力;通过扶持专业组织,引导农民加强对农业基础设施的自我管护能力。

(二)顺应产品属性,提高农村公共产品自愿供给的私人受益预期

大量的农村公共产品具有准公共产品性质,准公共产品收益通常既有社会受益,又有供给者个人受益的特点,难以完全排他,消费又有竞争性。如村卫生所、养老扶幼机构、灌溉设施、农业机械等,在政策的积极引导和产权明晰的条件下,通过政府补贴,按照"谁受益,谁负担"和"量力而行"的原则,由农民按照受益程度的大小进行集资生产,或者先由政府公共提供,然后按照受益大小,向使用者收取相应的使用费,这将降低非排他性和非竞争性,使自愿资源进入这个领域。对于一些小范围受益的低层级公共产品,比如灌溉、治虫、湖泊的渔业资源利用、种植、养殖的供产销联合体、乡村道路、农产品的加工和流通等,由于其外溢较小,且受益群体相对固定,属于俱乐部产品的范畴。如果成立农业合作社,通过合作社将外部收益内在化,减低公共产品的公共收益,相对提高俱乐部成员收益,可以达到诱导社会资源自愿介入目的。据作者及同事调查,浙江天和食品有限公司是国家扶贫龙头企业,十多年来企业每年都有 80 万～100 万资金投入扶持生产的扶贫工作,但是自从 2003 年以来,他们尝试了与农户共建股份制生产基地的模式[①]之后,花费同样的扶贫资金,收到截然不同的两种效果,形成鲜明的扶贫对比:2005 年股份制基地农户平均每户年食用菌收入达 20574 元,人均食用菌收入达 4465 元,其中人均年食用菌收入比龙泉市农民 2005 年 3627 元的人均年收入增加 838 元,增长 23.1%。自愿供给受到多元化的农村公共产品属性限制,所以,要区分农村公共产品的类型,顺应不同属性特征,提高自愿供给的私人收益预期,以吸引多元化的自愿主体介入这个行列。

[①] 天和股份制生产基地:(一)归类及属性 1.紧密型股份制生产基地——创建连片生产基地,统一由企业出资征租农田,实施封闭式管理,严格实行标准化生产和科学种菇。2.松散型股份制生产基地——连结农户生产基地,由农户自己负责土地和生产,自觉自愿接受企业全程监控和管理。(二)股权设置:1.生产菌棒的原辅材料和机械设备由公司承担,每袋菌棒作价人民币 1 元入股。2.菌棒的制作和田间管理劳务输出由农户承担。3.菌棒生产的技术辅导,基地植保员的支出、菇棚尼龙薄膜、遮阳网等由企业无偿的提供。4.基地所有权企业占 55%,农户占 45%。(三)基地产品的投售:由企业实施最低保护价的合同定购;公司在主要产区基地设点建冷库,挂牌收购;农户可投售价格高处。(四)盈余分配:所得的销售收入先兑付企业和农户每袋菌棒各 1 元入股资金,剩余的收益 70% 兑付各农户,15% 兑付给公司,15% 用以奖励给科技人员、植保员及新品种开发。亏损时,按企业和农户每袋菌棒作价 1 元的比例均等承担。利益共享,风险共担。

（三）促进集体经济发展，为村公共产品集体自愿供给奠定基础

村集体自愿供给是农村公共产品供给的主体部分。如果没有集体经济的发展和农民收入的提高，村民和村集体对村公共产品的自愿供给就难以实现。当前，特别要重视村级集体经济的发展问题，村集体目前面临化解旧债、制止新债和加大对新农村建设投入的双重任务，经济压力极大。具体如：（1）对工业经济相对发达的村，征地时继续执行按一定比例留给村集体发展非农产业的政策，对其发展物业经济（如标准厂房出租）所取得的收入，给予税收优惠政策，但要规范该类村集体收入的使用制度，发挥民主监督作用。（2）对经济困难村，继续深入实施"山海协作"、"欠发达乡镇奔小康"、"低收入农户奔小康"和"百亿帮扶致富"工程，加大财政转移支付力度，完善各种结对帮扶制度，通过各方面的共同努力，不断提高其经济实力。（3）保留农村土地承包费和渔业资源费，土地承包费要用于村集体公用事业，渔业资源费用于支持渔业发展和改善渔民生产生活条件。（4）鼓励各地出台《扶持村集体经济创收项目资金管理办法》，对村集体经济创收项目予以扶持。对年度集体可分配收入在 20 万元以下的行政村，每年确定一定数额的村集体经济创收项目，进行财政补助。重点扶持以村级集体经济组织为主体投资兴建或改扩建的农贸专业市场、中小型仓储设施等集体物业经济发展项目以及集体统管的山林坡地、"四荒"资源以及山水旅游资源等进行开发利用的集体产业经济发展项目，以及各类为社会服务的集体服务业经济发展项目。（5）以各级财政保障经济欠发达的村集体正常运转，并鼓励村集体自愿供给。比如杭州市萧山区以区、镇两级政府财政支持村级集体经济发展，2008 年以来实施了村级组织正常运转保障工程，以上年度统计年报为依据，对村级集体经济收入不足 30 万元的村（社），主要领导报酬由镇（街道）财政承担，另外还支持村级"一事一议"筹资筹劳。鼓励农村群众通过投资、投劳等形式，改善生产生活条件，区政府安排 200 万元资金，根据村级实际筹资筹劳额度，按规定给予奖励。

三、"正向激励"，驱动自愿供给的内在动力

有了一定的基础和条件，农村公共产品的自愿供给还需要持续的"内在动力"驱动。对此各级政府就要出台实质性的政策，对企业、公民在利他行为中获取合理利益的给予物质精神双重激励，乡村集体可利用社会资本规避自愿供给的"搭便车"行为，社会各界也可更多地宣传、了解、参与新农村建设。

（一）政策激励，提升农村公共产品企业自愿供给的内源性动力

政府有职责建立激励性制度，对参与新农村建设的企业除了要进行精神奖励外，还要进行物质奖励，形成政府、企业、农村三赢的长效机制。从国家层面，主要是税收激励政策的完善。目前国家出台的捐赠税收优惠政策，主要是2007年财政部下发的《关于公益救助性捐赠税前扣除政策及相关管理问题的通知》。2008年12月，财政部、国家税务总局、民政部又联合下发了《关于公益性捐赠税前扣除有关问题的通知》（简称《通知》），《通知》的发布标志着企业捐赠可以享受12%的税收优惠待遇从文字上落到了实处，进入了实际操作层面。2009年2月，民政部发布《基金会申请公益性捐赠税前扣除资格须知》。横向比较，浙江省在此方面比较领先，2008年3月浙江省通过申请、审核，公布了第一批具有公益救济性捐赠税前扣除资格的基金会和社会团体名单，包括浙江省扶贫基金会、安吉县企业家助学基金会、杭州市残疾人福利基金会等72家基金会，以及浙江省慈善总会、浙江省救灾救济协会、浙江省预防医学会等42家社会团体，该部分团体自2007年度起就可享受公益救济性捐赠税前扣除资格。2008年11月浙江省再次审核公布了第二批具有公益救济性捐赠税前扣除资格的基金会和社会团体名单，主要是包括各地的市、区、县慈善总会在内的86家基金会和社会团体。至此，浙江范围内个人、企事业通过向这200家社会组织捐助实施农村公益性救助可以获得企业或个人所得税税前扣除的优惠。当然事实上浙江社会各层面向农村所做的公共产品自愿供给中只有一部分是公益性捐赠，同时通过这200家社会组织捐赠的更是有限的一部分，相当多的农村帮扶、捐赠目前并没有享受到统一的税收减免优惠。所以在国家和省的法律法规层面无法一步到位落实税收激励时，地方政府可以作出一些更加灵活有效的激励制度安排。

从地方政府层面，可以出台一些"含金量"较高的激励政策，比如：(1)企业投资或参与农村公益性社会事业项目或建立单项公益事业基金，其捐赠部分经税务机关核准可在规定范围内实行税前列支。(2)企业租用结对共建村农户的土地、山林、水面等资源或采取农户入股等方式，建立农业产业基地、农产品加工基地，兴办农民专业合作社等，符合有关规定的，财政支农资金优先给予立项补助或奖励。(3)企业投资或参与帮扶村发展农家乐等旅游休闲项目建设，可优先享受相关产业扶持政策。(4)企业可按有关政策规定参与村庄整治和农村土地开发整理等，与共建村实行利益共享。对新农居点的土地规划、专项报批，有关部门应实行优先优惠。对企业参与新农村建设的项目，金融部门要优先给予信贷支持。(5)对企业参与农村社区物业化管理、投资垃圾收集处理等公益性项目建设，各级应加强规划引导并确定合理的收费和补助政策。(6)企业设立农民技能

培训基地并经有关部门评估确认的,按规定享受农民培训补贴政策。对企业招用结对共建村被征地农民的,按规定享受相应的就业扶持政策。(7)对企业参与公益性基础设施或社会事业建设,企业捐资达到项目所需投资一定比例的,允许以企业或企业家个人名益冠名。出资数额较大的,可立碑铭记。政府出台这些激励制度还需要强调政策连贯性,以保障企业在利他行为之前有一个合理的预期,在利他行为之中能够为企业也获取合理利益,以保持企业在农村公共产品自愿供给中的持续动力。

(二)利用已有的乡村社会资本,提高村民集体自愿供给的绩效

农村公共产品供给中的"搭便车"行为和组织困难问题在农村非常典型。但经调查发现,农村中很少有村民拖欠村民小组的公共事业(如看山护林等)的费用,也很少有村民在宗族活动中采取"搭便车"行为,这些都说明了村民并非处于"匿名"的市场关系之中,他们依然受到传统社会关系网络与社会规范的约束。当人际关系网络与社会规范存在时,社会资本决定着村民集体行动绩效,所以在村民集体行动乃至村民自治的组织设计中应当充分利用已有的社会资本。奥斯特罗姆的研究表明,将大集团的集体行动建立在已有组织的基础之上是利用已有社会资本的一种很好的方式。比如,由村干部出面利用社会资本,游说"先富起来"的村民对村公共产品进行自愿供给,同样本村村民可以借用宗族祭祀活动等号召"外出致富"的同乡人展开捐助、共建家乡活动,同时按乡风民俗,落实路桥等冠名权或立碑铭记善举。

(三)开展整体宣传,激发村公共产品自愿供给的社会参与热情

针对目前对"村企结对"、"联乡结村"等社会帮扶活动中各种主体认识不一的情况,有必要全面宣传开展农村公共产品社会捐助供给活动的意义。尤其需要通过宣传改变企业家的"帮扶农村就是问我们要钱"、"我们没有此项义务"等片面想法,让企业家认清企业的社会责任,看到互惠互利的前景。对农村干部和百姓更要纠正"等、靠、要"、"问政府和企业拿钱天经地义"的观念。对于政府部门、单位要根除"畏难、麻烦"的思想,牢固树立"以农为本"、"执政为民"的理念,始终把"三农"问题作为党和政府工作的重中之重。在加强宣传、统一思想的行动中,既要从科学发展和现代农业的理论高度进行宣传学习,也需要借助典型丰富宣传内容,还要借鉴媒体搞好宣传形式。在媒体宣传方面,需要借助浙江省级电台、电视台平台,开辟"新农村建设"专栏,定时、滚动播出"山海协作"、"城乡帮扶"、"联乡结村"、"村企结对"等农村帮扶感人节目,多展开一些像2006年由《杭州日报》与杭州市农办联手举办的向全市征集"十个最美丽的村庄"等类似活动,

通过多种方式吸引更多的人关注农村,帮扶农村,发展农村。

四、"多元创新",探索自愿供给的运作方式

政府在发挥村公共产品自愿供给引导作用时,特别需要遵循村民、企业和社会组织及个体的自身意愿,通过探索多种自愿供给运作方式,激发自愿供给社会活力,提高自愿供给实际绩效。

(一)分类引导,创新村公共产品企业自愿供给的运作方式

政府可以根据企业意愿实施分类引导机制,灵活创新企业自愿供给机制和方式。(1)对于希望借助政府的"联乡结村"、"村企共建"等平台做帮扶或慈善的大集团、大企业,要积极引导其形成相对稳固的社会责任投入机制,定期定比例支出,减少捐助的主观随意性。将"胡润榜"的思路引进该项工作;启用功德榜等形式,在媒体上宣传表彰企业善举。在政治荣誉方面,对参与帮扶共建的企业家,可以根据企业努力大小,给予适当的政治荣誉,如每年颁发荣誉证书并给予大力宣传;还可以通过推荐区县政协委员、县乡人大代表等方式,进一步激励企业家们投身新农村建设。(2)对广大的中小企业,应实行捆绑式引导,联合同类规模的企业增强帮扶实力,引导实施多种帮扶形式,如开发互惠项目、解决就业、捐资捐物等。同时,政府有关部门应为企业建立社会责任档案,记录帮扶内容、方式与效益,作为日后政府奖励企业和扶持企业的依据之一。如2008—2009年金融危机时政府在扶助企业渡难关的过程中,就要优先选择支持该类社会责任感强的企业,体现倾斜。从县乡"联乡结村"捐赠中企业占大头的现实出发,政府完全可以契合扶助县乡企业度过经济难关的现实需要,宣传和带动联乡结村活动。(3)对于那些特别热衷慈善事业,又希望自己成立基金进行扶助事项的,政府可以鼓励其成立非公募基金(省民政局登记非营利的社团法人),并引导这些非公募基金创新多种运作模式。比如萧山的和合集团在报告中提出了要成立和运作自己的基金,政府应全力支持,并将这类基金引向新农村建设方向,这种运作机制相对长效,还可以在确定帮扶对象上随机转型。目前我们在对企业奖励中有必要分大中小三类企业性质进行各自的政策奖励、荣誉奖励、落实称号和宣传制度。

(二)发挥优势,创新村公共产品部门自愿供给的多资源帮扶

各政府部门在财政形势越来越吃紧、财务管理越来越规范的情况下,简单靠原先的出钱支持农村不一定长效,应该利用自身优势资源发挥牵线搭桥、项目咨

询、技术指导、疏通协调、落实政策等多样性帮扶作用。这类帮扶可以使农村发展少走弯路、缩短开发时间、节省项目支出、提高项目质量，其意义远远大于几万或十几万人民币的资助。现根据浙江各部门总体上的资源特征建议分以下几类进行帮扶，实际中还要探索更多部门资源类型。(1)建设规划部门的智力帮扶：重在对农村建设项目的咨询指导与服务。对那些有基础设施建设需求的乡镇和农村进行公益性立项论证、项目设计和工程预算；对有关审批程序、重大技术问题提供咨询；对乡村争取立项和资金提供信息帮助。(2)经营开发部门的网络帮扶：重在资金扶持与城乡基础设施全覆盖的"同网"建设。该类部门主要指各国有资产经营集团，他们经济实力雄厚，垄断性较强，利润丰厚，历史上这些企业或其前身均是"以农补工"的直接受益方，应加大捐助反哺资金力度，并加大对农村的水、电、气、电信等网络建设力度，促进城乡同网。此外，各级开发区管委会、经委、贸易局、工商联等单位部门，直接掌握了大量社会经济信息，完全可以向农村输送更多投资开发信息、牵线供需双方，进行农村产业发展咨询和城市产业转移。(3)科教文体卫部门的服务帮扶：重在科技咨询与农民培训。这些部门要充分利用部门人才、技术和管理优势，对口帮扶产业科技、农村中小学、乡镇卫生院、乡村文化建设。大专院校和科研院所可以定期送科技下乡，培训非农就业人员和农业大户，把最新的科技成果带到农村，及时转化为生产力。鼓励教育、医疗部门更好地发挥送教送医下乡作用，开展农村教师医务人员培训，提升农村人才素质。比如近年来杭州市体育局积极"穿针引线"，帮助杭州西部淳安县姜家镇引进羽毛球、节日灯等来料加工项目，目前从业人员已达1000多人，取得明显成效。这种案例值得推广。(4)宣传新闻部门的信息帮扶：重在新农村宣传市场导入。新闻部门在城乡帮扶中的作用非常广泛。要鼓励该类部门发挥新农村建设"多面手"的作用，既可以发挥优势对"连结"活动进行宣传推广，也可以借助媒体牵线农村与企业，还可以直接协助农产品和旅游开发。(5)劳动社保部门的就业帮扶：重在就业服务与社保制度的完善。劳动与社会保障是落实城乡统筹的重要环节，要鼓励相关部门在帮扶农村中对农村劳动力动向进行跟踪调查统计，对劳动力转移进行必要的技术培训和就业信息服务，切实提高劳动技能和创业本领，不断推进劳动力市场的城乡一体化。同时，还要不断完善农村居民的社会保障制度，更好地行使农村社保制度建设的协调、服务、监管等作用，确保农村人人享有基本医疗等基本保障制度。

(三)多元融合，创新村公共产品社会自愿供给的合作方式

一是政社企结合，即市场组织、政府组织和社会组织三者合作为农村供给公共产品和服务。消除体制性障碍，合理配置政府权威与社会自愿在农村公共产

品供给中的功能优势,在供给主体、资金来源和供给方式上实现多元化,以"公办民助"、"民办公助"等方式吸引自愿资源介入,力求职能互补、功能互强,而不是互相替代。

二是公私合作(PPP 模式),最初公私合作主要运用于基础设施建设领域,世界各国利用国际及国内民间私人资本进行公共基础设施建设,最典型的就是BOT(特许经营)模式,此外还包括 BT、TOT 等各种模式。实际上,新农村建设中道路桥梁建设,污水处理、垃圾焚烧等环保项目建设都需要通过公私合作模式的创新,吸引私人资本共同开发建设。而更广义分析,公私合作在国际上并不局限于基础设施建设领域,在养老、教育、医疗等诸多领域,政府开始与市场主体和非营利性的社会组织寻求合作,在农村社会性公共产品供给中也可创新更丰富的合作方式,比如政府购买社会组织为农村免费或低价提供养老护理、医疗、教育、文化、治安巡逻等多项服务,更深度的合作还包括政府和企业或社会组织共同出资经营的服务项目,像杭州萧山等区、县创新的"民办公助"幼儿园,由乡镇政府出资出场地供民办的幼儿教育机构经营,或企业私人出资与教育部门进行师资合作,等等。这种创新模式无疑发挥出公共部门和私人部门两者的资源优势,提升了农村幼儿教育质量,扩大了办学规模。

三是社企合作,非营利组织与企业合作开展慈善事业包括农村慈善救助工作已经成为发展的趋势。2010 年 10 月,从事文化健康产业的子墨集团做出可持续发展的慈善捐助,以 1000 万(每股 1 元)作为捐赠款,捐赠给浙江慈善总会,省慈善总会作为该股权的持有机构,进入董事会与子墨集团商议该股权所产生的每年收益(由子墨确保每年保底 5%的收益)设立"子墨慈善基金",由省慈善总会和子墨集团共同协商,投入中国慈善文化以及对弱势群体的扶助。这种项目形态的共生式慈善捐助,意味着企业发展好,则企业捐赠更多,企业发展一般,也能够确保一定额度的慈善捐助,而且是企业和慈善组织的持续合作,这种创新将在农村孤寡老人扶助、敬老院的爱心茶室建设、农村助学等方面形成长期的自愿供给机制。同样,在杭州已经出现营利性的琴行与非营利性的艺术学校合作,在乡村开展一些文艺演出、艺术讲座,既丰富农村文化娱乐生活,也扩大了艺术市场。

五、"统筹引导",逐步实现自愿供给的均衡发展

在浙江全省的自愿供给中,从地区比较看,各地发展基础不司,自愿供给水平差异较大;从阶段比较看,农村公共产品前期投入和建设阶段的供给相对充足而后期维护相对不足;从项目比较看,建设型公共项目供给相对多而发展型项目

相对少。对此,作者认为各级政府需要发挥统筹引导作用,缩小地区自愿供给差距,加强项目引导和管理,并帮助村镇建立公共产品后续维护制度。

（一）加强统筹,缩小差距,改进自愿供给的社会效率

根据目前各类社会帮扶经费渠道多、差异大、投资重复等现象所带来的不足,需要当地政府发挥协调统筹、引导规划的职能,对企业、部门、个体自愿帮扶农村的信息进行全面搜索,对具体内容事项进行备案,尤其是在此基础上再统筹市、县各级财政补贴或者奖励给农村的经费,通过这部分经费调节社会帮扶力量差异过大的问题。操作时可根据乡或村的实际状况、项目投入的大小、帮扶资金的数量等方面来综合考虑政府对帮扶乡、村进行补助的力度,从而解决帮扶资金上差异过大的现象,达到相对的平衡,避免因救助帮扶造成农村之间新的不公平不均衡。

（二）遵循原则,统筹协调,确保自愿供给的供需均衡

根据社会自愿帮扶项目安排的情况,乡镇、村项目的安排要遵循以下三条原则。一是量力而行的原则。要避免发生争取帮扶资金时,项目越大越好,到配套资金时无法落实的情况,其结果导致过度负债。二是优化选项的原则。选择项目时要进行认真的论证,要在多个项目中选好的项目,好的项目中选优的项目,提高帮扶资金的实效性、高效性。三是长短结合的原则。要兼顾眼前利益与长期利益,合理安排基础设施项目、教文卫体项目与生产发展型项目之间的比例,要注重发展增强村级经济和农民增收的项目,从而缓解因重基础设施轻生产发展项目带来的供求失衡。

（三）建章立制,管理引导,落实农村公共产品自愿供给的后续维护

农村公共产品的日常维护是增加公共物品存量的一种重要方法。然而,我国农村公共产品按期维护较少问题较多,尤其像农村道路等村民自愿供给后由谁维护就成了新难题。一般来说,路修好了,建设中的政府任务、集体任务和村民任务都完成了,但建成后农民没有激励机制去维护,政府也很难负担起维修的角色,因为基层政府负担不起太多的养路工。"公共责任和制度的缺失使得农村道路、公园、垃圾站、健身设施和公共文化场所等发挥的公共服务寿命很短。"目前来看还要从两个层面加以考虑:一是培养农民的维修意识与提供激励机制;二是要求基层政府在维修中起更大的作用。考虑到乡镇政府的现实,可以要求在基础设施建设的预算资金中预先留出维修资金以保证维修的可能,如预备金制等。也可以要求村委会进行修路,政府提供适度补贴。以杭州市 2009 年农村污

水设施维护调查为例,村干部大部分认为后续管理责任人应该是村(社),也符合谁受益、谁管理的基本规则。但同时有近40％的村干部认为后续管理责任人还包括区、县(市)环保部门和乡镇(街道)相关职能部门。所以对经济收入较高的村,维护制度建立问题不大,但对大部分条件稍差的村,应采取"村集体出资＋政府补贴"的办法,因为各项建设项目如道路、自来水、灯光工程、卫生室、图书室、老人活动中心等累加起来的维护支出对一个村集体来说是一个很大的绝对值,单靠村集体自愿供给负担十分沉重。具体而言,各项村公共产品在自愿供给之后还需要落实以下后续制度明确维护职责:(1)行政村(社区)应当建立农村公共设施的村级专管员制度,职责就是收集村民对污水处理设施的维修养护信息,随时检查设施系统;(2)建立行政村责任制度,行政村(社区)负责人或由负责人指定的专人验证专管员反映的信息,根据验证确认的信息决定寻求技术帮助或制定维修养护方案,并负责实施维修养护以及做好台账记录;(3)明确乡镇(街道)责任部门,确立联村(社)责任人,乡镇联村(社)责任人职责是为村公共设施的维修养护提供基本指导、技术咨询和技术维修服务;联系村级专管员或村干部,培训村专管员的维修养护知识和技能;帮助村级专管员和村干部联系具有工程专项维修养护资格的技术服务队伍,提供大型技术服务;(4)明确区、县(市)项目建设牵头单位技术指导职能;(5)充分发挥技术中介服务部门的技术优势,服务于农村公共设施维修。

六、"微观规制",有效规避自愿供给的负面效应

面对公共产品自愿供给的"市场失灵"和"志愿失灵",政府和社会要发挥各自的管理职责,规范、矫正自愿供给中的"负外部性"行为;在农村公共产品自愿供给的"去政府化"过程中,构建竞争机制,维持价格水平,保障消费安全,控制服务质量,提高供给效率。

(一)构建村公共产品自愿供给的公平竞争机制,促进自愿供给

私人或是企业投资农村公共产品,除公益慈善之外多数投资的目的还是要获取利润,如果相关规制不完善,私人或企业就有可能因过分追求利润而采取偷工减料、以次充好、投机欺诈、欺行霸市等非法行为,降低公共产品的生产质量和效率。因此,在农村公共产品供给的转型中为了保证公共产品的供给质量,维护公平竞争的市场环境,政府必须不断制定、维护和完善法律。也就是说,必须从法律上对特许权经营、市场准入、工程招投标、反垄断及反不正当竞争等问题予以规范。其中,制定和完善的法律制度应包括:社会组织与政府的合作形式、各

角色的职能界定、融资方式、合同制定、市场准入条件等。同时,由于农村公共产品供给的公共性,政府必须要为社会提供普遍服务,保证公共产品的公平享有。为此,应给予农民某种支持,如定期发布关于农村公共产品供给的相关信息为农民提供咨询,避免出现信息不对称的情况;帮助农民组建相关的自治性组织,加大集体行动的博弈力量以维护农民自身的利益;对弱势群体予以直接或间接补助,使其能消费具有普遍性质的公共产品。总之,要从政策上、法律上、制度上、投入上采取坚决措施,规范私人和企业的行为,提高农村公共产品的供给水平,保护相对弱势群体的合法、公平权益。

(二)探索农村公共产品自愿供给的质量评估机制,维护消费权益

规制的重要环节在于为公共产品或服务质量把关,不管是各类主体从事慈善捐助的基金会、经营社会服务事业的民非组织还是集团互惠的社团组织,我们都需要探索建立公正客观的评估体系,对其组织公信力、诚信度、服务质量等多方面进行合理评估并向社会公开披露,一方面维护农村消费者权益,另一方面也增强社会认同度,促进社会组织的健康持续发展。构建评估体系首先要确立自愿、科学的评估原则和制定明确的评估指标与评分细则。其次要建立具有较强独立性的评估机构,可以和社会团体和民办非企业单位的评估工作一起进行,成立民间组织评估中心,充分发挥第三方评估和公证的作用。最后要加大对评估工作的宣传,让社会充分了解评估的意义、指标、方式,这样既可以使社会组织的评估结果能够更好地被社会认同,又可以进一步加强社会对社会组织和评估机构的监督,有利于评估工作顺利开展,规范运作,切实发挥评估体系的积极作用。[①] 浙江省民政部门在引导社会组织的规范管理中,还尝试了评估与奖励结合的制度,对几个试点城市评估星级的社会组织不仅授予相应牌匾,而且给予经济奖励。这些措施给予了社会组织创办者很大的精神鼓励,引导社会民非积极进取,诚信发展。这些经验和做法将对农村公共产品供给领域的社会组织微观规制起到很好的借鉴。当然,面对问题最突出的农村非法社会组织,我们还是要"一分为二",一者积极引导规范登记和管理评估,二者对严重扰乱农村服务市场秩序的组织坚决取缔,保护农村消费者利益。

---

① 该观点引自 2008 年浙江省民间组织管理局《浙江省基金会发展调研报告》,第 11 页。

（三）规范农村公共产品自愿供给中的慈善运作机制，公开透明操作

中国现有的大部分民间慈善组织可以说是"官办"，也可以说是"半官方"。[①]在政府主导的情况下，目前一些机构因缺乏有效的监督机制，出现了把善款"运作"成坏账甚至违规交易等现象，给慈善事业蒙上了阴影。所以，政府加强对慈善组织的管理，是保持慈善组织健康运行、提升其对农村公共产品自愿供给效率的关键。在农村公共产品自愿供给过程中，慈善组织的主要活动是资金的筹集和使用，因此，政府必须在财务管理上对该类组织确立规范化、科学化、合理化的管理程序：一是慈善机构内部设立专门的资金管理机构和监事机构，对农村扶贫帮困等各类资金的筹集、管理、使用、增值等活动进行全方位的监督；二是从外部慈善组织要接受国家有关审计部门的监督，接受政府对慈善组织运行情况进行的跟踪，并将资金的筹集、管理、使用状况向社会公开；三是国家应加强法规制度的建设，从法制上统一规范慈善事业的性质、组织形式和具体的运作程序。[②]另外，各种慈善团体应通过适当的形式走向联合，自行制定出适合全国慈善工作的行为准则规定，并加强对组织中的非专业人员进行培训，使其树立道德规范和职责意识，建立一支高素质的慈善事业队伍。在针对农村善款的使用方面，坚持使用过程的全程透明化，社会公众和捐赠者需要通过"透明的口袋"落实监督、保障公益、提升效率。

---

① 张娟：《我国慈善事业发展问题研究》，《牡丹江大学学报》2011 年第 1 期，第 113 页。
② 张娟：《我国慈善事业发展问题研究》，《牡丹江大学学报》2011 年第 1 期，第 113 页。

第二篇
城市公共产品协同供给研究：
基于浙、沪、苏实践

城市公共产品（city public products）是公共产品在城市这样一个特定空间上的特殊界定，具体说就是在城市范围内具有一般公共产品特征的、被全体市民享用（但非独享）的城市生存和发展不可或缺的产品，它同样可分为城市纯公共产品和城市准公共产品。城市纯公共产品主要包括行政管理、政策法规、公共安全、消防、基础教育、文化事业、基础科学研究、城市绿化、环境保护等；而城市准公共产品包括成人教育、医疗保健、市政设施、高速公路、供水、供电、供气、博物馆、电影院、公园等。可以说，城市公共产品遍及城市空间的各个角落，其质量和数量决定着城市居民的生活水准。城市公共产品的供给日益多元化，公共产品的供给不仅有政府主体，而且有市场和社会各种组织。公共产品的供给不只有这三种组织，而且有三种组织的不同联合，如杭州市的社会复合主体就是一种混合型组织。实际上，公共产品的供给，在组织不变的情况下，有时候通过创新机制，同样可以大幅提高公共服务水平，比如服务购买机制创新，公共服务平台创新等。由此，本篇首先选取较有特色的杭州社会复合主体来深入探讨城市公共产品的多元协同供给的制度机理和实践经验，再比较杭州、宁波、绍兴、苏州、上海等多个城市社区公共产品多元供给的创新机制，最终从市域公共产品、社区公共产品两个层次具体分析公共产品多元供给的现实障碍及实现路径。当然，城市公共产品的内容纷繁复杂，供给机制的创新层出不穷，理论研究势难穷尽，在此，仅希望以代表中国经济发展前沿的长三角地区经验引起读者的关注和理论共鸣。

第一章

国内外公共产品协同供给的研究综述

　　自 20 世纪 70 年代以来，西方福利国家呼吁在公共部门中引入市场机制、用企业精神改革政府，这类呼声迅速产生了全球性的影响，市场化改革似乎成为摆脱财政负担、降低公共服务成本、提高公共服务质量的"灵丹妙药"。市场化在公用设施领域建设、垃圾处理、公共交通等领域打破了垄断经营，取得了立竿见影的成效。但是，在另外一些也许更加重要的公共服务领域（如医疗卫生服务、老年照顾、儿童健康等）却面临着许多失败的尴尬。所以，市场化的改革呼吁转向社会化改革，包括政府回收外包的逆向民营化改革。有鉴于此，休斯甚至给出了如下建议："或许政府可以集中精力提供核心的公共部门的服务，如果将边缘性的活动以签约方式转包给私营部门，核心的公共部门的活动将会管理得更好。"①这个建议几乎可以等同于对市场化的否定，除非我们满足于将市场化限定在那些"边缘性的活动"之中，而这也就意味着市场化的重要性大大降低了。这显然不是萨瓦斯、奥斯本和盖布勒等市场化的倡导者们愿意看到的，也不是坚信市场有效性的新公共管理理论所愿意看到的。市场化方案的初衷是矫正旧的官僚制的弊病，但就其结果而言，市场化显然不是问题的最终答案，至少不是唯一的答案。换言之，在市场化方案之外，还有其他的备选答案，比如"混合供给"（mixedpublic-private delivery）、协同供给（synergy delivery）等。有鉴于城市公共产品协同供给研究还不十分普遍，读者对相关理论概念熟悉程度不高，在此先展开国内外相关研究的综述。

---

① ［澳］欧文·休斯：《公共管理导论》（第二版），北京：中国人民大学出版社 2001 年版，第 293—294 页。

一、协同供给的概念辨析

(一)公私合作供给

公共产品或公共服务的公私合作供给模式(public private partnership,简称 PPP)最初萌芽于 19 世纪的西方,这一时期的英国已开始出现合同管理的思想。当时的英国工程师查德威克提出,可采用特许经营权方式改进污水处理及卫生服务领域的效率,这被认为是公共服务公私合作供给思想的雏形。20 世纪 70 年代开始,西方国家的政府因公共债务的迅速增加,开始鼓励私有资本进入公共基础设施领域。1984 年,土耳其首相 Turgut Oval 首次提出了 BOT 项目模式概念,并将其成功实践于本国的基础设施项目中,由此开辟了公共基础设施投资建设和经营的新思路。1992 年起,英国政府大力推动私人主动融资(private firmnce initiative,简称 PFI)制度,开始进行私营部门参与公共领域融资的尝试,并取得较好的结果。这一公共服务供给新模式在大力提高公共服务项目建设速度的同时,也极大地控制了项目预算。[①] 1997 年,英国共和党执政后提出了公私伙伴关系(PPP)的概念,并全力推动该模式在公路、医院、学校、监狱、供水、污水处理、能源供应、电信和运输、公有住房等各个领域的应用。随后,该模式得到了美国、加拿大、法国、德国、澳大利亚、新西兰等主要西方国家的积极响应。在此后的实践中,美国提出以 PPP 作为 PFI 合作专用名词的观点,得到其他国家的认可,PPP 的概念沿用至今。英国 PPP 委员会认为公私合作供给模式是一种由多种形式组成的公共部门和私营部门之间的风险共担机制。联合国培训研究院则定义 PPP 是不同社会系统倡导者间为解决当地或区域间某些复杂问题而确立的所有制度化合作方式,既是一种合作关系,又是一种公私间为满足公共产品需要而设立的项目的实施。美国公私伙伴关系全国理事会认定 PPP 是公共机构与私人部门间通过共享资产、技术资源、收益,并共担风险以提供公共服务及设施便利的契约协议;等等。[②] 很显然,公私合作供给,作为一种同时发挥市场和政府优势的公共产品供给制度安排,公共服务 PPP 供给模式既不同于政府部门的垄断供给,也区别于彻底的民营化,而是一种介于两者间的有限市场化改革,旨在达到政府与市场间各自优势发挥的均衡状态。

---

① 刘志:《PPP 模式在公共服务领域中的应用和分析》,《建筑经济》2005 年第 7 期。
② 转引自杨继红:《我国公共服务公私合作供给中的困境与对策研究》,中央民族大学硕士学位论文,2012 年 5 月。

（二）混合供给

混合供给与萨瓦斯等人所倡导的公—私部门间的伙伴关系在外表上有相似之处，但是二者在本质上却完全不同。后者以市场竞争为基础，经过竞争性招投标之后，由公共部门与私人部门签订服务合同，所追求的目标是效率，体现的是民营化的基本理念，而混合供给却是公共部门和私人部门在同一领域中分别提供同样的服务，公共部门所提供的服务更加关注政府的使命和公共价值（公共服务的质量、公民参与、平等、公平等），私人部门所提供的服务则更加关注利润和效益，二者相互参照、相互比较，使公共服务的供给既不损害公共价值，也符合成本—效益原则。因此，公共产品的混合供给是受市场化潮流的影响又不同于市场化的一种方案。米兰达和勒纳在分析美国国际市县管理协会（下称 ICMA）1982 年之后的调查数据时首次发现了混合供给的重要性，即混合供给作为衡量私人部门提供服务质量和促进官僚体制内部竞争的一个标杆是有效的，其称之为"联合合同"（joint contracting）。[1] 瓦纳与赫菲兹则称之为"混合供给"，认为这个词能够更好地反映公共部门在服务供给过程中的持续性作用。瓦纳与赫菲兹认为，作为一个标杆，混合供给处于中间的位置，可以避免基于公共选择的合同外包出现"全或无"（all-ornothing）的结果。[2] 纽约市 Chautauqau 县就是混合供给的一个典型，该县同时保留了公共和私人疗养院，保留公共疗养院的目的是使之成为成本—质量的一个衡量标准，借此向私人疗养院施加压力，使之维持服务质量的水准。瓦纳与赫菲兹分析了 ICMA（美国地方政府协会）1992 年、1997年、2002 年的调查数据，发现美国地方政府的公共服务供给在结构上呈现了政府直接供给、混合供给、市场供给并存的状态，合同外包——即完全市场供给（complete market delivery）——在总量上呈下降趋势，而混合合同（mixed publicprivatecontracting，即政府与企业所签订的合同）和逆向合同（reverse contracting，即政府直接供给）则呈上升趋势。[3] 将政府直接供给、市场供给和混合供给放在一起观察、比较，可以得出一个与民营化、新公共管理等理论完全相反的结论：被视为有效率的市场机制在公共服务供给中所占的地位没有想象的重要，而政府供给则没有想象的那么糟糕。公共服务供给的结构由政府直接供

---

[1]　Rowan Miranda and Allan Lerner. Bureaucracy,organizational redundancy, and the privatization of public services, *Public Administration Review*, 1995,59(3):193—200.

[2]　Mildred E. Warner & Amir Hefetz. Managing markets for public service: the role of mixed public-private delivery of city services, *Public Administration Review*, 2008(1,2):155—166.

[3]　Mildred E. Warner & Amir Hefetz. Managing markets for public service: the role of mixed public-private delivery of city services, *Public Administration Review*, 2008(1,2):155—166.

给(所占份额超过 50%)、市场供给(即合同外包,最高时占 33%,最低时则只有 17%)和混合供给(所占份额从 18%上升到 24%)三个方面所组成。①

根据瓦纳与赫菲兹的理论,混合供给大致上有如下独特的功能。(1)公共服务的混合供给居于市场与政府之间,体现了政府与市场之间的合作关系,占有重要的地位,起着重要的作用,其中的原因不是由于混合供给的效率更高,而是由于混合供给可以为市场供给、政府供给提供一个居中的参照标准,有助于避免在合同竞争中出现"要么全部要么全不"的极端局面。(2)混合供给可以确保政府在公共服务系统中拥有"剩余"(redundancy),以保证地方政府在开展合同外包时仍然保持着提供公共服务的知识和能力,这使政府在合同外包过程中能够避免负外部性并确保服务供给的故障保护机制。如果政府丧失了这种知识和能力,那么,一旦合同外包失败,政府将没有能力确保服务的供给,更无力承担确保竞争、降低价格、管理合同等重要任务。(3)混合供给的理论价值在于可以缓解公共服务中的委托—代理困境。公共服务供给中的委托—代理困境主要来自于信息不对称,但混合供给使决策者和管理者能够获得公共服务的质量、价格等重要信息,因此有助于缓解这一困境。承包商更强调利润,政府则更重视使命,二者难以调和,而由于混合供给体现了政府与市场之间的合作,所以它可以在一定程度上协调二者并向双方施加压力,实现利润与公共利益之间的平衡。(4)混合供给能够增加公民而不是消费者的满意度,公共服务需要消耗公共财政,不同于一般的商品和服务,因此,作为公共服务使用者的公民不应该像民营化理论那样仅仅被视为消费者。新公共服务理论要求地方公共服务供给中有更多的民主参与和平等,因此,尽管联邦和州政府极力推行其政治计划,但地方政府却必须在市场效率与公共价值(政府责任、平等、公民参与等)之间实现平衡,因为地方政府需要直接面对公民们(往往)相互冲突的需求和期望,即,地方政府出于实用主义而非意识形态方面的考虑而选择混合供给的方式为其公民提供服务。(5)混合供给为地方政府提供了另一个新的、不同于"政府再造"和市场化时期的组织学习过程,并且提供了政府创新的动力。当政府部门将注意力集中于伙伴关系和合作而不仅仅是竞争时,政府部门将会因激励创新(例如公共服务供给中的网络关系、合作生产、合作管理等)而具有更强大的动力。(6)最后但更重要的是,混合供给使地方政府在一个持续革新与变迁的时期能够兼顾市场效率与公共利益,将政府、私人提供者和公民利益结合起来,从而超越了公共—私人的二分法,并找到了一条既有利于市场效率又有利于公共价值的中间道路。对于市场化的

---

① Mildred E. Warner & Amir Hefetz. Managing markets for public service: the role of mixed public-private delivery of city services, *Public Administration Review*,2008(1,2):155—166.

倡导者来说,混合供给的存在与发展是一个令人震惊的事实,因为混合供给被他们视为无效率和不必要的。但是,对公共服务市场的结构与功能更加细致、深入地观察和研究却发现,公共服务的准市场结构——只有一个购买者和少数几个出售者,要求政府保留市场参与者的角色。换言之,混合供给的兴起与发展,正是市场化政策失败的产物,是地方政府在面对竞争不充分时所采取的实用主义的革新对策,也是对市场化政策损害公共价值所作出的反应。[①]

(三)协同供给

协同(synergic)原为自然科学的专有名词,德国赫尔曼·哈肯将"协同"理念加以明确,把其定义为"系统的各部分之间相互协作,使整个系统形成微个体层次所不存在的新质的结构和特征"。不仅强调资源的最优配置,以获取 $1+1>2$ 的整体效应,而且关注其是否带来自组织性,产生新的有序结构,既注重量的积累,更强调质的突破。管理学上的协同,是指多元主体围绕共同目标,打破资源要素间的壁垒,共同协商、协调一致、彼此协作,通过资源的最优开发与利用实现价值增殖的过程。其特征被学者们概括为"7C":合作(collaboration)、协调(coordination)、沟通(communication)、妥协(compromise)、一致(consensus)、连续(continuous)以及承诺(commitment)。[②] 在西方,更多时候协同概念相对于"碎片化"(fragmentation)提出来的,在公共行政中,"碎片化"被西方学者用来对大都市区进程中地方政府数量庞大、功能交叉、边界模糊、缺乏协同的形象称谓,并将其定义为"由于政府职权的划分和管辖权限与边界的增殖而产生的复杂状况"[③]。在新公共管理改革推进过程中,竞争为第一位的政府绩效考核,直接导致各部门间的碎片化状态,尽管带来了专业分工的优势和竞争效应,但也面临着彼此间的协调控制问题,降低了服务的协同效应。整体政府理论是在风险社会来临、网络和信息技术日新月异的背景下,针对本位主义、封闭隔离、机构裂化、管理分割等的"碎片化"政府管理模式而架构起的新政府管理模式和运行机制。布莱尔政府于 1999 年颁布的整体政府改革十年规划——《现代化政府白皮书》更是奠定了整体政府改革趋势,其倡导通过整合、协同的方式实现社会公平、正义等民主价值,主张"提供回应性的公共服务、提高服务质量、重视服务价值、

---

① 对于混合供给功能分析转引自虞维华:《公共服务混合供给的兴起研究》,《四川行政学院学报》,2012 年第 5 期。

② 李荣娟:《协同视角下的区域公共治理:契机选择与政策供给》,《中国行政管理》2011 年第 1 期。

③ 罗思东:《美国地方政府体制的"碎片化"评析》,《经济与社会体制比较》2005 年第 4 期。

改进政策制定以及建立信息时代的政府"①，大大改变了碎片化的制度结构。随着"整体政府"在英国取得成就，"整体政府"改革在世界范围兴起，成为政府改革新趋势。整体政府鼓励和主张跨部门协同的新方式，即在信任的基础上，采取新的沟通方式和工作方法，通过协商与合作充分利用资源，如建立伙伴关系，构建信息共享的政策决策网络，规范问题导向的财政预算制度，主张共同领导、共享荣誉、公平分享治理成果，通过表彰和奖励促进合作的持续、建立适宜的责任框架以明确责任加强合作、明确绩效框架以量化成果强化合作等。其运行机制是以解决公众问题为核心的机制，强调制度化、常态化和有效的跨界合作等方式，致力于公众问题的解决、民主价值的实现、公共利益的满足、公民权利的实现和保障。整体政府强调借助先进发达的信息网络技术为公众提供联合紧密、无缝隙、整体化的公共产品与服务。借助信息技术，整体政府能通过知识的互补共享、信息的收集反馈，持续促进公共服务中各供给主体的交流与认可，"形成政府、市场、社会多方互动的协同工作方式，全方位多渠道为公众提供联合服务"②。

总体上，协同供给概念区别于公私合作供给和混合供给的内涵，广义的公私合作供给更多侧重在市场化改革中公共部门与私人部门的各种合作模式狭义的PPP则侧重在基础建设等领域公共产品公私联合、风险共担的机制，混合供给强调市场和政府在统一服务领域同时供给，前者强调两种的合作关系，后者强调并存关系。而协同供给凸显了在公共产品供给过程中，政府内部、区域之间、跨界之间的整体协作性，同样强调的是合作，但不仅仅局限于公私合作，相比 PPP 的合作内涵、特征、机制都有一定的区别，当然与混合供给更加不同。国内文献中多元协同供给相关的研究并不少见，但直接使用协同供给概念相对较少。目前看，赵曼丽（2012）运用生物学中的共生理论，论证了在公共服务多元主体间实行协同供给的可行性和重要性，提供了公共服务供给主体协同共生的组织模式和行为模式。③

---

① 转引自张立荣，曾维和：《当代西方"整体政府"公共服务模式及其借鉴》，《中国行政管理》2008 年第 7 期。

② 张立荣等：《当代西方"整体政府"公共服务模式及其借鉴》，《中国行政管理》2008 年第 7 期。

③ 赵曼丽：《公共服务协同供给研究：基于共生理论的分析框架》，《学术论坛》2012 年第 12 期。

二、公共产品协同供给的形态类型和功能效应分析

(一)公共产品协同供给的形态类型分析

随着公共服务和公共管理的复杂化,协同问题越来越受到公共管理研究者的关注。"协同政府"、"网络化治理"、"水平化政府"、"跨部门协作"、"协作型治理"、"全面政府"、"协同网络"、"整体政府"等,都是公共服务协同问题讨论的概念。比如罗兹(Rhodes)提出的"治理"在当代主要的六种用法,本书适用的是罗兹指称的"自我管理网络"的"治理"用法,即强调公共服务的传递是政府、私营部门、非政府组织共同组合而成的,行动者的相互依赖关系用"网络"来概括。这种网络化治理(也译网络状治理)研究用来描述复杂的治理过程,是治理理论的进一步发展和精致化。从文献上看,早在20世纪60年代,利特韦和迈耶就研究了社会服务供给上的组织间合作机制,当代的研究主要讨论组织之间通过联盟和伙伴关系实现合作,奥·康乃尔等学者通过多边合作的成功案例研究发现:"政府仍然具有一定的力量来鼓励组织网络采用特定的治理机制。"美国学者奥尔特(Alter)和哈格(Hage)对联邦政府系统的研究进一步推动了网络化治理理论发展,他们认为组织间合作是一个方法或过程,而不是结果,合作包括政策制定的合作(跨机构的委员会)、行政合作(合作项目)、执行合作(单项事务的管理),并提出该理论关注的中心应当是网络的结构联结。之后的研究关注重点是网络化治理形成的因素,主要有"领导人的立场、动机、合作组织的数量"等行为层次和环境因素。20世纪90年代以来,运用这些公共行政和组织理论成果逐步形成的政策网络治理流派进一步提出,政策网络是与政府、市场相区别又介于二者之间的第三种社会结构形式和治理模式,其参与主体经过对资源的相互依赖和经常性的互动,培养出共同的价值观,形成一套解决问题的方式。

西方新公共管理改革的浩瀚文献中,大量研究诠释了政府与其他社会组织的边界,也探讨了政府与各类组织的合作机制。其中美国学者罗伯特·阿格拉诺夫(2003)专门对地方政府实行的协作性公共管理(collaborative public management)领域、协作决定因素、协作机制等进行了研究,并提出了自上而下的、保守的、节制的等六种协作管理模型。萨瓦斯从政府公共服务民营化改革实践中提炼了公私合作的丰厚经验,绘制了"公共产品混合供给的系列制度图谱"。国外非营利组织的大量研究已经从政府失灵、志愿失灵、市场失灵、合约失灵的论证中回答了政府、市场、非营利组织相互依赖的原因,并提出了组织间合作的必要性及具体途径,如J·格雷戈里·迪斯(1998)绘制了私营组织与非营利组

织相互渗透的"社会性企业光谱";列维斯(1996)探索了私营组织与非营利组织如何构筑合作联盟;等等。

虽然这些研究对协同供给的概念指称、具体含义和着眼点有细微区别,但共同点都是强调制度化、经常化和有效的"跨界"合作以增进公共价值。而跨界合作在实践中具有多种表现形式:上下级政府之间的"纵向协同";同级政府之间、同一政府不同职能部门之间的"横向协同";政府公共部门与非政府组织之间的"内外协同"。[①]

国内学者汪锦军(2012)提出,根据组织利益和目标两个变量的组合,可以形成四种协同关系类型:目标冲突—利益分离;目标冲突—利益耦合;目标一致—利益分离;目标一致—利益耦合。[②] 这四种类型形成的四个象限,分别对应四种协同形式:科层制协同、外包式协同、沟通性协同、战略性协同。

(二)公共产品协同供给的功能效应分析

国内学者马翠华、陈立新等分析了公共产品协同供给的四个效应:[③]

1. 规模效应。公共产品协同供给的直接效应即是,因为增加了对公共产品的要素投入,所以增加了公共产品供给规模。这对满足增长弹性大于经济增长和收入增长的公共产品需求具有积极作用。

2. 效率和增长效应。公共产品的协同供给使资源配置和使用效率提高,刺激经济增长。由于私人部门的介入,公共产品由垄断性供给转为竞争性供给,这种竞争态势一方面使后进入者努力降低成本,改进质量,另一方面,会给现存的公共部门增加压力,增加所有者和经营者面对市场、改善绩效的动力。由此为经济增长提供了更多更好的人力资本和基础性物质资本,促进经济增长。

3. 公平效应。公共产品多元协同供给尤其是非营利组织和市场供给可以使不同层次的公民受益。各个收入阶层尤其是低收入者获得公共产品的机会均等,并保证社会对公共产品的消费水平。

4. 财政效应。引入不同供给主体,对政府财政而言,可产生补充效应、预算(收入支出)效应和替代效应。补充效应即针对公共产品供给水平不足的现实,在原有的政府供给的基础上,增加其他两部门的协同供给,可以满足不同群体的需要,具有互补关系。替代效应(或称挤出效应)即原由政府出资供给的公共产

---

① 周志忍,蒋敏娟:《整体政府下的政策协同:理论与发达国家的当代实践》,《国家行政学院学报》2010年第6期。

② 汪锦军:《构建公共服务的协同机制:一个界定性框架》,《中国行政管理》2012年第1期。

③ 四个效益分析主要引自马翠华,陈立新:《准公共品协同供给机制的经济性探究》,《宁夏社会科学》2009年第7期。

品通过私有化改由私人部门出资供给,后者对前者产生替代效应。预算(收入支出)效应即随着替代效应的产生,政府不仅收回一部分原有的投资,而且减少对转制单位的财政补贴和运营投资,还可以从改善的财务状况中获得税收收入。政府将收回的投资和节约的投资集中用于需要政府投入的方面,由此产生财政支出的结构调整效应。综上表明,通过一种有效的选择和相互协同的供给机制,建立政府、市场、非营利组织三方提供公共物品的多样化制度安排与公共物品供给的多中心体制和互补机制,能更有效地提高公共产品供给的效率与水平,满足人们需要,实现公共利益。

三、公共产品协同供给的现实挑战和实然问题分析

(一)公共产品协同供给的现实挑战

在针对各国协同供给实践分析的基础上,国内外学者提出了协同供给的基础条件、绩效影响因素等,学者刘丽君(2010)分析了机制建设的挑战。[①]

1. 环境因素

影响公共产品协同供给机制成功建构的环境因素很多,如政策因素、文化因素、技术因素等。如由于文化背景、技术发展状况、社会发展阶段的不同,协同供给机制在美国和在中国建构的难度也不同;又比如不同的国家其经济发展程度不一,公共需求不一,政治制度不同,政府、市场及社会三者力量格局不同也会在协同机制建构中导致不同的建构路径。但要实现协同供给机制成功的建构需要更宽松的政治制度环境、更健全的市场发展和更活跃的公民社会。

2. 信任的建立

公共产品的协同供给机制得以建构,其最根本的条件在于信任的建立。因为协同供给机制是建立在信任与协作基础之上的,它是在大的外部制度环境中的一种内部的自治理机制,它的建立和维持依靠的不是来自机制外部的强制力,而是来自机制内部各个参与者之间的相互信任。而信任的建立是很难把握和维持的,受到多种因素的共同作用,因此也成为协同供给机制建构中的难点。

3. 权力的平衡

协同供给机制旨在建立一种参与主体之间横向的、平等的、弹性的关系结构。在这种关系结构中纵向的权力配置是受到制约的,横向权力的均衡是其权

---

① 刘丽君:《协作与网络化治理视角下的公共服务供给机制的创新研究》,《湖北成人教育学院学报》2010 年第 6 期。

力配置的核心。权力的平衡是协同供给机制得以建构和有效运行的重要条件。但是在参与者中政府权力作为一种制度赋予的权力很难做到与其他参与者之间在权力分配和使用上达成制衡,同时由于政府往往缺乏放弃自身支配其他参与者的权力的动力而可能导致协同供给机制中各个参与主体之间权力难以平衡。

4.制度逻辑的竞争

社会公共事务的多样化、复杂化与社会公众对公共产品个性化的需求正在推动着公共产品供给机制的新变革。这种变革是一种新的环境中产生的新的制度安排,它能够适应这个关系复杂的网络化社会发展的需要,同时有利于我们以更灵活、更高效的方式整合资源,提供服务。虽然,目前政府占主导地位的多元合作机制仍普遍存在,但是对于政府来讲,激发多元供给主体的积极性共同合作,实现协同供给是一种发展的趋势也是一种有益的尝试。在特定的适用范围内发挥多元主体更大的合作价值,将有利于提高公共产品供给满意度。与此同时,我们也应关注其构建过程中面临的各种挑战,发展出更加合理的实践形式。

(二)公共产品协同供给的实然问题研究

赵曼丽(2012)在相关研究中提出了我国公共服务协同供给的实然问题,总体观点如下。①

1.协同供给中政府外参与者少,政府依赖度高。目前,随着我国经济的快速发展,私营企业的力量在一步步壮大,非营利组织和非政府组织的数量和规模也在不断增加和扩大,这些客观条件和服务型政府建设的不断推进决定了市场和第三部门逐渐参与到了公共服务的提供中。但是,在公共服务的绝大多数领域和地区仍然是以各级政府的内部生产为主,公共产品供给的市场化程度仍然较低,第三部门的参与力度远远不够。

2.多元供给主体合作方式单一,协同深度不够。在政府、市场、第三部门之间存在着多种合作方式,除了政府供给、市场供给、第三部门供给这三种单独的供给方式外,还有政府与市场合作供给 PPP(合同外包、特许经营、政府参股、经济赞助);政府与第三部门合作供给 PPP(公共服务社区化、合同承包);市场与第三部门合作供给(公益推广、共同主体营销、核发许可证);政府、市场、第三部门多元互动合作供给。随着服务型政府建设的深入、公共服务的推进,公共产品和服务供给的合作方式应该逐渐趋向多主体之间的多元合作互动,合作的方式应该打破壁垒,向参与主体多元化、合作关系多元化、协同方式多元化发展。目前,我国公共服务供给虽然在以上方式中都有所涉及,但是主要还是以政府主导

---

① 赵曼丽:《公共服务协同供给研究:基于共生理论的分析框架》,《学术论坛》2012 年第 12 期。

的供给方式为主,单纯的市场供给、第三部门供给以及双主体和多主体供给的合作方式都较少,且合作的深度不够,大多还处于探索摸索阶段,很多都限于一些单点项目或者试验式的合作,并未完全把公共服务的多方合作供给作为一种常规范式。

3.协同过程呈现碎片化、分散化状态。公共产品多主体的协同供给是顺应越来越多元的公共服务需求的必然趋势,多元主体的协同供给发挥了各组织的供给优势,把政府从公共服务生产者提供者的多重角色中一定限度地解放了出来,但是多个主体在合作供给的过程中也面临着一些问题。很多公共服务因为多主体的提供变的过于碎片化,参与供给的各组织间由于责任边界模糊,导致互相推诿,最终不但无法发挥各自优势,而且额外增加了协调成本。特别是在很多突发事件中,政府各部门、企业、非营利组织、非政府组织更是各自为战,缺乏有效的沟通协调,导致资源浪费、效率低下。这些碎片化、分散化问题导致协同供给不能真正发挥优势,无法形成足够合力,反而达不到预期效果。

四、公共产品协同供给的实现路径分析

公共管理学、公共经济学中有大量研究涉及公共产品如何供给问题,这其中多中心治理理论对多元协同供给的实现路径研究尤为系统和深入。多中心治理理论打破单中心的政府统治模式,提出了对社会秩序的全新见解,在政府"看得见的手"和亚当·斯密"看不见的手"之外还发现了公共领域另一只"看不见的手"。以奥斯特罗姆夫妇为核心的一批学者创立的多中心治理理论主张构建政府、市场、社会三维框架下的多中心治理模式,以自主治理为基础,通过竞争和协作给予公民更多的选择权和更好的服务,减少搭便车行为,提高决策的科学性。多中心作为一个概念包含着一种审视政治、经济以及社会秩序的独特方法。[①]迈克尔·麦金尼斯将多中心组织界定为一种组织模式,许多独立的要素能够相互调适,在一个一般的规则体系之内归置其相互之间的关系。[②] 他还提出,"多中心体制设计的关键因素是自发性"。多中心治理以自发秩序为基础,强调治理的自主性,反对政府治理权力的垄断和扩张。在多中心框架下,公共事物包括各级政府、各种非政府组织、各种私人机构及公民个人等多个决策中心,它们在形式上是相互独立的。在多中心的治理机制中,多元需要借助多样化权力和政府

---

① 迈克尔·麦金尼斯:《多中心治道与发展》,毛寿龙译,上海三联书店 2000 年版,第 51 页。
② 迈克尔·麦金尼斯:《多中心体制与地方公共经济》,毛寿龙,李梅译,上海三联书店 2000 年版,第 95 页。

单位,大中小规模的政府与非政府组织通过竞争、合作、协商、谈判而非简单的行政规划和命令来解决不同范围的公共治理问题。国内学者结合国外的这些研究对公共产品协同供给的实现路径作出了初步探索,赵曼丽(2012)在共生理论、多中心理论基础上提出的实现路径包括以下方面。

1.建立公共产品供给准入机制。对于公共服务多元供给这一共生系统来说,共生的维度是指参与协同供给的主体类型,目前主要有政府、市场、第三部门三大类,其中市场主要是指各类企业,第三部门主要是指非政府组织和非营利组织;共生的密度则是指参与协同供给的每一类主体的数量。随着人们公共服务需求的不断提高,越来越多的政府外组织参与到公共服务的供给中,在政府提供之外,很多领域的公共服务是自主提供的。奥斯特罗姆认为,在诸如森林草场等公共池塘资源的公共事务领域,除政府和市场的力量之外,自主治理也是有效的制度选择。[①] 因此,一方面要大力支持引进政府外组织参与公共服务供给,另一方面在引入政府外组织的同时,建立严谨科学的准入制度,对提供公共服务的组织进行认真的筛选考察,控制参与供给的单位数量,既保证有足够政府外单位参与到公共服务供给中,同时也要避免多方牵头、多层管理带来的混乱。因此,建立公共服务协同供给准入制度,既有助于更多组织参与协作,也能保证协作单位的质量。

2.完善公共服务协同供给运行机制。在公共服务的协同供给中,要想增加协同能量,提升供给效果,就要通过跨界合作来提高全要素共生度,运用各种制度和机制来改善和促进系统内各要素之间的相互作用关系,减少各主体协同供给过程中的障碍和阻力。在跨界合作的过程中,公共服务的协同强调三个层面的整合:(1)治理层级的压缩整合,包括不同治理层级或同一层级的整合;(2)治理功能的协调整合,使不同的功能部门能够协同工作;(3)公私部门的职能整合,使公部门和私部门能够共同参与。多角度多层面的跨界合作需要简洁高效的行政体制来保证公共服务的效率,多方式多途径的公私合作需要健康良性的运行机制来保证公共服务的效益,如何在日益复杂的公共服务问题上通过协同供给实现制度化、经常化和有效的"跨界"合作以增进公共价值,这就需要各种有效的、科学的制度和机制来支撑。

3.加强公共服务协同供给监管机制。完善公共服务协同供给运行机制,减少各主体协同供给过程中的障碍和阻力是为了减少多元之间的损耗,除此之外,更要加强公共服务协同供给的监管机制。我国在政府提供公共服务方面存在供给不力、效率低下等问题,在公私合作方面又存在质量低劣、腐败、不公平竞争等

---

① [美]埃莉诺·奥斯特罗姆:《公共事务的治理之道》,上海三联书店2000年版。

现象,要改善这些问题,就要建立和完善公共服务的绩效评估体系和问责制,以公众的满意度为导向,提升公众参与度,重视公众评价意见,将各种跨界合作置于公平、正义、可持续发展的政策环境下,加强公共服务协同供给制度建设和法制建设,推进公共服务协同供给有序发展。这些理论思想同样为思考地方中的组织协同机制创新提供了有益启发。

此外,一些学者在协同供给的激励机制、监督机制、运作机制建设的基础上,还提出了公民参与机制对协同供给实现的重要意义。时影认为,参与机制的建设从根本上有助于构筑符合当代社会发展要求的多元协作治理机制。公众参与机制的建设一方面强化了政府规制的合法化,另一方面会激发社会的活力,从而防止政府与社会之间进行零和博弈,进而为政府活动的有效性提供边界和支持。同时公众参与机制的建设可以培育社会多中心治理的可能性,提高公共产品的私人供给能力。"公共行政的中心问题被看作是提供公共利益和服务时,除了扩充和完善官僚机构外,其他的组织形式也许可以提供所有这些功能。"[1]可见,公众参与机制的建设就是丰富公共利益和服务的提供渠道。归纳起来说,制度化的参与机制应该具有两方面的功能:一是让多元主体在制度和程序中的社会化与政府规制的合法化保持方向一致,使政府规制能够获得社会支持;二是通过这种机制来检验政府规制自身的合法化能力,以及承担对社会多中心治理能力培养和尊重的责任。这样一来,参与机制就会为公共行政提供新的效率概念并形成新的行政风格。可见,参与是合作的本质内容和必然要求。公民积极参与国家或社群的程度愈高,愈有可能参与组织内的公共事务,从而增加组织的民主,促进协同性组织的产出。[2]

五、小结

从已有的研究中可以看出,目前国外对公共产品协同供给的研究内容日益丰富,视角正在增多,研究也在不断深化。公共治理理论、政府改革理论、社会组织理论和公共产品理论等多学科理论为思考协同供给问题奠定了良好的研究基础。随着国际公共服务改革浪潮推进,我国相关研究逐步增多,众多学者将这种主体多元化、方式民主化、管理协作化的上下互动的新型供给模式引入我国的基础设施建设和社会公共事业发展中,并从提升服务效率、提高服务质量、促进政府职能转变、推进民主参政、实现社会协同等角度论证了公共产品协同供给的重

---

① 时影:《论走出集体行动困境的多元协作治理机制》,中国海洋大学硕士学位论文,2008年6月。

② 吴琼恩,周光辉,魏娜,卢伟斯:《公共行政学》,北京大学出版社2006年版,第330页。

要意义,也提出了市场经济发展不完善、公民社会发展不足、法制政府建设滞后、组织协作制度缺乏等协同困境产生的主要原因及相关对策思路。相比而言,因为基于良好的公民社会发展背景、市场经济环境以及政府大量改革实践,国外对公共产品供给中的组织协同问题研究能够实现理论与实证的结合,不管是公私合作供给、协作网络建设,还是政府公共管理改革和非营利组织研究都能够在微观层面开展组织协同具体机制分析,而国内相关研究因为实践的缺乏,出现了理论分析和国外经验介绍为多,而实证分析较少的情况。尤其针对目前政府主导型的中国社会,城市公共产品供给中如何推进多元协同机制,具体功能作用有哪些,等等方面的研究还不足,结合我国地方实践经验有特色的组织协同机制的研究更缺失。

第二章

公共产品供给中多元协同
机制的制度分析

公共产品协同供给的核心是在政府、市场、非营利组织等不同性质的组织之间形成一个互动协作机制,这一机制在本书中定义为多元协同机制。在城市战略性公共产品、公共基础设施等俱乐部产品以及公共文化产品等领域,十分需要建构起一种多元主体资源相互依赖、功能相互补充的复合性组织,发挥出任何单一主体所不具备的公共产品供给作用,产生出整体性的网络协同效应。本章从该项机制的内涵界定、适用领域、制度特征和产生机理等方面展开论证。

一、多元协同机制的内涵和特征分析

(一)多元协同机制的内涵界定

20 世纪 70 年代初德国物理学家哈肯等创立的协同学理论认为,整个世界是个协同系统。这个协同思想也逐步应用到了社会科学领域,它强调不同社会主体间需要相互配合与协作,如地区间的合作、部门间的协调、企业间的相互竞争等。治理理论就体现了协同思想,因为它提出:社会中的"治理"与传统的"统治"、"管理"不同,治理是由政党、政府、社会团体、机构等社会多元要素参与合作,共同管理公共事业,以追求最大化的管理效能。[①] 随着治理概念的泛化,很难再用治理机制、治理模式来清晰表达本章研究内容,所以,作者在研究中使用多元协同机制来概括所要表达的跨界联盟、深度协作的城市公共品供给机制。显然,"协同"比"协作"有更特殊的内涵,协同更强调多元主体之间高度融合,开展有序、制度化的协作。在实践调查和理论梳理基础上,作者提出多元协同机制

---

① 俞可平:《治理与善治》,北京社会科学文献出版社 2000 年版,第 51 页。

的三个层次内涵：首先，不同性质组织的协作能达到协同程度，从运作上往往需要形成一种新型组织结构，即突破原有任何单一组织的结构特征，形成新的复合型有序结构；其次，多元组织之间为实现资源整合、功能融合还将产生一系列制度安排，即保障新型复合组织运行的协同机制；最后，多元组织协同后应产生"1＋1＞2"的倍增效应（溢出效应）。

（二）多元协同机制的适用领域

城市公共产品的政府供给、市场供给和自愿供给，适用于不同的领域，一般理论认为：（1）具有完全非竞争性、非排他特性的纯公共品由地方政府直接供给。（2）具有非竞争性、但排他成本较低的准公共品，尽管消费者之间彼此互不影响（或存在竞争关系），但由于可以比较容易将未付费者排除在外，价格机制能较好发挥资源配置的作用，收费筹资成为可能，因而市场供给成为优先选择。（3）对于消费者存在异质性需求的城市准公共品如教育、体育、社会救助等，非营利组织供给可使所有公民受益，尤其是社会弱势群体为主要受益者。因此，一般而言，准公共品自愿供给可以增进社会公平。

而实际上，三大部门在城市公共产品供给中的适用对象并非如理论分析的那样清晰可辨，城市中很多准公共产品包括成人教育、医疗保健、市政设施、高速公路、供水、供电、供气、博物馆、电影院、公园等除了政府供给，在国际上目前确实已经更多地通过市场化和社会化改革，由产权清晰的市场主体和非营利组织来提供和生产。但是在我国城市建设中，基础设施建设和经济社会建设的任务比发达国家更加沉重，资金投入的规模更加庞大，政府财政压力突出。并且众多公共项目投入中涉及的土地、拆迁、就业等问题十分复杂，单纯的市场主体难以实现完全独立地运作。因此在一些事关城市发展的战略性公共产品，如城市重大工程项目、新兴产业培育等，都需要在政府、市场和社会组织之间架构起一种功能互补的协同机制，来实现这些城市公共产品的供给。

（三）多元协同机制的运行规律分析

公共产品供给中的多元协同机制与单一的政府供给、市场供给和自愿供给的运行机制有着许多不尽相同的运作特征，同时凸显了该类机制可能存在的不同功能和作用。

一是多元主体复合。城市公共产品供给的多元协同机制往往在地方政府主导或支持下成立，由党政界、企业界、知识界和媒体界联动运行；或者在一个实体中由承担政府委托的协调管理职能的事业单位和承担经营职能的市场主体组成，比如在美国等发达国家经济起飞阶段，都曾经成立一些完成城市功能区开发的"管委会或指挥部";往往由政府、非营利组织、企业等不同性质、不同所有制的主体叠加形成一个共同体,通过灵活运作使得不同性质的组织共同完成新兴工业区建设、卫星城开发等既定的历史使命。

二是功能融合互补。这类多元协同机制在运行中往往融合了行政协调管理和市场经营等多重功能:既受政府委托行使政府职能,承担社会公益职能,又对某些特定的资源特别是土地资源、知识资源采取市场手段进行配置;既具有引导、协调、管理职能,又具有创业、开发、经营职能;既具有事业发展性质,又具有企业经营性质,有很强的开放性和融合度。

三是目标多重统一。多元协同机制的运作目标要既促进社会效益又兼顾经济效益,讲求经济运行与社会效益的统一。所以,区别于追求利润最大化的市场运行机制,也区别于没有经济运作能力、无法开展经济活动的行政组织。该类机制通过一系列的规章制度约束,不断地在经济利益、公共利益之间寻求一种平衡,尽量兼顾多方利益。

四是运作机制灵活。这类机制在政府委托的范围内独立开展工作,形成相对规范、系统的运作机制,不是靠强制的行政权力来运作,而是依托品牌资源、社会资源及公共形象,通过市场化、社会化运作来实现资金自求平衡。比如改制后融事业单位、企业、社团、社员为一体的杭州市西泠印社,在品牌管理、市场运营、公益事业等方面有着双纽带运作机制(见图2-1)。

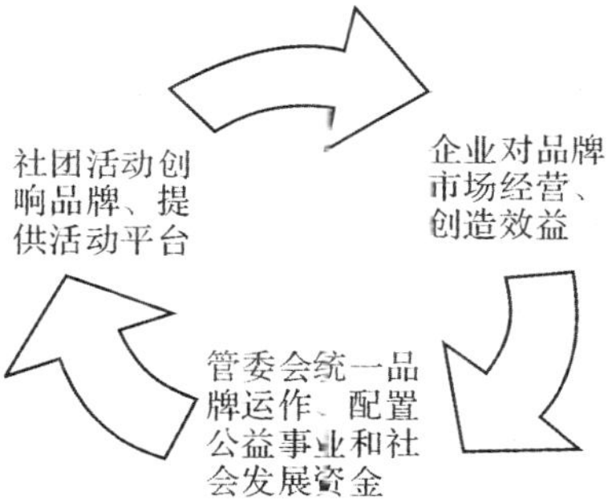

五是结构网络布局。这类机制在组织结构布局中以网络型设置实现扩散效应,基本上每个组织架构中都有一个核心主体,再由多个层

图2-1 西泠印社的双纽带运作机制

次的运作主体实现层层扩散。发散式的网络布局既保证了项目开发或事业推进的整体目标协调,也激发了社会多方主体的参与积极性和运作自主性。

六是人员专兼结合。这类机制运作中既有专职人员,又有来自党政部门、高等院校、研究机构以及媒体界的相关人士兼职,由他们担任理事、顾问、委员等职务,但兼职不兼薪,这样既有利于整合各种资源,又可以减少运行费用。

二、多元协同机制的功能作用分析

公共产品多元协同供给机制冲破了政府组织、营利组织、非营利组织相互分立存在的组成架构以及相对独立的存在边界与职能区间,是对"政企分开"、

"政事分开"、"企事分开"等已被奉为至理的传统组织规则的重大突破。那么，我们怎样来深入解析这种"反其道而行之"的"协同供给公共产品的运作行为"呢？

（一）多元协同机制实现城市公共产品公私合作供给

传统的理论认为公共品的非排他性导致了市场失灵，它天生应由政府供给。而白德尔特（Badelt）从绩效失败（performance failure）途径进行分析，赋予市场、政府和非营利组织三种制度特定的角色。这种制度三角关系（institution triangle）认为市场失灵可以由政府组织或非营利组织弥补，而政府因缺乏竞争也存在低效和"失灵"，这种失灵造成的公共品供给不足，则可以求助于非营利组织[①]（见图 2-2）。实际上，随着公共品供给中"提供"和"生产"的分离，市场组织也可以加入公共品的供给，弥补政府的技术和效率不足，非营利组织因为志愿不足也存在"志愿失灵"，无法顺利实现组织目标，所以更多的非营利组织在现实中寻求政府和企业的资助或合作。这就使得三者的制度三角关系内涵发生变化（见图 2-3），也促使生成了公共品的混合供给制度。现代经济中，市场体制与非市场体制共存这一混合经济的特征为公共品的公私合作供给提供了前提和条件，而各个国家和地区因社会、经济、政治、历史、文化背景不同而产生不同的混合方式。在我国长期计划经济体制中，政府一直是公共品供给的单一主体，而随着经济社会发展，政府显然无法再统一包办，公共品大量短缺的事实迫使政府开始寻求更多更有效的公共品供给途径。当前杭州等地出现的多元协同机制正是一系列政府与非营利组织、政府与市场组织、非营利组织与市场组织、甚至三类组织共同合作供给公共产品的制度和机制。

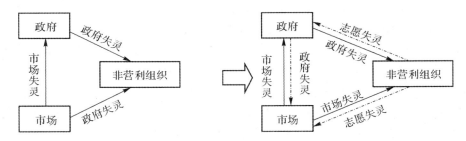

图2-2　白德尔特公共品供给制度三角关系　　图 2-3　公共品供给中的新制度三角关系

---

① 转引自孙静：《中国事业单位管理体制改革研究——制度绩效与组织设计》，武汉大学博士学位论文，2005 年。

（二）多元协同机制提高各类组织运行效率

每个组织功能不同，拥有的资源不同，组织效率也不同，政府组织、非营利组织和市场组织都有自身在资源、机制等方面的优势，但也有局限性，从而降低了各自运行效率。萨拉蒙认为，非营利组织的局限性在于：往往存在慈善供给不足、服务对象往往限于特殊人群、往往因资金限制无法吸引专业人员加入而影响到服务质量。[①] 非营利组织的这些弱点正好是政府的优势：政府能够通过立法获得足够的资源开展福利事业，能够用民主的政治程序来决定资金的使用和所提供服务的种类，等等。但政府往往由于过度科层化而缺乏对社会需求的及时回应，非营利组织则比较有弹性，能够根据个人需求的不同提供相应服务，能够在服务的提供者之间展开竞争。同样的，营利组织以利润最大化为目标，容易发生为追求利润损害消费者利益行为，但在把握市场信息、运用竞争机制、适合消费者需求等方面，营利组织表现出很强的优势；非营利组织和政府组织不以营利为目的，损害消费者利益的现象较少，但缺乏追求利润的动力，也就失去追求成本最小化的内在运行机制。[②] 而在多元协同机制中，政府、营利性市场组织和非营利组织和优劣势正好形成了互补，取长补短、资源互惠、功能融合提高了协同机制的运行效率。比如杭州市西泠印社中社委会为松散的社团解决了资金和专业工作人员问题、为市场创造了良性发展规则制度，社团为社委会和市场提供了需求信号、网络资源、高度声誉，企业则为社委会和社团弥补了资金不足、信息不足。

（三）多元协同机制降低各类组织交易成本

罗伯特·伍思诺（Robert. Wuthnow）提出政府、市场和非营利组织之间频繁的互动和交换关系包括竞争与合作。这种合作和竞争过程中产生了大量的交易成本。以合作为例，非营利组织获得政府资助的手续非常复杂，撰写计划、申请资助等需要花费大量时间、精力和金钱，同样政府在实施资助过程中也需要评估、决策和履行合约的交易成本；[③]市场组织与政府在供给公共品过程中有一系列的合作形式，合同承包、资助、特许经营等都需要双方花费大量的契约成本。

---

① 莱斯特·M·萨拉蒙等著：《全球公民社会——非营利部门视角》，贾西津、魏玉等译，社会科学文献出版社2002年版，第156页。

② 莱斯特·M·萨拉蒙等著：《全球公民社会——非营利部门视角》，贾西津、魏玉等译，社会科学文献出版社2002年版，第156页。

③ 转引自孙静：《中国事业单位管理体制改革研究——制度绩效与组织设计》，武汉大学博士学位论文，2005年第4期。

而不同主体之间一旦形成复合组织,就可以以组织内部协同机制设计成本和管理成本来替代高额的外部交易成本。像西泠印社在做大文化产业过程中,通过制定《"西泠印社"品牌管理规定》,配套实施《品牌核准制度》、《品牌收费办法》等一系列制度性安排,构建了以品牌为纽带的协同机制,明确了品牌所有者与使用者之间的法律关系,从而用制度化标准化的加盟规则降低了商业合作过程中大量的谈判、合约制定等交易成本。

(四)多元协同机制满足社会多重需求

韦斯布德罗认为,个人的需求数量是异质性的(heterogeneity),即个人对物品(包括公共品)需求有差异。[①] 而各种物品是由各类社会组织供给的。市场组织主要满足人们对私人物品的需求,政府和非营利组织则满足人们的一些公共需求。但现实中,往往很多需求及社会产品具有公益和私益的多重属性,比如西泠印社社员私人需求的艺术品具有很高的外部性(可鉴赏性),带有公共品消费的非竞争属性,从而成为一种混合产品。同样的,政府所提供的众多公共品也不都是满足所有人利益的纯公共产品,而是可排他消费的混合产品。社会中需求的复杂化、各类混合产品的存在都意味着单一社会组织供给产品的模式无法满足社会多元需求以及混合品的有效提供。在多元协同机制产生后,尤其像西泠印社、社委会和博物馆等的三元组织复合保障了社会的公共需求,社团组织侧重于满足艺术家群体的集团需求,市场组织则满足了艺术品消费中的私人需求,这就支持和体现了社会的多元化价值、产品的多元化属性。

---

① 转引自孙静:《中国事业单位管理体制改革研究——制度绩效与组织设计》,武汉大学博士学位论文,2005年。

第三章

多元协同机制的实践分析：

以杭州社会复合主体为例

21 世纪以来，杭州市为促进城市战略性公共产品的供给，相继组建了一批多元职能融合、多种角色互补的社会复合主体，如京杭运河（杭州段）综合整治与保护开发指挥部（与运河集团复合）、杭州市地铁工程建设指挥部（与地铁集团复合）、西泠印社集团、杭州市"弘扬丝绸之府、打造女装之都"战略合作促进委员会和西博会、休博会、杭州市与浙江大学、中国美院战略合作联盟，等等，这些复合组织有效地整合了党政界、知识界、行业界、媒体界等各种社会资源，并在实践社会和谐治理、推进经济文化发展、提高生活品质方面发挥了重要作用。杭州市通过培育社会复合主体推进城市公共产品供给的创新经验，已引走社会各界的关注和好评，同时也引发了理论界的深入探讨和思考。

一、杭州社会复合主体的组织特征分析

所谓社会复合主体，是指以推进社会性项目建设、知识创业、事业发展为目的，社会效益与经营运作相统一，由党政界、知识界、行业界、媒体界等不同身份的人员共同参与、主动关联而形成的多层次架构、网状联结、功能融合、优势互补的新型社会组织，也称为复合组织、混合组织①（见图 3-1）。

---

① 在本书中，社会复合主体特指杭州所创新的多元协同机制，复合组织泛指在城市公共产品供给中形成的各种类别的多元组织协同机制。

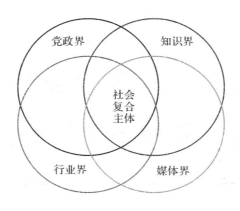

图 3-1　多元协同的社会复合主体示意图①

这类组织往往在政府主导或支持下设立，围绕特定的目的、在特定运作机制之下，对政府部门、产业界、财经界、同业组织、跨行业协会与中间性组织、知识界、媒介等多种组织进行整合与联动。这类组织的具体形态多种多样，或者是委员会（领导小组）及其办公室、再加上相关经营机构形成彼此呼应的组织架构；或者由承担政府委托的协调管理职能的事业单位和承担经营职能的市场主体组成；或者由政府、事业单位、社团、企业等不同性质、不同所有制的主体叠加形成一个共同体，通过灵活运用不同的社会身份来完成既定使命；等等。社会复合主体与一般的政府机构、传统事业单位、营利组织以及非营利性组织相比，在组织架构、任务目标、功能职责、运作机制等方面都有比较明显的特点。

（一）架构多层复合、成分多元参与

社会复合主体在架构上呈现多层联结、纵横交错、条块互渗的网络状，形成既发挥分层活力、又注重整合运作的有机体；在成分上有党政界、行业界、知识界和媒体界等多元参与，联动运行，彼此关联、互为支撑。这一组织架构，既有各参与主体最大限度的创造空间，有助于激发主动性，促进创新；又有浓厚的情感交流氛围，互补协作，有助于促进和谐。以西泠印社复合体为例，事业法人（还包括了参公事业和公益性事业两类）、社团法人、企业法人三类不同性质、不同所有制的主体叠加形成一个共同体，通过灵活运作共同完成既定使命。

<hr />

① 　中共杭州市委调研组：《和谐社会主体建设的新模式——关于杭州市培育社会复合主体的调查》，《培育社会复合主体研究与实践》，杭州出版社 2009 年版，第 437 页。

（二）功能特色互补、职能衔接融合

社会复合主体既具有引导、协调、管理职能，又具有创业、开发、经营职能；既具有研究、策划、设计功能，又具有宣传、推广、展示功能，各种功能既彼此分工，又互补衔接，形成集研究咨询功能、策划设计功能、展示展览功能、协调管理功能、宣传推广功能、制作生产功能等于一体的事业链、项目链，具有很强的开放性、系统性和生命力。以西湖综合保护复合主体为例：各组成部分分工明确，职能清晰，其中，西湖综合保护工程指挥部负责对各部门工作的协调管理，西湖风景名胜区管委会负责区域的规划和管理，西湖学研究会和西湖学研究院侧重于开展研究和提供咨询，西湖博物馆组织展示展览，各施工单位承担建设项目，等等。各种功能串联整合，使得这一庞大的社会系统工程有了一个统分结合、互为支撑的事业链、项目链，丰富和充实了西湖综合保护工程的内涵和功能，实现了生态效益、环境效益、经济效益和社会效益的最大化、最优化。实施西湖综合保护工程后，西湖环湖的围墙全部拆除，环湖的景点和景区内的历史文化景观全部免费向市民和中外游客开放，实现了"打通西湖、还湖于民"的目标。

（三）人员专兼结合、角色身份多样

社会复合主体在人员结构上，既有专职人员，又有兼职人员，形成既立足岗位、履行职能，又相互平等、协商合作的社会关系。社会各界人士以不同的方式兼职，使得他们既立足岗位职能又延伸岗位职能，为他们参与社会、发挥自身价值提供了载体。如杭州市城市品牌网群，由来自党政界、知识界、行业界、媒体界相关人士组成，围绕推进城市品牌与行业品牌、企业品牌互动，集城市品牌的研讨、宣传、推广于一体，搭建了一个整合多方资源的平台。比如西泠印社、杭州生活品质研究与评价中心、杭州市城市品牌促进会、杭州发展研究会等网络架构的组织群体中，既有一定数量的高校专家学者、艺术家兼秘书长、副主任职务人员，也有一些专职的行政人员负责机构日常运作，专兼职人员各自发挥作用，体现了各方资源的整合、组织体系的高效运作。

（四）事业项目带动、机制灵活规范

社会复合主体往往是以社会事业或社会性项目为主导，推动相关的研究、展示、设计、宣传、制作、生产等行业，形成相关的组织机构。在运作机制上，往往针对文化型、知识型产业或项目的弹性、柔性、开放性等特性，以及项目建设的阶段性特点，形成灵活的组织结构和运作模式。以杭州的动漫节复合主体为例：它是杭州市围绕打造"全国文化创意产业中心"目标，为进一步提升"动漫之都"辐射力和影响力而构建的,具有鲜明的推进文化社会事业发展的目标导向,是典型的带动型项目。在具体运作主体上,通过中国国际动漫节会展有限公司开展社会化运作,在运行机制上比较灵活:一是常设机构和临时机构相互支撑。如中国国际动漫节节展办公室是常设机构,具体负责动漫节的总体策划、日常工作的综合协调等工作,有效地实现政府导向和承担政府服务职能;与其相关联的动漫游戏产业发展专家委员会则属于临时机构,主要参与动漫节节前的活动策划以及节中的论坛及赛事活动。二是专业平台和开放平台互为关联。中国国际动漫节执行委员会是一个专业平台,专职负责实施动漫节组委会的决定,对重大工作进行组织协调和管理;而中国国际动漫协会则又是一个开放平台,它通过人才交流、技术交流、业务合作等途径,汇集各方人才,整合各方资源,吸引中南卡通等著名动漫企业参与。依托社会复合主体的运作,中国国际动漫节获得了巨大成功,并永久落户杭州。

（五）社会公益主导、持续经营运行

社会复合主体具有事业发展性质,突出公益性,同时又采用社会化运作方式,具有自我"造血"功能,实现可持续发展。它以文化价值实现为导向和动力,以社会公益为主导,不以盈利为首要目的,通过开创多样的创造和发展空间,推进社会事业和行业发展。同时,作为一种生存发展的组织构建,它又能够协调经营、整合资源,做到投入与产出的平衡,在经济上实现自我运作、自我积累,进而实现对社会事业的反哺。以杭州数字电视复合主体为例:它围绕"建设数字杭州,打造天堂硅谷"的目标,通过构建不同主体互动融合、相互支撑的经营运作模式,实现了社会效益与经济效益的统一。一方面,数字电视属于城市基础设施,具有很强的社会公益性,需要发挥政府的主导力;另一方面,数字电视建设与营运又不能由政府一手包揽,那样既不规范,又有很高的运作成本。为此,依托数字电视复合主体,通过政府主导、企业主体和社会化运作,推动数字电视应用与产业开放互动发展。经过几年低成本、高效率的运行,杭州市数字电视的普及率得到了迅速提高,数字电视已成为我市"家庭信息化终端"和"城市信息化的综合平台",其发展模式得到了国家发改委、广电总局的充分肯定,被誉为"杭州模式"。

总之,社会复合主体的组织使命、任务目标、性质类型等方面与社会中已然存在的三大部门组织有着明显的区别（如表3-1）,这种新型的社会组织是一种多元协同机制的实践样本。

表 3-1 社会复合主体与其他组织的特征比较

	政府	企业	非营利组织	社会复合主体
作用领域	政治	经济	社会	城市发展重点领域
主要职能	行政性管理与组织	经营性管理与组织	自治性管理与组织	行政管理＋经营开发＋公益服务的综合运作
任务目标	常规	常规	常规	特殊
合法性要求	代表性	独立性	中介性	整合性
性质类型	公益性	私利性	以私利为起点沟通公私	以公益为起点沟通公私
资金来源	财政全额拨款	私人投资	政府拨款或资助	财政资助＋市场融资＋社会捐赠
组织结构	金字塔形	混合、多样	扁平型	网络型
运作机制	行政命令推动	私人利益驱动	协商型民主	多元主体合作、联动

二、杭州社会复合主体的主要类型及其实践经验分析

根据不同的分类标准可以产生不同的社会复合主体类型划分,以组织活动领域、运作形式和政府介入深浅等特征为分类标准,①可将该类主体划分为项目推进组织、行业联盟组织、战略联盟组织、社会协同组织和网络治理组织。这五种主体中,组织活动范围由窄至宽,而政府主导性由强至弱分布。对该类主体中最为典型的案例进行剖析,从而提炼出不同的运作经验,供理论和实践部门参鉴。

(一)项目推进组织

1. 实践样本

该类社会主体主要由市政府通过设立具有政府委托的协调管理职能和市场经营职能的专门机构或事业单位,负责对城市整体发展具有重大意义、社会效益显著的项目建设,实现社会效益与经济效益的统一。广义的理解,包括了工程项目建设组织如京杭运河(杭州段)综合整治与保护开发工程、杭州市地铁工程、西湖综保工程的复合主体,还包括了区块开发项目组织如大良渚遗址综合保护开

① 现主要在中国人民大学调研组的分类基础上进行扩充,实际上还可以从政府在其中的作用力分出政府主体型、政府主导型和政府引导型三类社会复合主体,也能提炼不同的组织运作机理。

发、钱江新城建设中的复合主体,等等。

2.典型案例剖析——运河综合保护工程的综合协调型参与机制

为改善杭州运河水质,"提高城市品位、延续城市文脉、改善城市环境、提升人民生活质量、增强城市综合竞争力",运河综合整治与保护开发被列为新世纪初杭州城市建设"十大工程"之一。2003 年,专门成立了杭州市京杭运河(杭州段)综合整治与保护开发指挥部,并在运河沿线城区建立分指挥部,按照"统一领导、市区联动,政府主导、市场运作,坚持标准、自求平衡"的原则,全面开展运河(杭州段)的综合整治与保护开发。新组建的运河综保指挥部与杭州运河综合整治与保护开发领导小组办公室合署办公,同时还成立了杭州运河集团,与指挥部"两块牌子、一套班子"。作为承担行政职能的事业单位,指挥部对运河综保实行统一规划、协调、筹资,组织实施重点项目;作为国企的运河集团,是项目的投融资主体,主要负责市场化运作,做好招商引资,吸引社会资金,提供资金保障。运河整治和开发过程中包含了两类项目,一种营利项目,一种公益项目。营利性项目主要是指运河周边地区的房地产开发,该项目运作中因涉及众多市区利益协调、拆迁等棘手问题,所以纯粹的市场主体很难解决,只能由双重身份的复合主体负责运作。指挥部发挥了行政部门综合协调职能,解决整体开发和前期开发中的系列问题。而作为国有企业的运河集团来说独立的法人地位,解决了资金运作和招商引资等问题。有些项目前期开发中市指挥部需要与各区指挥部合作,但各区指挥部都只有事业单位,没有注册企业,由运河集团统一筹资。在运河整治和开发中还有大量没有营利空间的公益性项目无法推向市场运作,比如河水治污、道路建设、亮灯工程、绿化工程等都由指挥部来完成。指挥部发挥了双重体制的优势,项目建设资金筹集的良性循环确保了机构运作情况良好,解决了公益事业资金来源。几年来,运河综保工程的推进中十分注重专家学者和市民群众的充分参与,通过专家学者形成课题挖掘运河文化,以多种咨议渠道吸引专家和市民参与运河项目论证,以定期问卷、调研形式征询市民对运河综保工程的满意度和建议。这种以指挥部和运河集团为核心、综合协调城区分指挥部和相关部门、广泛吸纳知识界和市民参与的运作机制是推进城市重大项目建设的创新路径(见图 3-2)。

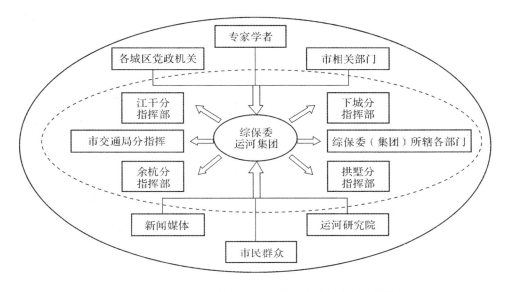

图 3-2 杭州市运河综保工程的核心参与结构简化图①

（二）行业联盟组织

1. 实践样本

这类组织以某一行业或事业发展为目的，通过组织框架内不同人员身份的互补，促进行业内各主体基于产业链的跨领域合作，特别是促进文化与经济的融合，从而推动行业联动、快速发展。在复合方式和运行机制上，主要通过建立战略合作委员会或领导小组、协调小组，整合党政机关、研究机构、高等院校、行业企业等相关资源，辐射行业协会、设计中心、展示中心、生产基地等行业主体，实现行业整体运作、联动发展。具体如：杭州的丝绸与女装行业联盟、茶行业联盟、数字电视行业联盟、美食行业联盟、婴童行业联盟、工艺美术行业联盟、西博会复合主体、休博会复合主体、动漫节复合主体，等等。

2. 典型案例剖析——杭州丝绸与女装行业联盟的松散稳固型参与机制

杭州自古以来就有"丝绸之府"美誉，明清以来，丝绸业长盛不衰。但十多年前，杭州的国有丝绸企业基本"全军覆没"，丝绸行业发展一度陷入困境。近几年，杭州市建立"弘扬丝绸之府、打造女装之都"战略合作促进委员会，在这一战

---

①　张兆曙：《社会复合主体的创生、参与结构与运作机制》，载郑杭生，杨敏，奂平清等著：《"中国经验"的亮丽篇章——社会学视野下"杭州经验"的理论与实践》，中国人民大学出版社 2010 年版，第 172 页。

略合作框架下,通过集聚市有关部门、中国丝绸协会、中国美术学院、浙江理工大学、丝绸杂志社、市丝绸协会、市服装协会、杭派女装商会、市服装设计师协会等国家、省、市相关机构,以及丝绸女装界知名企业,形成院校、研究机构、协会、研发中心、生产基地、销售基地、展示中心、特色街区等多元主体组成的纵横交错、条块互渗、主动关联、优势互补的网状结构,有效整合了产业、文化、旅游、会展、科研、信息、教育等资源,形成了振兴"丝绸之府"、打造"女装之都"的平台(见图3-3),使丝绸、女装行业实现了产业与文化的有机融合、政府与企业的协同互动、市内与市外的优势互补。丝绸与女装行业联盟承办了各类丝绸女装大型展会和赛事,如承办中国国际丝绸博览会暨中国国际女装展览会、女装设计师大奖赛、中国杰出女装设计师发现计划等。通过丝绸与女装行业联盟的运作,把政府、企业、高校、研究机构等行业内的相关主体组织起来,将个体之间分散、零星的合作转化为组织内部经常性、规范化的合作,终使杭州的丝绸行业得以扭转颓势、重振雄风。目前,杭州丝绸和女装行业每年的销售产值达 200 亿元,从业人员近20 万人。

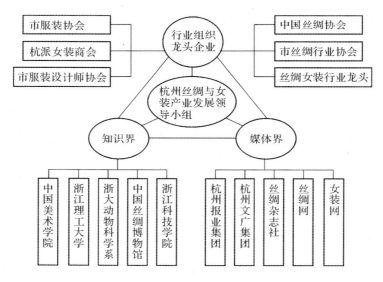

图 3-3　杭州市丝绸与女装行业联盟参与结构简化图①

---

①　张兆曙:《社会复合主体的创生、参与结构与运作机制》,载郑杭生,杨敏,奂平清等著:《"中国经验"的亮丽篇章——社会学视野下"杭州经验"的理论与实践》,中国人民大学出版社 2010 年版,第 176 页。

（三）战略联盟组织

1.实践样本

这类组织以推进知识创业为目的，以项目为依托，形成城市和高校全方位、多层次、宽领域的战略合作联盟。在复合方式和运作机制上，主要以党政界人士与专家、党政部门与院校的联合为主，同时以相关经济组织作为支持。杭州市与浙江大学战略联盟和杭州市与中国美术学院战略联盟，就属于这种类型。市校联盟组织成为充分发挥浙江大学、中国美院的科技、文化、人才资源优势，实现市校发展共赢的重要载体。

2.典型案例剖析——杭州市与浙江大学战略联盟的整体推进型参与机制

通过建立杭州市和浙江大学战略合作促进委员会的组织架构，建立杭州市与浙江大学长期、稳定战略合作的总平台，委员会下设办公室和7个专门工作组，推进专项合作。在战略合作促进委员会框架下，催生了"杭州市和浙江大学合作共建和谐杭州示范区"、"浙江大学国家大学科技园"等一大批重大市校合作项目和组织。战略联盟的运作，带动了市校合作从临时性合作转变为长期性合作，从单一性合作转变为全方位合作，从一般项目合作转变为大项目合作，从自发性合作转变为有组织合作，走上了一条强强联合、共兴共荣的合作之路。目前，市校战略合作深入开展，双方科技合作所申请、授权的发明专利占杭州全市的65%，2007年浙大和杭州企业签订科技合作项目达900多项。

（四）社会协同组织

1.实践样本

这类组织是指以社会事业、社会组织为依托逐渐形成的复合性主体。比如西泠印社就是在最先的民间社团组织的基础上逐步延伸加上政府推动而发展成为结构性复合、功能性复合以及机制性复合的协同组织。另外，实践中还存在社会举办的公益组织和商业组织相融合的复合主体，如天目艺校与天目琴行协同组织、张铭音乐图书馆和咖啡馆协同组织，这类组织往往是自下而上、由民间主体设立，专门从事某一领域的文化公益事业，通过社会力量或个人筹建，承担了社会公益职能，为社会提供特定的公共产品。但同时经济上不依靠政府，而是通过与商业主体的复合实现自我运作。据调查，杭州民办非企业单位中面向公众、公益性突出的教育、艺术、文体和博物馆类民非企业，与独立的企业法人复合运作的大约有10家。

2.典型案例剖析——西泠印社的公共平台型参与机制

西泠印社成立于1904年，是一个在艺术创作、学术研究和保藏文物等领域取得辉煌成就、备受海内外关注的学术团体和知名品牌。西泠印社自创社之初便创办了自己的文化经营实体，与西泠印社社团活动一直相辅相成，互联互动。新中国成立后，西泠印社将社团资产悉数上缴国家，之后党和政府恢复了已经中断的西泠印社，包括出资恢复西泠印社营业部的经营活动。西泠印社在保有事业单位性质的同时，逐步丰富其经营性质的构成成分。但该社自20世纪90年代以来却一直处于停滞不前的局面。根本原因在于旧体制中的"五位一体"，即社团、孤山社址、经营企业、出版社、事业单位对外都称"西泠印社"，在自收自支事业单位名下，一个模式管理，"一个锅里吃饭"，结果是社团、事业、产业都不能按照各自规律运作，互相钳制，资源内耗而形不成合力。进入市场经济以后，这种主体缺失、产权不清、管理混乱的旧体制引发的矛盾在2002年集中爆发，出现了出版社停业整顿、孤山社址失修、产业经济效益严重亏损等一系列生存危机。① 由此，2002年1月，杭州市委下发《西泠印社社务委员会机构改革方案》，对西泠印社组织机构作出重大调整，撤销原属市文化局管辖的西泠印社办公室，组建西泠印社社务委员会为杭州市直属正局级事业单位，是西泠印社日常事务管理机构，负责解决西泠印社改革发展的根本问题、化解生存危机。另外，还设立中国印学博物馆、西泠印社出版社等事业发展组织，培育西泠印社产业发展有限公司、西泠印社拍卖有限公司等企业组织，进而组建西泠印社集团有限公司，构建社团法人、事业法人、企业法人"三位一体"的组织架构（见图3-4），三个共享"西泠印社"品牌而又各具独立法人资格的主体之间形成"多层架构、网状联结，多界参与、互为支撑，多层运行、优势互补"的运作机制，实现了公益性文化事业和经营性文化产业共生互动、协调发展，使百年名社重展芳华。从2004年起，恢复了中断多年的社员春季、秋季雅集等传统集会活动；从2005年开始，已成功举办了三届西泠印社国际艺术节；2007年举办了以宣传奥运精神、弘扬印章文化为主题的"百年西泠·中国印"大型海选活动；2008年举办的"百年西泠·西湖风"国际篆刻创作活动，在海内外设10个赛区进行大规模的选拔评审，产生了巨大反响，更加凸显了西泠印社在专业领域的权威地位。

（五）网络治理组织

1. 实践样本

这类组织以全体社会或特定区域全体人群共同关注的目标为纽带，通过党政公务人员、普通百姓、专家学者、志愿者、社会组织等多种主体的广泛参与、群

---

① 资料来源于西泠印社社会委会内部调研报告以及魏皓奔：《西泠印社》，杭州出版社2005年版，第89页。

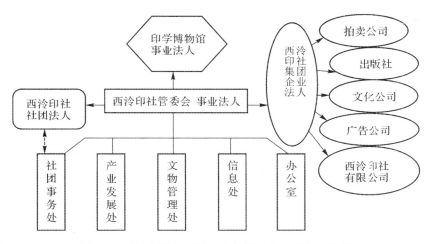

图 3-4　西泠印社的三类法人共同参与的组织架构图

策群力,构成网络化的治理中心。比如杭州的各社区公共服务站通过整合党员、公务员、志愿者及基层社会组织的网格团队来实现基层社会管理和服务,堪称社区公共服务中的复合主体。另外,较典型的"杭州生活品质网群",正是杭州打造"生活品质之城"的城市品牌过程中形成的一种新型社会组织,具有明显的功能性复合特征,但其结构性复合、机制性复合相对较为单一。

2.典型案例剖析——"杭州生活品质网群"的交叉融汇型参与机制

杭州市城市品牌网群,由来自党政界、知识界、行业界、媒体界相关人士组成,围绕推进城市品牌与行业品牌、企业品牌互动,集城市品牌的研讨、宣传、推广于一体,搭建了一个整合多方资源的平台。在"杭州生活品质网群"中,社会各界人士以不同的方式兼职,使得他们既立足岗位职能又延伸岗位职能,为他们参与社会、发挥自身价值提供了载体。如"杭州城市品牌网群"的相关机构——杭州生活品质研究与评价中心、杭州市城市品牌促进会、杭州发展研究会中,既有一定数量的专职人员,又有来自浙江大学、中国美术学院、有关媒体的专家学者,分别在这些机构中兼任秘书长、副秘书长、副主任等职务。这样一种在某些时点交叉融汇的参与机制,有利于城市品牌网群在开展研究、实施项目、举办活动时,发挥各类人才价值、整合各方资源、高效有序运作;有利于提倡一专多能,发掘多种潜能,最大限度地发挥网络群体中的人力资源作用。

三、杭州社会复合主体的实践成效分析

近年来,这种多元组织协同运作的复合主体对杭州城市经济、社会、文化、环

境等各方面建设都作出了巨大贡献,主要成效包括以下方面。

（一）动员各种社会组织参与,激发社会整体活力,促进现代社会转型

社会复合主体在组织结构中的网络型布局,有利于动员多种相关社会组织参与到杭州的经济、社会、文化建设中来。比如,"弘扬丝绸之府,打造女装之都"战略合作促进委员会除了吸纳政府部门领带人,还网罗了4位高校院长等专业人员、3位媒体领导人、4位协会会长、6位企业业主,各方人士献计献谋、携手推进行业发展。另外像西博会如此盛事更是引起全民共同关注和参与,众多协办单位积极投身这一事业,广大市民也热情参与,杭州休博会期间仅"一湖三园"就吸引游客564.78万人次。社会复合主体所完成的很多项目都是综合性强、涉及面广的城市大型事业建设,所以该类组织所创新的协同机制不仅动员了相关组织参与,更是激发了社会整体活力。从社会结构的意义上看,社会复合主体在客观上推动了城市社会的多元复合转型,促进了后单位制时代社会结构的优化。社会复合主体的探索和实践,既输入了社会群体外部性的整合力量又建构了社会群体内部性的互动机制,将地方文化传统与现代性因素融合在一起,将社会个体的利益诉求和社会公众的福祉增进协调起来,有力促进了社会主体之间由生存性关联向功能性关联的现代转化。

（二）整合利用各种资源,实现经济与社会、文化的互益性发展

落实科学发展观、推进高端发展,必须更加关注知识经济、文化产业和社会事业,以文化创新来提升经济运行的档次和品位,以经济运行来推广文化内涵和价值。而社会事业、文化产业的特点,就是发展的公益性、社会性和人才、知识等资源的多样化、流动性,需要通过开放融合、社会效益与经营运筹相统一的组织结构来整合利用。社会复合主体在多元主体合作中,实现了经济与文化的互益性发展,西泠印社体制改革后的良性发展就是最好的验证。西泠印社新体制改革正是把握了杭州生活品质提高、文化需求增长的时机,通过公益性文化事业整体改革和经营性文化产业转企改制两条主线交替推进,明确了产权主体,创新了发展机制,取得了双重效益。体制再造后的社会复合主体体现了文化与经济的兼容优势,在统一品牌运作、协调事业和企业的过程中,以优良的文化品牌带动了文化产业发展,又以良好的产业效益提升了传统文化的价值,经济与文化的互益性发展最终确保了社会和经济双重效益的实现。

（三）形成"杂交"优势，构筑和谐发展的桥梁与纽带

城市建设、环境保护和开发、主导产业推进等都是促进杭州发展的战略性城市公共产品，但这些战略任务的制定和落实绝不是政府单方面力量可以完成的，前期论证、具体开发、事后评估等一系列过程都需要各个层面主体的共同参与，而混合型组织在组织架构中主体复合多元，即在政府支撑下由党政界、企业界、知识界和媒体界联动运行，形成"杂交"优势，这就确保了多方互动参与城市发展。比如运河指挥部是承担政府委托的协调管理职能的事业单位和承担经营职能的市场主体共同组成的实体，在保护和开发过程中用实现了政府与市场的互动，依靠市场力量完成了社会公益任务；西泠印社委员会的统一品牌运作实现了民间社团、公益事业和文化产业的多方互动，构筑了和谐发展的桥梁与纽带。

（四）推进政府战略重点、高端项目的实施，实现跨越发展

政府对地方经济的发展具有引导的作用，但并不适宜直接干预，社会复合主体因为兼具"市场主体"身份，可以直接参与市场推动，而且这类组织机制灵活，能适应市场经济的快速变化，在其引导和推动下，杭州经济实现了又快又好的发展。比如，西博会的连续成功举办，极大地促进了杭州会展经济、电子商务、文化交流等高端服务业的发展；钱江新城的开发建设有利于杭州形成新的现代服务业集聚地、新兴的中央商务区。

（五）促进政府职能转变和垄断行业改革，引导政府管理体制的创新

目前，经济体制改革的焦点开始从企业转向政府部门、从竞争性领域转向垄断行业、从经济领域转向社会领域，改革进入攻坚阶段。垄断行业改革、政府机构改革往往需要成熟的市场外部条件，比如市场法规建设、市场主体建设等，而在外部条件不成熟的前提下，若将发展任务的一步到位全部转交市场来完成，可能会引发市场失控、公共品供给不足等新的问题。社会复合主体的发展，有利于创新政府与市场的结合方式，促进政府内部职能的分解与重新组合，引导政府管理体制的创新。

（六）实现社会各阶层互动，推进城市公共精神的发育生成

杭州社会复合主体的探索，在不同社会群体之间构造了一个稳定、持久、平等、有序的互动机制，给不同社会主体在信息沟通、资源共享、功能互补、情感交流、价值实现方面提供了诸多的资源和机会，在化解"公共精神危机"，促进公共

精神的发育成长方面,具有重要的创新意义。一方面,社会复合主体的独特运作模式搭建了一个平等对话的平台,改变了社会成员之间的互动结构。首先,社会复合主体结构的开放特性,使得任何一个社会利益相关者,不管贫与富、强与弱,都有机会参与其中,并发挥应有的社会角色功能。同时,在正式组织的规范下,之前相互陌生的社会主体又能形成局部性的社会交往网络,促进了彼此的团结协作。其次,社会复合主体是一个充分运用现代信息技术构建的社会互动机制,其参与过程具有很大的便易性。社会复合主体的运作体现的是一个信息的流动、分析与提炼的过程,而广播、电视、网络等现代信息传播媒介是最为常用的活动载体。这是一个"去身份化"的平等互动过程,使得处于不同时空结构中的社会成员愿意并容易加入进来,彼此协商,讨价还价,妥协退让,既有利于降低信息交流与共享的成本,又有利于不同群体间相对共识的达成。

四、杭州社会复合主体的实践难题分析

近年来,社会复合主体创新逐步释放出了独特的生命活力,但正因为其创新性,在实际运作中也产生了众多制度摩擦和发展难题。而且不同类型的复合主体表现出的问题既有共性、也有很大的差异性。具体如下。

(一)部分社会复合主体性质不明确,增加了协调难度和管理成本

在社会复合主体这一新兴组织发展过程中,始终会碰到社会认知问题,包括政府部门人员在内的多数群体并不了解该类组织性质,使其在开展各项工作时无法取得政府部门、社会公众的认可。从法律性质方面看,行政主导力量贯穿始终的社会复合主体超脱了我国现有法律体系的框架,有身份上"名不正"之嫌。根据我国社会管理体系的组织分类标准,社会组织的法律性质可以分为三种:机关编制的组织、事业编制的组织、企业编制的组织。但是,社会复合主体结构要素性质的多样化、工作人员的"专兼结合"等特征,似乎都导致了这样一个结果:社会复合主体难以纯粹被归入我国社会管理体系中的任何一种类型,处于一种"规范缺失"的制度环境下。比如,在定编前已经运作多年的运河(杭州段)综合整治与保护开发指挥部,一直没有明确机构性质,而是将原来建委直属副处级事业单位杭州市运河污染综合整治指挥部成建制划入,指挥部因为使用原来副处级指挥部的编制,引发了在人事管理、人才引进等方面的问题,同时由于机构性质不明,在一定程度上也增加了其协调、管理的难度和成本。所谓"名不正,则言不顺",如果随意通过给予"编制"的方式解决这一问题,那又会陷入"行政干预市场"、"政府包办社会"的困局。

（二）社会复合体中不同主体的权责划分不够明晰，互动、协调和激励机制不够健全

因为是多元组织的混合与协作，各组织间势必存在不同的发展规律和组织目标，在运作中也就难免产生不同程度的矛盾，尤其是多元主体合署办公对各自的权责划分、目标协调难度较明显。社会复合主体的组织结构开放性既赋予该类组织融合多元的优势，同时也在某些情况下产生结构松散的缺点。因为作为一个通过以合作为基础的社会事业发展组织，社会复合主体不可能采取强制手段要求社会成员加入和退出，否则就违背了自身发展的宗旨。组成成员进退自由的一个负面影响就是，容易造成组织结构的松散化，而社会复合主体的运作最终也就容易停留于少数精英分子的"自娱自乐"。比如，西泠印社社务委员会的社团处与西泠印社社团的秘书处是合署办公、人员互兼的，社团的众多活动都由社委会共同组织，经费也由政府买单，但社团独立法人登记后应该有自己的资产和经费运作，社团会员在活动中有相应的捐助书画、作品参展等义务，但从目前看，社委会的积极推动使得社团这个松散组织推卸了部分自身的责任，同时一些捐助或原有资产也还没有落实到社团，所以社团的权和责都还没有与社委会划分清晰。在众多复合主体中，目前还是政府在主导和支撑，政府在决策中所希望实现的公益目标或推广目标与市场的营利目标会出现冲突，所以项目开展中还需要通过磨合推进合作，通过协调达成统一。另外，复合主体在实行市场合作过程中很难控制企业，比如杭州的休博会在园区开发建设中，合作企业受资金链等因素影响，前期工程进度滞后，导致参展商和经营户延后进场等问题，对百城馆等园区项目的筹建造成一定的被动，这是组委会不愿看到但又无力控制的局面。

（三）社会复合主体中政府的工作方式有待改进

社会复合主体作为新生事物，社会对该组织的性质、职能和作用的认识要经历一个过程，但政府工作人员对这类新型组织的认识如果存在偏差，甚至是一定程度上的误解，那政府的工作方式就一定会产生偏差，进而影响到该类组织的有效运行。现阶段主要存在的认识问题表现在：一些政府官员对行政管理职能和市场经营职能的兼容性表示怀疑，对组织中其他主体的行为动机存在疑虑，自觉或不自觉地存在高人一等、看不起其他组织成员、习惯于强力"控制"其他组织成员的工作作风，等等。二是角色转换有待到位。新型创业组织中代表政府的工作人员，一般都来自政府机关。来到社会复合主体后角色转换不够，表现为工作态度显露出优越感、工作作风存在行政指令、工作节奏习惯按部就班、工作方法擅长大包大揽等，这些工作方式上的特征无法适应社会复合主体的要求，也无法

充分调动其他主体的积极性。三是制度建设有待加强。社会复合主体作为在实践中探索的一种特殊组织，其工作方式有赖于各项制度建设的尽早到位。但作为一种社会复合主体，其制度建设还处于一个摸索和起步阶段，这就难免存在诸如简单套用政府组织的绩效评价制度、采用不分企业事业人员身份差异的考核制度、各主体之间缺少沟通协调等问题，这种情况反过来，又会加剧复合主体中政府工作方式的行政思维、命令主义、遇事一味"找市长不找市场"等问题。四是从业人员的综合能力有待提升。社会复合主体往往兼有行政协调与市场经营的双重职能，这对从业人员的综合能力提出了更高的要求。但从目前的实际情况看，大多数政府工作人员从党政机关调入，带有较强的行政部门的思维和工作方式，缺乏对市场信号的敏感把握和对非营利组织作用及难处的深刻理解，表现在工作方式上，主要存在不善于在协商过程中共事，习惯于按照机关工作方法眼睛"向上"，而不是面向市场需求和市场机遇，导致内部合作不顺畅、外部机会抓不住。

（四）对社会复合主体的扶持政策不完备，相关公共项目的税收政策有待完善

在促进社会复合主体的形成中因为需要多项内外条件，这些条件的构成从目前来看，主要还是政府各部门出台相关的政策和措施。比如社会复合主体是区别于行政机关部门、事业单位和一般企业组织的，所以不能简单套用政府的薪酬制度而抑制工作人员积极性，也不能简单套用企业社会保障水平，而是需要进行专门研究，否则就制约了这些组织的人力资源发展。另外，这些复合主体在实践运行中一般都在提供城市公共产品或准公共产品，所以政府需要对其实行资金扶持、税收优惠等政策来推进该类组织协同机制构建，维护其可持续发展，而目前来看并没有系列的可操作的政策措施，已有的政府资助或优惠政策都基于个别组织与相关领导的沟通，没有长期的政策保障基础。

（五）政府和社会缺少对社会复合主体的监管和规范

有些社会复合主体因为是政府与市场的复合，在市场竞争过程中，以政府主导优势凌驾于市场之上，造成一定的不公平。这种多元协同机制运行中，因缺乏必要的监督使得相关政府部门和个人又在参与市场经营中截取了局部利益。还有一些民办公助的复合主体，在开展经营活动后一旦有了盈余，没有坚守非营利性质，以变相分红取代重新投入公益事业。尤其是某些民非单位在获得政府的优厚土地和房产资源后，开始利用该资源加大经营投入而逐步忽视公益付出，随着声誉和利益的提高，公益热情反而下降，违背了政府支持的初衷。

第四章

国外发展多元协同复合组织的经验分析

现代社会科学一般把广义的社会组织分为政府组织、营利组织、非营利组织三大类，它们分别是政治领域、经济领域和社会领域的主要组织形式。在这种社会组织的类别划分中，政府与企业往往构成对立的两极，而非营利组织（通常所说的第三部门，或者是人们通常所理解的狭义的社会组织）是独立于前两者的一种特殊组织形态。在对现代社会的共识理解中，这三者被认为是现代社会的三大支柱。之所以这三类组织形态在现代社会合理结构构成中起到支撑性的、必不可少的三大支柱作用，其中原因概括起来则在于，一个相对合理的社会构成应该包括政府的行政性管理与组织，同时也应该包括企业以及市场的经营性管理与组织，另外还应该包括第三部门的自治性管理与组织。三者各司其职，功能互补。如果说行政性的管理与组织是一种主要为了公益的"公"的力量的运作，那么经营性管理与组织则是一种主要为了私益的"私"的力量的进行方式，而自治性管理与组织则既可以是为了公益的"私"（或类私）的力量之运作，同时也可以是为了私益的"公"（类公）的力量之运作。这种比较有效、自由地达到沟通"公"与"私"的功效，恰恰充分地体现了自治性的特点，其巨大意义在于既可以有力补充行政性管理与组织的不逮与人为性，又可以有效整合经营性管理与组织的自发与放任性。

但值得注意的是，社会组织并不仅仅局限于这三种"理想类型"，一种"复合型的社会组织"在现代社会经济生活中愈渐发挥着不可小视、有时甚至是不可替代的作用。该类组织的出现，对于重新理解社会的组织构成、社会运作的合理框架影响深远。从构成形态来说，组织最为突出的特点在于，在这类组织中政府与社会的各种主要构成成分（政府部门、产业界、财经界、同业组织、跨行业协会与中间性组织、知识界、媒介等）中的几种或多种同时存在于一个（相对）固定的组织形态中，而且各个组成部分之间的相互作用促成这类组织实现有效运转及公共产品的协同供给。如果以此特点作为考察标准，那么我们可以在欧美以及其他国家中发现这类组织的身影。本章的写作目的在于针对国外的既有经验,对这类复合组织进行仔细、深入地分析,以挖掘出其中的启示与借鉴意义。

一、国外复合组织的存在形态及其分类

(一)挂靠政府类的组织形态

其实这种组织形态在各个国家基本都有,以"委员会"、"咨询委员会"、"特别委员会"等形式存在。只要具体项目、产业、行业或社会生活的某一方面被认为值得重点对待,那么吸收相关各方面的意见从而组成这样一个组织,便成为可能。概括地说,这类组织形态的主要职能是为政府的决策提供充分、有效、合理的咨询意见(它是政府决策的最重要依据),但是它并不侧重于操作与执行。

这类组织中比较突出的是日本的审议会。审议会是为政府提供政策研究、政策咨询的研究机构。政府的各省、厅在确定相关政策的有关事项时,一般先要向这种审议会或调查会提供咨询,然后根据提出的答询报告决定政策。这种做法已形成惯例。这种审议会是民间机构,但形式上隶属政府。审议会或调查会的委员通常由各省、厅大臣任命,一般要选择那些被省、厅部认为合适的人物。其中人员构成包括行业头面人物、财界头目、退休官员、大学教授等有关专家、记者等新闻界人士以及其他人士。例如,在 1970 年时,通产省就有 27 个审议会、调查会负责就各方面的问题回答通产大臣的咨询。其中,有 15 个审议会是专门为产业政策问题设立的。产业结构审议会负责研究一般性产业政策。另外还分别设有负责研究机械工业、石油产业、煤炭矿业、振兴电子信息处理、飞机工业、综合能源等各个领域的政策审议会和调查会。尽管审议会受官厅管辖,但各政府部门的意志并不能在此畅行无阻。由于审议会集合了各方面人士,比较能够反映和协调各方面的意见,审议会通过的政策一般能够在有关行业顺利实施。[①]

(二)政府牵头并力推形成的中间整合组织形态

这类组织的特点在于,其最终形成并运作的诱导与助推力量来自于政府方面,但是在最后形成的组织形态构成中却很难看到明显的政府成分,政府在其中起到穿针引线、过河搭桥、背后助推的作用。此种政府牵头并力推形成的中间整合组织形态的主要职能是,充分整合资源,大力促使政府所确认的重点行业、产业、项目等的强势推进。

---

① 陈淮:《日本产业政策研究》,中国人民大学出版社 1991 年版,第 76 页。

美国的产、军合作就是一个代表,美国前商务部部长毛里斯·斯坦兹就曾指出过这类组织中的政府与产业界相互作用关系的特点。美国国防部研究对预算有着严格的限制,只能用在军事目的上,但是,其下属的国防高级研究计划局却把一部分预算平分给商业和军事项目。这种分摊经费的方法反映出国防高级研究计划局的任务:确保美国技术领先。国防高级研究计划局本身并不搞研究,只是扶持它认为重要的项目,并提供经费,控制研究方向。这些项目大部分由生产厂家、大学来执行。国防高级研究计划局常常在风险投资企业和各高科技公司之间牵线搭桥。比如,在日本的围攻之下,1989年,美国半导体工业朝着制定全国性战略方向迈了一大步,建立了非营利性的半导体制造技术公司,由美国排头的14家半导体公司组成,其中包括国际商业机器公司和美国电话电报公司。创立这家联合企业是为了拓展半导体制造业所需知识,夺回美国在半导体产品上的领先地位。政府答应5年内拿出5亿美元支持半导体企业,另外5亿美元由半导体制造技术公司各成员集资。政府方面的倡议者是国防高级研究计划局。[①]

另外,日本于1976年成立的超大规模集成电路技术研究协会也是一个典型的代表。当时日本为了改进芯片成立了该组织,成员囊括5大公司。通产省扮演了至关重要的角色,确保每家公司都要参与进来,迫使他们携手合作。在日本,由各官厅扶助起来的半官半民的团体不断增加,政府在开发新技术、调查和开发新原料供应来源,以及开始建立新型产业等方面,都给予帮助。比如在石油开发上,政府给予贷款的同时,也促进了吸收民间投资而组织起来的石油开发公团,即是其中一例。

(三)政府功能与企业功能兼具的开发性组织形态

该类组织的特点是,政府除了传统的行政性管理职能之外,它较充分地展示了政府的经济基础属性与组织经济生活的主要职能。这种兼具政府功能与企业功能的开发性组织形态之所以存在的必要性(尽管不能泛滥)在于,它往往整合与盘活的不仅仅是一个项目、产业或行业,更多的是一个整体意义上的地区,是城市发展最关键的综合性项目。

在1930—1970年间开发田纳西河流域时,政府制定了《田纳西流域管理法》,设立了一个既有政府权力、又有私人企业灵活性的公司——田纳西河流域管理局,统一指挥流域内的水电工程、洪水控制、土地保护、植树造林、土地休耕、

---

① 乔治·C·洛奇:《轮到美国改革了:理顺企业与政府关系,增强国际竞争能力》,企业管理出版社1994年版,第112—113页。

河流净化和通航,以及多种小工业的建造等事宜。田纳西河流域管理局在 10 年内就依法达到了地区性综合治理和全面发展规划的目的。

另如,在日本九州产煤地区煤矿关闭转停、产业结构调整的背景之下,1962年 7 月,为了有效地调整国土开发和产业开发,在通产省和建设省的合作之下,设立了产煤地区振兴事业团,并在九州设置了派出机构。产煤地区振兴事业团拥有广泛的权限,包括对道路、上下水道以及其他基础性设施的完善、建设、修缮。实际上,这个公团承办了旧产煤地区的土地收购、开发、管理等业务,可以说它是一个公共的不动产中介机构。它把这些土地或卖给私人企业,或提供给地方政府建设公园、医院、运动场等公共设施。产煤地区振兴事业团在完成了原定的历史使命以后,又根据机构一旦成立,就具有了自己的生命的规律,改组成地区振兴整备公团,掌管更加广泛的综合性的地区开发工作。

(四)政府与各界共同参与的企业形态

这种政府与各界共同参与的企业组织形态特点在于,当发现项目、产业或行业存在巨大、长远利益而且该利益符合巨大社会需求时,政府充分调动社会各种力量一起合作开发。该类组织形态的主要职能体现在,在较激烈的竞争格局中通过营利性企业形式整合各种资源、培养竞争优势、获取利益制高点。

1981 年,法国全国空间研究中心步入遥感卫星领域,白手起家,成立了世界第一家纯商用遥感企业——地球观测卫星图像公司(简称斯波特),批发销售地球图像,这些图像资源已经从纯公共产品转向可排他消费的准公共产品,而且事关国家的军事和经济安全。斯波特是家联合企业,由法国、瑞典和比利时三国政府以及几家大私人公司,尤其是法国政府军工巨头马特拉公司共同经营。斯波特第一颗卫星于 1986 年发射,由政府投资 5 亿美元,仅相当于美国政府卫星拨款的 1/3。到了 1989 年,法国人在民用太空遥感领域进展加快,大有领先之势。主要原因是政府与企业界关系处理较好,采取了始终一致的战略。

二、国外复合组织的组织结构、具体运作及其实际效果

(一)复合组织的组织结构与具体运作

检索世界各国复合组织的发展经验,总体来说,这类组织的结构以及具体运作差别较大,有些案例之间甚至差异巨大。我们很难找出一个共同的组织结构和框架,进而以此为基础阐释其具体的运作。究其原因,可以从如下几个方面进行分析。

首先,如上文所划分的各种不同的类型,复合组织大体可以分为(挂靠)政府类的组织形态、政府牵头并力推形成的中间整合组织形态、政府功能与企业功能兼具的开发性组织形态、政府与各界共同参与的企业形态等几种类型,那么不同的组织性质必然要求不同的组织架构与之匹配:(1)(挂靠)政府类的组织形态多为咨议机构,所以其组织结构是以充分表达、交流和协商为轴心的会议组织模式为主;(2)政府牵头并力推形成的中间整合组织形态的主要目的是充分整合资源,大力促使政府所确认的重点行业、产业、项目等的强势推进,其最终形态是一个经营性实体,只不过由于特殊的目的导向性使得多数的该类组织具有非营利性,所以它的组织结构更类似于公司模式;(3)政府功能与企业功能兼具的开发性组织形态力图整合与盘活的不仅仅是一个项目、产业或行业,更多的是一个整体意义上的区域和范围,所以,一方面其奠定经济基础框架的特征要求其具备公益性的政府部门组织模式,另一方面其组织经济生活的职能又要求兼具经营性模式;(4)政府与各界共同参与的企业形态最容易理解,只需严格按照公司的组织模式进行即可。

其次,即使有些复合组织的性质相同,但是由于不同国家中政府与企业之间的关系结构不同从而组织结构亦不同。以美国、英国为代表的"政府不干涉主义"背景客观要求政府与企业等其他社会组织的互动模式更加形式化、透明化、规范化,但是以日本、法国等为典范的"社会共同管理主义"背景则使得政府与企业等其他社会组织的互动关系可能更灵活、更务实、更不拘一格。可以进一步提升说,不同的社会文化背景结构以及不同的组织群体互动制度与习惯是非常重要的区别变量。而且,不同国家的不同发展阶段对复合组织的内在要求也不一样,所以其组织结构也有差异。

再次,更为深刻的原因在于,不同的目的、不同的任务直接决定复合组织的不同组织结构。目的与任务的差异意味着最后达到效果之性质的差异,也意味着需要整合进的组织构成成分乃至搭配程度的差异,同时更意味着达到目的、完成任务的路径之差异。

鉴于上述原因,我们很难在整齐划一的意义上概括出复合组织的组织结构和框架。恰恰由于这样的特点,该类组织的运作特征丰富多彩、千差万别。但是通过对众多案例的解析,我们还是能够提炼出一些其中的规律来。

我们发现,这类复合型组织的组织结构与具体运作的目标导同性较强,其运作往往包含规定分明的刚性运作与恰到好处的柔性运作两种成分,其构成比例视具体情况而定。除了这种制度性与灵活性的关系之外,该类组织的运作组织特征还值得注意的是,它在尽可能保证多方共同参与的同时还能够较大限度地提供竞争与激励,这可以归结为一种合作性与竞争性的关系。另外,政府在其中起着明显而独特的作用——一方面认清目标、引导方向,而另一方面则是在各方力量之间穿针引线、牵线搭桥,即构成一种导向性与整合性的关系形态。

虽然这类组织的具体组织结构与具体运作存在着差异(甚至较大差异),但是上面所提出的三对关系却也能够在较大程度上标识出其内部运作的特征。即这类组织能够尽可能地处理好制度性与灵活性、合作性与竞争性、导向性与整合性的关系,从而保证组织中的每一种构成成分都能够为共同认可的清晰目标尽可能地发挥自己的力量,并使组织间内耗得到非常有效的控制。

(二)复合组织的实际成效

如果说上述三对关系是针对复合组织的内部组织运作而言所表现出的特征,那么从外部整体特征来看,该类组织的运作则较好地处理了官方与民间、政府与企业、计划与自由这三对关系。这些关系的良好处理,使得整体社会意义上的社会活力、社会整合、社会和谐都达到相当高的水平。

从这些既有的组织运作效果来看,能够精准处理好上述内外六对关系的复合组织很多都取得了明显的成功,有些甚至可以说取得了举世瞩目的成就。可以说,该类特殊组织形态的出现及运作为社会经济生活增加了新的动力,而且以其强大的整合手段为重点推进某些行业、产业、地区、项目作出了杰出的贡献。具体来看,复合组织激发社会活力、促进经济社会发展的主要途径、机制以及具体作用可以根据不同的类型进行分门别类的解析。

第一,(挂靠)政府类的组织形态。该类组织多为咨议性质的机构,主要为政府的决策提供咨询意见,从而构成政府决策与整个社会前进的重要依据。值得注意的是,该类组织相较其他咨议组织的重要区别在于,为保证该类组织的咨询意见充分、有效、合理、长远,它必须保证其组成人员的合理构成,广泛吸取社会各方面的意见,审慎分析研究对象的发展规律以及前提约束条件的变化,确保咨询意见的合理性与前瞻性。这个咨询过程是建立在广泛研究、讨论、沟通、协调的基础之上的,可以说,它本身也是一个收集、整理、分析的综合平台,来自社会各个方面的信息在这里得到交流和调整,进而达成对形势判断及相应对策上某种共识的结果。而这种特点是其他咨议机构很难达到的。另外值得注意的是,为保证咨询意见的独立性,这类组织并不参与政策的执行与现实操作。

第二,政府牵头并力推形成的中间整合组织形态。该类组织尽管表面上呈现出经营性业态,但是多数都是非营利性的。其存在和发展的目的任务导向性非常明确,即充分整合资源大力促使(代表社会需求的)政府所确认的重点行业、产业、项目等的强势推进,从而帮助社会内成员大干快上,培养优势,参加竞争。虽然表面看来范围较窄的重点行业、产业、项目之强势推进具有较浓的私益性特点,但是经过这种组织运作,如果在竞争格局中确实做到了优势明显、实力突出,那么其中潜在的社会公益性(社会财富、社会福利、社会整体竞争水平)亦不容小视。

第三,政府功能与企业功能兼具的开发性组织形态。之所以称其为开发性组织,是由于其力图整合与盘活的不仅仅是一个项目、产业或行业,而更多的是一个整体意义上不成熟、待开发、待转型的区域和范围。恰恰是由于其中的不成熟、待开发、待转型的特质,所以该类组织的具体作用主要有两项:第一,奠定经济基础框架。其中的基础框架不仅包括物质设施层面,同时还包括制度、政策层面,甚至还包括精神习惯层面。只有基础框架明确、合理、有效,该区域和范围内的经济社会生活才能够有效、有力、有序地运转发展起来。第二,组织经济社会生活。该类组织形态的这种作用充分体现在整合各种可用资源、采取各种有效形式促进经济与社会引擎的强劲开动和运转。该种作用具有非常强烈的经营性特点。

第四,政府与各界共同参与的企业形态。这一类型的复合组织的作用比较清晰明确,即政府与社会各界平等合作、确保争取优势市场份额、获得丰厚利润、抢占竞争高端。通过这种组织形态,一方面,政府与社会各界中每一部分都能够获利,另一方面政府也在某些重点的、企业自身难以有效驾驭的项目、产业或行业中,有力促进整体优势发展,有效助推企业发展。

当然,并不是说所有的该类组织都能够非常成功地达到预期的目的与效果,相反失败的案例比较多。究其实质原因,主要是由于该类组织在社会经济生活中的特殊性——整合性(整合了多方力量、多种因素、多种关系、多种规则甚至多种权威)与非常性(各个构成环节都具有非常之特点,比如很多该类组织在成立之初便明确存续时间,到时自行解散),所以从运作以及发挥作用的角度看,这类组织对于组织性、策划性以及巧妙性要求非常之高,因此现实中众多的失败案例也就不足为怪。

比较而言,这类组织在日本的作用、影响、效果更大。日本近现代以来的成功,尤其是二战之后的辉煌,以这类半民半官的复合型组织为载体的运作功不可没。它们为日本的行业发展、技术突破、产业结构调整、地区进步之顺利进行提供了强大的力量支持。从某种意义上说,日本能够在20世纪下半叶较短时期内强势崛起,与这种组织形态的作用关系甚大。所以哈佛大学教授沃格尔(Vogol)认为,"日本人的成功并不在于日本传统的民族性,以及由来已久的美德,而是由于日本具有独特的组织能力,政策及计划等,才能达到预期的成功"。正是在这个意义上他指出,"如果从各方面仔细观察日本的成功,则使我们相信,这个国家尽管资源缺乏,但比起世界上任何一个超工业化国家来,对面临的基本问题,解决得既多而又巧妙。"从这个意义上,他认为日本是"世界第一"(Japan as number one)。[1]

在我们借鉴东西、纵览历史中发现复合组织如此众多的现实经验之后,我们迫切需要解决的问题是,对于这类复合组织,究竟应该从学理上怎样予以理解和把握?

三、历史脉络与比较视野中的学理分析

人类社会自从进入近现代以来,"自由市场经济"的理念与模式一直强有力地影响着人类社会的生活。其中突出代表便是英美等基于个人主义意识形态的社会,主张政府不应干预以个人为主的商业市场活动,其支撑信念在于这种商业市场活动主要是受"市场中看不见的手"调节,政府如进行过多干预则会破坏"这只手"的功用和效果。所以亚当·斯密把政府比作为"守夜人",认为其职能主要在于保护社会的安全、保护人民不使社会中任何人受其他人的欺侮或压迫、建立并维持某些公共机关和公共工程。

但是伴随着社会经济生活的进行与发展,"市场失灵"(market failure)现象的出现促使人们对"自由市场模型"进行修正,从而出现了"政府适度干预理论"。政府除了保有传统理念中的职能外,其干预市场的工作可以具体细分为三个方面:(1)自由经济与市场出现了错误导向(比如过度无序竞争),那么政府进行干涉从而予以克服;(2)出现了自由经济与市场力所不及的情况(比如有些公共产品不能得到有效提供),那么政府进行干预从而予以补充;(3)在自由经济和市场的前提下,为了实现发展过程的优化(比如在国际或区域竞争中积聚并保持自己的某些优势),那么政府进行干预从而予以推动。

概括地说,上述理论模型中政府的行为可以归结为两类:一类是公共产品(包括物质形态和非物质形态、产品和服务等)的提供,其功效在于保证社会经济生活的有序与健康;另一类则是对某些重点工作的推进,其功效在于促进社会经济生活中的某些方面更有活力与竞争力。其实,这两类活动都可以归结为公私部门合作关系的表现,而它们强有力地冲击着传统理解的政府与企业组织之角色特征。可以说在这样的模式中,政府组织与企业组织突破了原来相互独立的位置格局,政府越来越意识到自身提供众多社会经济运行所需公共产品的必要性,而且在与企业及其他组织互动的过程中愈加学会与锻炼了有效率、有效益地

---

[1] 埃兹拉·沃格尔:《日本的成功与美国的复兴:再论日本名列第一》,上海三联书店1985年版,第168—169页。

提供公共产品的能力与机制(比如为克服"政府失灵"所进行的民营化改革);而企业组织也越来越掌握并熟练怎样在与政府及其他组织的互动中实现合作共赢的规律与运作。

而这类政府与企业为代表的社会部门之间的互动合作关系之组织形态在很大程度上便是前文中所指的"复合组织"。其实,对该类组织的深入理论分析可以采用上述两类政府行为的标准予以展开:

首先,从公共产品的提供方面看,其中很多理论问题需要澄清。(1)公共产品的"公共"一词可以指代三种截然不同的含义:政府拥有、公众拥有、拥有权利开放(open access)。(2)即使从公共产品的性质上看,公共产品基本可以分为三类:第一类是纯公共产品,即同时具有非排他性和非竞争性,如国防、公平的收入分配、有效率的政府或制度、环境保护、基础科学等。第二类公共产品的特点是消费上具有非竞争性,但是却可以较轻易地做到排他,如公共桥梁、公共游泳池以及公共电影院等。有人将这类物品形象地称为俱乐部产品(club goods)或可收费物品。第三类公共产品与俱乐部产品刚好相反,即在消费上具有竞争性,但是却无法有效地排他,如公共渔场、牧场等。有学者将这类物品称为共同资源(common resources)。俱乐部产品和共同资源产品通称为"准公共产品(quasi-pubic goods),即不同时具备非排他性和非竞争性。

在萨瓦斯(E. S. Savas)看来,上述三种公共产品再加上具有排他性并供个人消费的个人物品便构成了现代社会所需物品和服务的集合。[①] 而在这种分类中,个人物品和俱乐部产品能够由市场提供,集体行动在其中扮演着较弱的角色,主要是克服市场失败,建立市场交易的基本规则,保证个人物品的安全,规范具有自然垄断性的俱乐部产品的供应方式等。但集体行动是不可或缺的,用以保证纯公共产品的供给,还要保证那些社会决定用补贴或集体方式提供的个人物品和俱乐部产品(实际上变成了集体物品)的供给。为了克服"搭便车"问题,强制也许是必须的。尽管在很多例子中私有产权能担负重任甚至更有效率,集体行动还是常常被用来保护自然共同资源。集体行动的主体可以是私人和自愿组织,不应是政府的专利。就是说,通过这种对现代社会所需要的物品与服务的深入详细考察,我们发现政府与社会私人部门的恰当角色大为清晰起来。传统观念中政府所提供的笼统意义上的公共产品是需要细分的,而且其生产主体可并不局限于政府组织,其他的企业组织或非营利社会组织均可以完成该种任务。

这种理论的价值在于公共产品的提供并不等于公共产品的生产,政府组织放弃公共产品生产者的功能并不代表着放弃了公共产品提供者的角色,而这一

[①] 萨瓦斯:《民营化与公私部门的伙伴关系》,中国人民大学出版社 2002 年版,第 32—35 页。

点无疑为公私部门之间的合作互动提供了坚实的理论支撑,同时也是有效克服"政府失灵"的有效良方之一。也正是在这个意义上,"复合组织"的存在合法性或合理性便得到了较大程度的确证。值得注意的是,通过上述理论的梳理我们发现,复合组织中各方成分的角色和定位不是变得模糊了,相反愈加清晰和明确了(比如哪些是公、哪些是俱乐部产品意义上的半公、哪些是共同资源意义上的半公、哪些是私)。

而且恰恰是由于上述原因,即复合组织能够提供的产品形态可以兼顾纯公共产品、俱乐部产品与共同资源产品,因此该种组织形态的存在合理性亦可以通过"交易成本理论"得到解释。交易成本包括由组织的负外部性产生的以及由组织内部性产生的两种交易成本,而复合组织在这两个方面都能够实现较低甚至最低的交易成本——既可以较大限度上减少非市场组织内部性带来的交易成本,同时又可以大量减少因为市场组织外部性所产生的交易成本。

其次,从某些重点工作推进方面看,复合组织所体现的公私部门乃至中间性部门之间的互动合作关系可以通过洛奇(George C. Lodge)所提出的"社会需求理论"(立论基点是政府与企业的关系)得到更好的理解。在洛奇看来,一个社会的需求究竟应该怎样来清晰地认识呢?有的国家(比如美国)认为独立的公司之间的自由贸易,不受政府限制,会对一切有关方面带来最佳效果,只靠反托拉斯法保持开放的市场就大体足够单独决定并满足社会需要了;而有的国家(比如日本)则认为,社会需求需要由政府来决定,而市场竞争只是若干方法中的一种。所以正是在这个意义上,查默斯·约翰逊对应性地区分出了"调节型"国家和"发展型"国家两种类型,在确定社会需求方面,"调节型"国家属于前者,"发展型"国家属于后者。

在世界、地区竞争激烈化、企业的全球化和技术的政治化这种大背景之下,洛奇认为越来越明显的趋势是,只有作为主导的政府才有能力、有条件知道国家或地区利益(这些利益被界定为有利于社会经济发展)之所在并促进这些利益实现,因此政府的主要任务之一便是决定国家或地区经济发展的重要部门而且负责促进实现,所以从这个意义上说政府确定社会需求的必然性程度大大地增强,各国社会愈益依赖政府而不是依赖市场来确定社会需求。正如原法国政府的电信管理总局局长雅各·唐杜所说的那样,要在欧洲范围内,保住法国人的存在,国家不再能袖手旁观了。至于在广阔的世界经济舞台上,也只有国家冒风险参与,才能使法国人能够有点地盘,搏上一搏。

洛奇指出,政府有四种途径可以使企业活动符合社会的需求:(1)鼓励市场竞争;(2)在单靠市场竞争本身已经不够或不能令人满意的情况下,国家便出面调节市场;(3)与企业建立伙伴关系;(4)在由社会发给公司的特许成立执照上写明要求公司满足一种预定需要。洛奇非常赞赏日本政府的做法——"大量采用第一种方法,几乎完全不用第四种,同时也盛行采用第三种方法,事实证明,这种方法在满足社会需要上最为有效"。保罗·克鲁格曼就指出过,"有些国家,尤其是日本,靠政府与企业携手共促某些行业的战略显然捞到了很大好处"。

就是说,政府与企业界通过一系列措施紧密合作,共同摸准社会需求,组织配置资源从而予以满足,广泛采取种种手段来增强本国的国家竞争能力。正因为这样,我们便可以理解,政府是战略的制定者同时也是企业参与一定范围内竞争的伙伴,这样,形成企业与政府间较为正式的合作机制与组织形态——复合组织——便自然之至了。

当然值得注意的是,洛奇的理论中只是以政府组织和企业组织作为理论基点,其实复合组织由于其特殊的目的性必然要求充分整合各方面社会力量,不仅需要包括政府与企业这样的硬组织,同时还需要纳进各种具有媒介性、中间性、非营利性等特征的软组织,更为重要的是通过平等协商、官民协调以达到充分的合力与顺畅的合作。

四、复合组织的性质职能定位及其存在条件分析

(一)复合组织的性质职能定位

经过上述理论分析,我们发现在国外大量经验中复合组织的存在合理性以及其巨大的功效价值。那么接下来的问题便是,在全球、地区竞争日益激烈、政府治理与改革成为时代潮流、社会各方力量(尤其是民间力量)愈加受到平等对待与尊重、利益攸关各方较容易按照程序达成共识、竞争迫切需要一定范围内的各种组织形态明确角色与职责、而且在此基础上尽力谋求各方进一步的良性整合与互动之大背景下,从战略的高度上究竟应该怎样为该类复合组织把脉?它们的性质职能到底应该怎样定位?

概括地说,作者认为对复合组织性质的把握应该定位在政府与以企业为代表的实业界关系之重新建构之上,即它体现了公私部门之间的合作伙伴关系。值得注意的是,这并不意味着政府对市场经济关系的破坏,相反从某种意义上说它是对市场经济的顺应;或者说这类组织之所以愈加受到各国重视的原因不在于政府对市场的干预多,而在于政府对市场机制的破坏程度小。正如第三部分理论梳理所昭示的那样,第一,政府组织在这种组织形态的互动合作中非常需要对自身的职责与活动范围进行明确,这样不但不破坏市场相反更廓清了市场运行的前提条件;第二,政府组织必须明了所供给的公共产品的详细划分,因为不

同种类的公共产品性质不同所以不能一概对之，从而可以考虑通过引入怎样的市场机制能够更有效率且有效益地提供公共产品；第三，政府通过整合机制、市场化机制建立的组织形态所提供的某些公共产品具有奠定市场运行框架、启动某方面市场活动的重要作用；第四，复合组织所发挥的积极作用，在很大程度上说"并不是英明的政府纠正了目光短浅的企业家的错误，而在于政府的政策顺应了企业家的要求"，这种积极合作伙伴关系的建构大大降低了在政府不干涉主义框架下市场自发活动所产生的内耗、浪费以及试错成本；第五，政府在正确判断并确定社会需求的前提下，借助复合组织形态推动某方面重点发展，这种政府的经济行为既扶持了经济实体的快速强大成长（提升了竞争的优势与层次），同时也为市场经济的强劲运行注入了新动力与引爆点。

总之，恰恰是由于这种复合组织形态的公私部门之间的合作伙伴关系，该类组织所具有的经济基础（框架）属性和组织经济生活职能得到了非常清晰且完美的体现——政府良好地履行了自身的职责（有效率且有效益地满足社会公共需求、维护社会公共福利），同时尽可能地不破坏市场机制（不干扰企业成长，在公私的结合点上铺垫基础框架、组织经济生活），又可以促进社会经济实体的发展（帮助推动其成长性与竞争性）。

检索国外各国该类组织的发展情况，我们发现日本正是因为非常巧妙地处理好了这种合作伙伴关系，所以在创造经济社会发展奇迹的过程中阻挠力与破坏力均被减至尽可能小的程度。以至于查默斯·约翰逊主张，"外国企业搞不出什么名堂来，除非这些国家先在处理好政府—企业关系上同日本一见高低"。而前美国商务部部长毛里斯·斯坦兹则在《日本政府与实业界关系》（英文版名字）一书中指出，从日本战后经济的高速发展反观美日两国运作，"我看根本的差异在于两国经济界和政府的关系"，他称之为"方式不同的竞赛"，并将日本的方式比作为"日本股份公司"。[①]

（二）复合组织的存在条件

当然，由于该种组织形态中尽可能整合了社会各方力量同时相互之间是合作伙伴关系，复合组织具有众多难得的优点，但是也应该看到，该类组织形成、运作、发挥功效的条件要求与环境要求非常之高，即其必需具务高度的组织性、策划性以及巧妙性。否则，将难以达到预期的目的，甚至起到相反的作用。

概括起来，这些适用条件基本包含如下内容：

---

① 中国经济体制改革研究所赴日考察团：《日本模式的启示：企业·政府·中间组织》，四川人民出版社 1987 年版，第 102－106 页。

第一，政府必须知道并确定其所代表的相应存在范围的利益所在，该利益构成社会需求的重要组成部分。同时政府对公私格局下自身的角色、职能、运作方式有着清晰的认识与把握。这两方面其中的道理前文已有论述。

第二，政府必须对这些利益所支撑的社会需求进行主次先后、轻重缓急等方面的排序与分类，从而在突出焦点与重点的基础上有限作为而不是无限作为。正如日本经济学家在分析日本的"经济发展优先顺序"时所说的那样，"在优先顺序中排在后面的产业，只有服从于市场竞争的原理"，"政府对国家不重要的产业，是从不浪费时间的"。

第三，无论是在盘活、推动公益事业发展、实现自身的良性治理与改革还是经济重点推进等方面，政府通过复合组织形态所体现的经济基础（框架）属性和组织经济生活职能一定要备受呵护和明辨的能力，必须对相应的市场框架和产业链的理解与建构具有科学性、全面性以及前瞻性。同时也应该看到，该类组织的存在有其相应的阶段性，市场不成熟（不完全市场）、经济基础框架还没有搭建好、具体方面的竞争力需要提升与强化等背景条件客观上要求复合组织的强力助推，但是一旦这些条件达到成熟的阶段，该类组织则应该合理退出。而且，尽可能地不为成熟运作阶段留下"后遗症"。检讨日本的发展经验、日本模式的软肋就在于此，所谓"成也萧何，败也萧何"。

第四，充分重视公私部门之间合作伙伴关系的性质，其要义在于"在尊重每一方意愿的前提下平等协商，达成共识"。复合组织内无论是政府、企业、民间团体、事业组织等各种成分均应该地位平等地协商合作，通过正式或非正式途径加强密切联系，在取得共识基础上集体采取行动、发挥合力。

第五，这种合作伙伴关系所要求的"协商"、"协调"精神能够恰当地得以执行，需要其他的限制条件，如斯坦兹所认识到的那样：(1)各方当事人必须相互充分信任，有了互相信任之后，各方同意的目标才有实现的可能；(2)各方必须重视所承担义务的"市场秩序"，即在政府和行业内部交换了合同的当事者，要组成某些同行业的民间团体，进行适当集中的管理，也就是（前文所述的）媒介性、中间性、非营利性等特征的软组织必不可少，其所发挥的作用不容忽视。

第六，上述的内容只是复合组织所客观要求的适用条件之基本维度，其实除此之外其因地制宜的组织性、策划性和巧妙性在现实操作中同样非常重要。如前文所述，复合组织可以分为很多不同的类型，而每一种类型的运作要求差异较大。由于复合组织本身就是动员性的组织，不可能有可以照搬照抄的固定模式与套路，所以在认清类型基础上再进行精心的策划、组织与实施实属必要。

第七，我们对复合组织的活动范围边界应该有清醒的认识。虽然这种组织形态所代表的各方相互作用在各国经验中较多地存在，但并不是到处都有的现象。事实上，上文所列举的诸多适用条件恰当地表明了其不可能遍地存在。正如我们看待赛马比赛一样，尽管骑手的作用非常重要，但是赛马的优胜还是主要取决于赛马本身。所以应该对复合组织的经济基础（框架）属性和组织经济生活的职能有清晰且准确的认识和把握，且不可本末倒置。针对该类组织的公私部门合作伙伴关系之性质，其活动的边界在于以不侵犯组织内各方的自治权为要旨。

第五章

培育复合组织实现多元协同
供给的对策分析

各类复合组织已经在经济社会发展中显现重要作用,但是还应看到这种多元协同机制运作和发展中的困难与不足。纵观当前和未来,在各类复合组织的培育中需要形成长期的指导思路以及各阶段的具体措施,解决该类组织面临的法律性质界定、内部机制完善、政府政策引导、社会环境构建等难题,最终提高城市公共产品的供给水平,促进城市社会经济的和谐发展。

一、培育复合组织实现多元协同供给的总体思路

培育和完善复合组织的总体思路是:以科学发展观为指导,以构建社会主义和谐社会为目标,以事业发展、项目带动为立足点,坚持社会效益与经济效益两者统一,政府主导、企业主体、社会运作相结合,整合党政界、企业界、知识界、媒体界等各种资源,鼓励和支持各种复合组织发展,在创新中规范,形成有特色的新型经济社会发展平台和机制,分阶段逐步实现城市公共产品的多领域、多主体协同供给。

二、培育复合组织实现多元协同供给的基本原则

培育复合组织实现多元协同供给的主要原则包括:(1)明确性质,准确定位。复合组织体现了公私部门之间的合作伙伴关系,这不意味着政府对市场经济关系的破坏,相反是顺应市场经济发展的需要。但这种组织并不是万能的,它的出现并不能取代传统三大社会组织的位置,它只是在重点领域中提供组织的基础性框架,并动员多种社会力量参与重点领域的发展。(2)完善运作机制,创新运作模式。多元协同的复合组织形成、运作、发挥功效的条件要求与环境要求非常

高,即必须有高度的组织性、策划性和灵活性,否则,将难以达到预期的目的,甚至起到相反的作用。因此,要通过搭建组织架构、整合运作机制、明确功能边界、创新运作模式,为该类组织正常运作、发挥协同供给城市公共产品的功效创造良好的制度环境和体制框架。(3)规范管理,加快发展。鉴于该类组织在推动公益事业、重点领域方面的巨大功效,要大力培育和完善;但同时也应该看到,其运作机制和运作模式具有不成熟性、阶段性特征。因此,要加强规范、管理,通过正式或非正式途径加强多元主体之间的密切联系,注重协同组织之间的平等协商,在取得共识基础上采取集体行动,发挥合力,特别是不能破坏市场机制,干扰企业成长。

三、培育复合组织实现多元协同供给的具体对策

(一)明确多元组织协同中的复合组织性质,准确定位协同供给功能

要把复合组织作为一种中国特色的新型组织来探索其性质。在目前情况下,可根据各类复合组织的职能定位,以及所从事活动或项目的公益性、目标多重性,将复合组织明确为自收自支的事业单位或非企业单位。但还需要继续比较研究不同类型主体的组织存续性及其生存、发展条件,来区分单位性质。对这种多元协同的复合组织性质的把握可建立在政府、市场、非营利组织关系的重新建构之上,体现三大部门之间的合作伙伴关系。部分复合组织即为公私合作提供特定准公共产品的复合型社会服务组织,部分复合组织相当于国有独资、国有控股或参股的公司。[①] 另外,根据复合组织类型和所从事的工作内容,进一步厘清和明确其功能定位。以重大社会性项目、文化事业、行业发展为主的紧密型复合组织,可组建事业联盟或事业集团;符合事业单位法人条件的,在事业单位法人登记部门进行登记;松散型的行业联盟组织,其架构中的不同层次,可分开登记,但提倡统一命名。

(二)廓清三类组织的权责边界,明确协同供给的组织分工

明晰政府的权利边界是实现组织协同、落实重大战略、确保地区公共利益的关键。以政府权力的使用边界为主要研究对象,尽可能描述出其与企业、社会的

---

① 日本和新西兰在区域开发中倾向政府主导下的公私合作,日本成立三种特殊法人来推进开发,与杭州项目推进型的复合组织类似。

管理和控制边界,对于明晰和释放三大部门在新型复合组织中的各自优势有着十分重要的意义。

1.在重大决策分工上,政府负有战略决策、管理、协调的权责,企业和非营利组织负有协商共谋的权责。在当今世界与地区竞争激烈化、企业的全球化和技术的政治化的背景下,各国社会愈益依赖政府而不是依赖市场来确定社会需求。当然更为有效的途径是,政府与企业界等通过一系列措施紧密合作,在互动过程中共同摸准社会需求,组织配置资源从而予以满足。而这些合作是以各自的基本职能和优势的保留为前提的。

2.在战略实施过程中,政府要通盘筹划、明确目标、分解任务、全程督导,企业和非营利组织则负责战略执行及生产性操作。复合组织落实协同供给的过程中,政府为确保有序推进决策战略及实现公共利益,要发挥宏观规划、项目制定、督促落实的权责,具体包括制定合作总目标、阶段性任务以及任务如何落实的措施意见;而企业和非营利组织作为合作方完成各项分解的具体任务。企业重在实现微观资源配置、生产性任务,非营利组织比如行业协会、社团以及相关民非组织等在具体战略执行中也可以成为合作伙伴,发挥桥梁纽带和宣传推广的作用。

3.在资金运作上,政府要落实部分保障资金,企业则通过金融市场和社会筹集项目资金并独立核算但部分受到政府督查。在多元组织协同运作的初期,政府需要安排财政资金组建新型复合组织,顺利启动项目和工作,此外还需要提供组织内的基本人员薪酬和一些办公经费、专项经费以保障该类组织稳定开展工作。而众多具体项目的资金运作主体还是企业,因为企业可向金融中介举债,可吸收社会资金参与,所以企业发挥出了市场运作的灵活性,保障了公共项目的顺利完成,也扩大了社会效益。

4.在工作目标上,政府确保组织公益任务、企业保障资本营利或平衡运作、非营利组织提升实力以实现宗旨。在多元组织协同运作中,政府始终是公共利益的代表者,是公共财产的委托代理者,所以其重要职责是把握组织协同中的公共利益导向,确保项目实施中的公益目标,对企业等市场营利主体可能出现的损害公众利益行为或者某些部门、个人中饱私囊的行为进行监察和制止。营利性的企业在开展项目过程中势必寻求资金的保值和增值,企业除了"资金自求平衡",还要获取预期营利水平。对于部分社会公益性项目还可通过政府购买服务等合作形式,吸引非营利组织积极参与甚至承担和运作,从而提升非营利组织声誉和实力,来实现组织的特定宗旨。

5.在制度供给上,政府掌握制度、选择合作规则、创新合作机制,企业和非营利组织重在微观实施、组织资源参与合作。在多元组织协同运作中,政府主要是通过制定相关政策和制度来保障主体实现战略目标、维护公共利益。而企业和非营利组织在特定的制度约束和规则要求之下,组织资源参与合作。比如在西泠印社运作中,社委会作为政府授权的国有资产委托主体,在"光大品牌、繁荣产业"的过程中始终做到制度先行,出台了财务、人事、品牌经营等一系列的制度文件。尤其在这个"金字招牌"的商业使用方面,通过制定《"西泠印社"品牌管理规定》,配套实施《品牌核准制度》、《品牌收费办法》等系列文件,确保品牌规范使用,明确品牌所有者与使用者之间的法律关系,从而完善与商业合作伙伴的加盟规则。另外,在合作中还通过设置合理的利润分配机制来发挥合作企业积极性,提高品牌效益。而企业在有章可循的情况下,也就能做到平等合作、规范运行。

(三)健全复合组织的运行机制,提升城市公共产品协同供给效率

要在创新中规范复合组织运作机制。在主体运作上,形成既层次分明,又彼此联动、互为支撑的运作机制,使主体架构中不同界别发挥不同的作用。党政界为主导的领导小组、委员会等主要发挥引导、统筹、协调等功能;知识界为主体的专家委员会、专家组等主要发挥研究、咨询、策划、创意等功能;行业界为主体的中心、协会、经营组织主要发挥实施、建设、展示、展览、制作等功能;媒体界为主导的宣传机构主要承担宣传、推广、沟通等功能。要将不同主体的功能进行有效的串联整合,形成统分结合、优势互补、互为支撑的功能链、项目链。(1)在所有权上,支持将复合组织中的社团、民办非企业单位、事业单位组建股份制企业,但参加股份制企业的民非、社团、事业单位及个人的所有权一般不能用于分红,应用于公共事业的发展。(2)在分配上,建立股权激励机制,但股份不能任意退出、兑现;在资金运作上,允许复合组织进行资金积累,用于项目建设和公共事业发展,用于社团、非企业单位、事业单位本身的可持续发展。(3)在民主参与机制构建中,一是搭建民主参与平台,使知识界、行业界、媒体界等社会各界的参与经常化、制度化;二是畅通沟通交流渠道,建立复合组织相关方表达利益诉求的畅通渠道,在彼此沟通中增进理解、达成共识、相互支持;三是完善政府在民主协商过程中的工作方式,建立政府决策征询主体内其他组织意见机制、日常工作协商机制、分歧矛盾化解机制等。

(四)加强复合组织的人才队伍建设,提升协同供给的效力

一方面,在复合组织人力资源的安排上,政府掌握机构领导层的人事安排、企业(包括一些非营利组织)开展具体人力资源管理。对于涉及重要公共资源、涉足重大项目建设的复合组织,政府需要加强微观控制,主要落实在搭建好负责

公共项目的领导团队,该领导团队一般具有政府工作背景、赋有业务能力、拥有市场经验和财务知识。政府落实机构领导层,是实现决策目标的重要保障。而企业在实施战略过程中,作为微观主体需要具体配置人、财、物等资源,主要包括对执行层领导和具体工作人员等的人力资源管理、激励机制设置、考核制度落实。

另一方面,政府应积极主动地为复合组织从业人员创造良好外部条件,让他们工作有地位、做事有机会、创业有平台、发展有前途。建立柔性的人员管理制度。根据该类组织人员专兼结合的特点,对人员进行柔性管理,实行双重制度,除设置专职人员外,鼓励党政机关人员开展延伸服务,倡导机关人员到复合组织挂职,鼓励非行政审批部门退二线的老同志到其中兼职;吸收行业代表人士作为各类领导小组、指导委员会、协调小组成员,支持行业代表人士在行业协会、研究会等各类社团组织中兼职;鼓励院校专家、媒体界人士到各类复合组织兼职,最大限度地发挥人力资源作用。同时,建立激励人才的荣誉机制。在社会评价的基础上,探索建立一套既适合复合组织,又具有特色性、递进性、可比性、参照性的荣誉体系,以吸引复合型人才尤其是文化经济复合人才加盟复合组织,提高复合组织从业人员的归属感、工作的成就感。参照机关级别或事业单位等级规格,研究确定符合复合组织特点的机构规格体系。建立反映复合组织从业人员贡献档次、技能等级的专业性职称晋升体系,使复合组织的专职人员具有专业职称晋升空间。复合组织的兼职人员,尤其是兼职的专家学者,可在相关的委员会中担任职务,也可设立荣誉称号。

(五)规范复合组织的运行,确保协同供给的目标

针对某些协同领域中政府与市场边界不清、大包大揽、合作不平等、资源整合运作不成熟、资金操作不规范等问题,需要加强规范管理,比如通过正式或非正式途径加强组织内部多元主体之间的密切联系,推动平等协商,疏通组织内外的监督渠道并出台规范制度。对于复合组织所出现的中饱私囊等种种违规操作,因为主要是发生在经营性领域,所以发现问题的办法还在于加强审计,比如这类组织在相关房地产项目中的经济问题、公益民办非企业单位的变相分红问题等,都需要严格的社会审计来披露问题,规范发展。另外对民非组织政府在政策、土地等支持的同时,还需要出台配套的约束政策,如权利义务对等的扶持政策,对公益项目验收后的公共采购政策,以合约形式规定的公益付出政策等,只有规范性制度建设到位才能确保其发展中不偏离公益方向。

（六）积极创设多元组织平等合作机会，拓宽协同供给领域

其一，为推动城市公共产品协同供给，政府要动员和支持各大部门多方合作；企业和非营利组织应当享有与政府平等对话、自愿合作、公平竞争的权力。协同供给的实现还需要各主体间持续平等的合作条件。当前政府主导社会经济发展的特定历史阶段，政府在促进城市公共产品协同供给中，无疑仍赋有组织动员、支持合作的权责，政府需要创设舆论环境、政策环境、文化环境来吸引企业和非营利组织共同关注地区的社会经济发展、积极参与各项地区战略。而一旦实现合作主体的构建，政府需要在工作态度、方式及机制等方面扭转机关工作作风，与合作方加强日常沟通、遇事协商、主动对话。而企业和非营利组织更应放弃被动接受的传统观念，积极争取与政府平等对话、公平竞争的一系列权力。各主体通过正式或非正式途径加强密切联系，在取得共识基础上集体采取行动才能发挥组织合力。

其二，推进政府职能转变和机构改革，拓宽复合组织协同供给领域。在公用设施建设和公共服务供给中转变政府"直接生产"方式、充分利用民间力量实现多领域协作；尝试部分非纯公益类事业单位向复合组织转型的改革路径，扩展组织协同空间。尤其联系当前全国、全省在推进的大部制改革，对政府行政机关改革中分离出来的公共服务执行项目或者公共产品生产环节交由复合组织落实。因为这些组织在运作中有政府的协同参与，既易于执行政府决策，保障公众利益，也因为有市场主体和非营利组织的协同参与，可以提高执行效率，实现大部制改革中的决策、执行、监督三权分离目标。随着大部制改革的深入，目前政府部门比如经委、贸易部门等都可以将一些具体工作剥离到相应复合组织，通过多元协同机制来承接分离的职能，无疑是拓宽组织协同领域的一大途径，也是稳妥推进改革的有效过渡形式。

（七）营造复合组织发展的良好环境，推进组织协同深度

首先，需要加强宣传力度，进一步提高对该项创新制度的认识。要把培育和发展复合组织提高到落实科学发展观、构建社会主义和谐社会的高度来认识，提高到探索中国特色的社会创业组织和社会管理运行机制的高度来认识。要加强与宣传媒体的联系与沟通，利用报刊、电台、网站介绍和宣传复合组织的特定作用，提高对复合组织公众认知度，让社会各界了解、关心和融入复合组织的发展。通过《决策参考》等内部资料文件让有关部门了解和重视该类组织发展，通过联合制作典型案例的宣传报告，让更多公众了解并参与其中。其次，深化理论研究。联合国内外一流研究机构、高校，深化培育和发展复合组织的理论研究，从

理论上阐明复合组织这一中国特色社会组织结构的先进性、可行性、实践性，强化理论支撑。最后，完善相关政策环境，出台并细化《关于培育和发展复合组织的若干意见》，加大对该类协同组织的引导和支持力度。政府和社会共同创造培育复合组织的法律环境、合作环境、治理环境，等等。①

---

① 对策措施部分参考社会复合主体创新背景中的推荐经济转型升级要求和组织形式网络化的要求等，可具体参见王国平：《培育社会复合主体 共建共享生活品质之城》，《培育社会复合主体研究与实践》，杭州出版社 2009 年版，第 13—16 页。

第六章

城市社区公共产品的多元供给机制研究

　　在当今城市发展过程中,除了需要多元主体协同供给各种市域性公共产品,推进经济建设和文化繁荣,还需要加强社区建设促进社会和谐。尤其在我国转型发展阶段,随着经济体制改革的不断深入和城市化进程的加快,越来越多的城市居民由"单位人"转为"社会人",越来越多的农民涌向城市,城市社区中的人员构成日益复杂。社区已成为一个各种矛盾和利益交织的场所,它承载着社会变革带来的巨大压力。社会建设、社区建设、公共产品供给有着内在联系,和谐社会建设经由公共产品供给,其中,城市社区公共产品对于居民生活质量的提高、国家经济的增长及社会秩序的稳定具有重要意义。当前,人们对社区公共产品的需求增长与社区公共产品的供给不足正成为一个突出的问题。传统的"单位制"下的供给已经解体,而新的供给体制没有真正形成,致使城市社区公共产品的供给出现内容单一、资金缺乏、效率低下等问题,严重影响了城市居民的生活质量的提高和城市居住品位的提升。所以,本章从当前城市社区公共产品供给不足的现状出发,结合浙、沪、苏等城市社区公共服务的实际经验,试图探索一套城市社区公共产品的多元供给的有效机制,并提出相应的政策建议,进一步完善对城市公共产品多元供给的整体研究。

一、城市社区公共产品多元供给的相关内涵界定

(一)城市社区公共产品及其分类

　　城市社区公共产品是指在城市社区这一地域范围内,与居民生活密切相关的公共产品,即居民在社区生活中所需公共产品的总和。

我们可以依据产品的排他性和竞争性细分社区公共产品：[①]第一类是具有消费排他性和非竞争性的社区纯公共产品。如社区治安、社区绿化、社区道路等。无论是个人还是集体对该产品的消费不会引起其他个人或者集体对该物品消费的减少，该产品也不会随着消费人数的增加而引起供给量或边际成本的增加，同时也不可能通过经济或技术的手段有效地阻止任何人在不付费情况下排除在某物品的受益之外。

第二类是具有竞争性和排他性的社区可收费产品，如社区图书馆、社区特长培训等。这类社区公共产品存在一个拥挤点，在该点之内，消费者可以自由免费享用社区公共产品的收益。但当社区公共产品的使用人数超过这一点后，每增加一个消费者就会对其他消费者造成影响，使产品的消费又具有了排他性。对于这类产品，往往采用收取一定费用的方式来达到对使用人数的控制。具体包括邮件投递、公交服务、通讯网络、自来水供应和下水道服务、电力供应、天然气供应、社区养老、青少年特长培训等。

第三类是具有非排他性和竞争性的共用资源。由于共用资源是由自然界提供的，社区内的人们都可以无偿使用，但一个人的使用势必造成其他人使用的减少，因此它具有一定的竞争性。

另外，社区公共产品的分类还有很多标准，根据受益对象，社区公共产品可细分为社区福利产品、便民利民产品。社区福利产品的受益对象主要是社区特殊群体，具体包含为老年人提供的社区福利产品、为残疾人提供的社区福利产品、为优抚对象提供的社区福利产品、为失业人员提供的再就业服务、为社区贫困人口提供的社区福利产品、为刑满释放及解教人员提供的社区福利产品，等等。便民利民产品的受益对象是全体社区居民，主要包括良好的社区环境、良好的社区医疗卫生服务、为未成年人提供的各种服务、社区生活服务等。这种以受益对象为依据的划分方法，实际上反映了居民社区公共产品需要的"相似性"和"共同性"。社区福利产品供给既反映了社区弱势群体相似性需要，也以满足社区弱势群体的相似性需要为目的；便民利民产品供给同样既反映了全体社区居民的共同性需要，也以满足全体社区居民的共同性需要为目的。

对社区公共产品进行分类描述，目的是在论证其供给方式、供给机制时提供针对性的依据，因为不同类型的社区公共产品，消费特性不同、受益群体不同，往往会在一定程度上决定具体的供给途径。

---

① 分类参照刘威：《论我国城市社区公共产品有效供给机制的构建》，广西民族大学硕士论文，2008 年。

（二）城市社区公共产品供给主体

1．政府供给社区公共产品

从原始社会发展到今天，生产力不断进步，但个人能力依然有限。一些重大而艰巨的工作或项目是社会个体和某些社区所不能胜任的，只能依靠政府集中一定区域的资源和人力来进行。比如社区治安、社区绿化、社区道路等社区纯公共产品，不仅仅是社区受益，对城市发展也体现出直接的外部性，所以需要政府在城市整体范围内的统筹供给。政府利用自身的强制力和宏观调控能力，收取税费，提供此类社区公共产品。但是，政府干预作为资源配置和提供公共产品的手段之一，同样存在失灵现象。如前所述，"政府失灵"主要表现为"短缺病"、"福利病"，带来的是资源 X 非效率配置。

2．市场供给社区公共产品

市场参与的主要是社区可收费服务的供给，比如邮件投递、公交服务、通讯网络、自来水供应和下水道服务、电力供应、天然气供应、社区养老、青少年特长培训等。现实中可以看到在社区内开设了很多针对幼儿和学生的教育培训机构，大部分是营利性的市场主体。市场在供给社区部分公共产品方面充分发挥了竞争优势，但不可否认在多数社区"搭便车"领域，"市场失灵"是必然结果。

3．非营利组织供给社区公共产品

随着政府与市场在社区公共产品供给中出现的"失灵"，第三部门作为一种介于政府部门与私营企业部门之间的组织形式，成为社会和公民首选的目标。埃莉诺·奥斯特罗姆提出："第三部门在社会提供公共产品和公共服务方面有自己独特的优势，如创新优势，既包括技术创新，也包括制度创新；贴近基层的优势，很多第三部门以社会弱势群体或边缘性社会群体为服务对象；灵活优势，有很大的弹性和适应性，便于根据不同的情况及时做出调整；效率优势。"[1]另一方面第三部门失灵的主要原因，一是受"利润"驱动，从非营利组织转变为营利组织，如社区内一些组织以组织活动为由，向居民收费、赚取服务费；二是资金不足，导致供给能力有限，缺乏单独供给社区公共产品的能力。

4．社区自身供给公共产品

社区是不同于政府或者企业的公共产品的提供主体。社区公共产品的生产是基于生活聚集区的居民的实际需要，由居民根据协商原则集资完成，居民地方出资并不出于利润的目的。社区提供公共产品的优势是它通过灵活的组织形式自愿筹集资金，从而使个人偏好能够较好地显示出来，更直接更高效地满足了居

---

① 转引自黄恒学：《公共经济学》，北京大学出版 2002 年版，第 47 页。

民的实际需求。[①] 但在我国,社区各方面发育不完全,城市社区中政府介入较深,自身自治能力比较弱,在公共产品供给上能力有所不足。

5. 其他供给主体供给社区公共产品

以上是社区公共产品供给中的四个主要供给主体,而在某些特殊类型的社区中,又有一些特殊供给主体的参与。比如在很多单位主导型的社区不能忽视原单位的存在。因此,我们在对社区公共产品研究的过程中,也应该把驻区单位当成供给主体。在"单位制"已经走向解体的今天,驻区单位已不再与居民公共产品的供给有直接的关系,但驻区单位仍然是社区的重要组成部分,或者说是一个不可缺少的成员。它利用自身的经济优势,自愿地为周围的居民提供一些具有捐赠性质的公共产品,从而实现企业与居民之间良好的互动关系。

(三)社区公共产品多元供给机制

政府、市场、第三部门、社区以及其他供给主体的存在,使得当前城市社区公共产品供给机制较以往变得更为复杂。我们在探索城市社区公共产品供给机制的过程中,正是看到每一个供给主体都有自身优、劣势,所以在已有文献中,已经提出了多元的供给机制,即强调社区公共产品政府供给机制、市场供给机制、自愿供给机制的并存性、协作性。但是,在本书的研究中,前面界定多元协同是不同性质的组织在一个特定的制度化的组织框架内深度合作,所以从内涵上不仅仅指多种供给机制各自发挥优势和作用,而是重在多元主体在社区公共产品的供给过程中协调一致的合作关系,是一种公私合作关系。综上分析,不同类型的社区公共产品适用于不同的供给机制,政府供给、市场供给和自愿供给有着自身的作用领域,但是政府、市场、非营利组织和社区公民共同构成的多中心合作机制将会在更多的社区服务中发挥不可替代的作用。本章将此定义为社区公共产品供给的多元协作供给机制(简称多元供给机制),与市域公共产品的多元协同供给机制在协作方式、运行主体、供给方式上有一定区别。

二、城市社区公共产品多元供给的实践比较分析

社区公共产品的政府垄断供给的弊端已经暴露无遗,同样矫枉过正的市场化误区也已经得到反思,理论界逐步形成了这样一个共识,社区公共产品的供给,必须由政府主导和构建一个多中心的社区公共产品供给机制来实现。经过20多年的发展,我国基本形成一个涉及领域广泛、服务人群众多、服务主体多

---

① 刘威:《论我国城市社区公共产品有效供给机制的构建》,广西民族大学硕士论文,2008 年。

元、服务场所与设施初步具备的社区公共服务体系。过去政府大包大揽和"企业办社会"的传统公共服务模式一步一步被打破,大量的公共服务职能向社区转移,迫切要求由社区中的社会组织来承接,社区服务的思路也发生了转变,更多地依靠社会力量而不是政府。国务院在关于不断改进政府公共服务方式意见中提出,积极探索通过政府"购买服务"、项目管理等多种形式,调动社会服务机构参与社区服务的积极性。当前我国各地方政府在社区公共服务的购买领域不断推陈出新,积极探索社区公共服务的外包机制。因此,本章以社区公共服务的政府购买机制为切入点,结合长三角地区典型案例,深入开展多元供给机制的实践分析。

(一)政府购买社区公共服务的发展概况

1.社区公共服务改革历程

从 20 世纪 90 年代开始,国内各地方政府先行尝试社区卫生保洁、环境绿化、治安巡防等服务的市场化运作,即向营利性市场组织或其他组织竞争招标、合同购买此类服务;2000 年以来,上海、北京、无锡、浙江、广东等各地的社会组织参与社区公共服务的实践探索不断增多,涉及养老、就业、公共卫生、扶贫、残疾人服务、社区发展、社区矫正等诸多领域。2000 年,上海市率先在改革社会管理体制时提出并推行政府购买服务制度,卢湾区等 6 个区的 12 个街道开展了依托养老机构的居家养老服务购买试点工作。南京市鼓楼区于 2003 年开始推出政府购买服务、民间组织运作的"居家养老服务网"工程。2004 年 2 月,在上海市政府的主导推动下,三家民办非企业性质的社团组织——"自强社会服务总社"、"新航社区服务总站"、"阳光社区青少年事务中心"正式挂牌建立。上海的禁毒、社区矫正、社区青少年事务的管理工作,通过政府购买服务的机制,由三家社团聘用社会工作者来承担。与此同时,广州市政府选择具有较好基础的社会保障、社会服务和社区管理等领域先行先试,创立了"政府购买社区服务"的机制,即由政府提供资金,交由 NGO 聘用专业社工来承担项目,支持社团自主运行,走专业化的路子。无锡市从 2005 年开始,先后对全市环卫清扫保洁、社会办养老机构、城区绿化养护、社区文化、结核病防治等多项社区公共服务实行政府购买机制。深圳市政府于 2007 年也培育了鹏星社会工作服务社、社联社会工作服务中心以及深圳慈善公益网三家社会工作机构,在社区建设、社会福利与救助、青少年教育、医疗卫生、社会矫正、监所管理、禁毒、残障康复、人口计生、外来务工人员服务、婚姻家庭服务等领域推进购买社工服务的试点。[①] 近年来,上

---

① 欧莉萍:《地方政府购买公共服务研究》,湖南大学硕士学位论文,2012 年。

海、深圳、杭州等地市委、市政府相继出台了《政府向社会组织购买服务的指导意见》。国内地方政府购买社区公共服务已经走过了初步尝试、全面试点和大力推进三个阶段,正呈现出主体多元、领域宽广、形式多样、成效明显的特点。但是,目前在服务改革过程中仍存在着政府角色转换不到位、购买竞争性低、后续评估缺失、民主参与不足等问题,其中"谁来购买? 购买什么? 向谁购买? 如何购买?"一直是实践的核心问题。

2. 政府购买社区公共服务的主要范围

(1)社区环境服务,包括保洁、绿化、治安巡防保护等满足全体社区居民需求的服务;(2)社会工作服务,主要满足公民基本福利之外的个性化临时性的需求,包括为社区、家庭和居民提供的权益服务、社会救助、外来人口管理、青少年管教、纠纷调解、居家养老、社会救助、公益服务等社会工作服务;(3)非基础性教育和医疗服务,主要包括特殊人群教育、学前教育、社区医疗卫生服务、疾病防控、突发事件后的精神救助等;(4)第三方服务,主要包括政府所需的更适宜由第三方机构来履行的一些技术性、中立性和临时性的公共服务,如社区健康咨询、社区外包服务的审计、监督评估、再就业教育培训、就业服务等;(5)社区文化服务,通过政府购买推进社区图书室、公园等文化设施免费或优惠向群众开放;开展为社区居民送文艺演出、送电影等活动,为广大群众提供多方面、多层次、多样化的文化服务。

3. 政府购买社区公共服务的主要方式

我国各地政府购买社区公共服务涉及的领域日益宽广,购买方式也更加多样,结合已有研究,可概括出政府购买公共服务的四种主要方式:(1)服务机构的补助购买,主要指政府以资金支持、场地和设施扶持、金融和税收优惠的形式,对相关社会服务机构进行扶持,从而实现社区公共服务的变相购买。(2)服务项目的委托购买。主要指政府通过授权委托、合同购买等形式针对社区特定群体基本服务项目的购买。(3)服务人员的岗位购买。指政府向社会招聘社会工作者、助老员等,为需要服务的社区对象提供专业化服务。(4)服务对象的补贴购买,即政府向符合规定条件的公共服务对象发放凭单,由公共服务的消费者选择服务提供方,并向服务提供方交付凭单,服务提供方持凭单向主管部门要求兑现一定数量的资金。如居家养老服务券、护理券医疗卫生券、住房券、食品券、教育券、培训券等消费凭单。从各地实践来看,这几种购买方式经常交叉运用,各地政府一般都会选择两种以上方式展开居家养老服务的购买,而且随着实践的不断深入,正孕育出养老福利公益创投机制等更多购买方式。

（二）社区公共服务政府购买机制的类型划分及其典型案例——以长三角城市居家养老服务为例

各地政府究竟如何运用多种方式实现公共服务购买？这就涉及购买政策的具体运行机制，即各要素之间的联动方法和原理。针对公共服务的政府购买模式，国外学者德霍划分出三种基本模式：竞争性购买、谈判模式和合作模式。[①] 国内学者主要根据购买过程中政府与社会组织的关系及购买程序的区别，总结出依赖关系非竞争性购买、独立关系非竞争性购买和独立关系竞争性购买三种购买模式；[②] 或者形式性购买模式、委托性购买模式、契约化购买模式。[③] 聚焦于各地政府正积极推进的居家养老服务购买领域，作者将浙、沪、苏、京、津、粤等地大量案例进行综合比较，发现各地居家养老服务的购买主体和服务对象差别并不大，购买主体一般都是各地市、区政府或街道、民政部门（老龄委）负责购买服务的具体运作，购买服务对象主要是高龄独居老人、特殊贡献老人、困难老人等。但是，各地在服务主体、服务内容和购买程序以及管理监督、资金保障、信息化建设等配套保障措施方面有一定区别。政府选择的合作方即服务主体的性质不同，往往决定了服务购买方式、购买程序以及服务内容的不同，同时实际绩效和现实问题也就产生了差异。为此，作者吸收已有文献的分类方法，将我国政府购买居家养老服务机制初步划分为四种类型。结合典型案例对四种运行机制进行深入比较分析，由点及面，冀图进一步破解公共服务"谁来购买？向谁购买？购买什么？如何购买？"这一核心问题。

1. 四种居家养老购买机制及其典型案例剖析

类型一：向准社会组织的非竞争购买

服务主体：由政府筹措资金、场地等资源成立的相关民间组织，没有进行非营利组织的法人登记，一种依附于政府而存在的准社会组织。

购买程序：定向非竞争性选择程序，双方签订服务合同，但不是真正的契约购买，只是形式性购买。

购买方式：服务项目的委托购买、服务人员的岗位购买等。

典型案例：上海市普陀区政府购买居家养老服务。2001年普陀区建立助老

---

① Ruth Hooglangd Dehoog. Comptition, negotiation or cooperation: three models for service contracting. *Administration and Society*, 1990, 22(3).

② 王名、乐园：《中国民间组织参与公共服务购买的模式分析》，《中共浙江省委党校学报》，2008年第4期。

③ 贾西津：《公共服务购买：政府与社会组织的伙伴关系》，http://wo. huiling. org. en，2008年8月13日。

服务中心和街道助老服务分中心,组建了居家养老服务员队伍,实行政府购买居家养老服务制度。2004 年,该区结合市政府"万人就业项目"建立"区居家养老服务管理中心",完善了百岁老人、困难老人、80 岁以上独居老人的补贴政策。对符合条件的老人,由社区居家养老服务社选派符合条件的服务人员,把生活照料、医疗保健、精神慰藉等服务送上门。管理中心有 4000 多名服务员,每人每月承担 4 位老人的服务,政府相关部门出资为服务员支付薪酬、缴纳三金实现岗位购买等(见图 6-1)。① 类似案例如苏州"一中心多站"的养老服务体系运作机制。

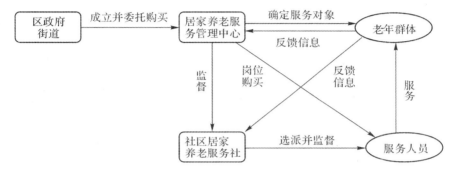

图 6-1　上海普陀区政府购买居家养老服务机制流程图

类型二:向社会组织的非竞争购买

服务主体:独立于政府的民间组织,取得非营利组织的法人登记,这其中既有民间自发产生、得到政府扶持的草根组织,如民办非营利性养老机构、社区服务组织等,也有政府发起、逐步实现独立运作的半官办社会组织,如一些老年协会等。

购买程序:定向非竞争性选择程序,通过签订服务合同,政府向社会组织交办服务任务。

购买方式:服务项目的委托购买、服务机构的补助购买等。

典型案例:南京鼓楼区政府购买居家养老服务。2003 年 10 月,南京市鼓楼区心贴心社区服务中心(个人自主创办的民办非企业单位)制定了"心贴心家庭养老服务网络计划书"递交区民政局,这与当时民政局、老龄委援助独居、高龄困难老人的项目合拍,同年 11 月,老龄办就拨付 15 万元向该中心购买了 100 位老人的免费服务。2005 年后,政府逐步完善各类老人的居家养老服务网络。2008 年,鼓楼区民政局以直接补助形式支持该中心,承租了南京凤凰百街一处三层楼近一千平方米房屋,改组为南京市鼓楼区心贴心老年人服务中心,并与之前成立

---

① 上海经验参考洪艳:《政府购买居家养老服务的模式研究》,华东师范大学研究生硕士学位论文,2010 年。

的十几个托老所相互联系,建立起一个覆盖整个鼓楼区范围的立体式老年人服务网络(见图 6-2)。鼓楼区还引入第三方评估,与江苏天人家庭研究中心合作,组建"居家养老服务网"的专业评估队伍。另外,宁波海曙区政府购买居家养老服务的运作与上海普陀区和南京鼓楼区的做法各有相似之处。①

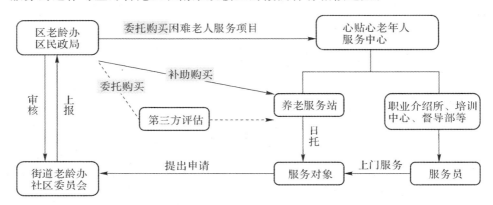

图 6-2 南京鼓楼区政府购买居家养老服务运行机制

类型三:向市场组织的非竞争购买

服务主体:以营利性市场组织为主体,融合非营利性组织的混合组织("企业＋民非"的复合型组织),如民间个人或政府部门举办的社会服务中介组织、劳务服务公司等。

购买程序:政府对相关市场组织进行测评,筛选一家企业进行定向委托购买,双方签订服务合同,政府出台服务标准。

典型案例:浙江省绍兴诸暨市暨阳街道政府购买居家养老服务。2009 年,诸暨市民政局对全市 20 多家家政、保洁服务中介组织进行了全面的量化测评和实地调查,最终康吉服务有限公司脱颖而出。2010 年 2 月,市民政局正式委托该公司开展暨阳街道 15 个社区的居家养老服务工作,实现了"政府资助补贴、公司运作管理、连锁经营服务"的社会化居家养老服务。政府向公司购买居家养老专业人才培训服务、城镇"三无"老人上门服务等,并出资扶持其开办和运营社区居家养老服务中心(站)。同时,政府依托公司已有的家庭服务平台,设置"一键通"呼叫平台,在有需求的老人家里安装"一键通"服务器,为居家老人提供更快捷的上门服务(见图 6-3)。另如,苏州浪沧区依托该市鼎盛物业管理有限公司

————

① 宁波海曙区政府成立星光敬老协会(民非独立法人)来购买居家养老服务,协会下面的社区居家养老服务社吸收社区中的就业困难人员为高龄独居困难老人每天上门服务 1 小时,星光敬老协会是政府辅助成立的非营利性社团组织,受政府委托独立承担审定服务确定服务内容,培训服务人员,检查和监督服务质量等工作。

（原为国有企业,现发展为"企业＋民非"的混合组织）运作社区虚拟养老院;嘉兴市南湖区民政局与管佳劳务服务有限公司签订居家养老市场化服务协议。[①]

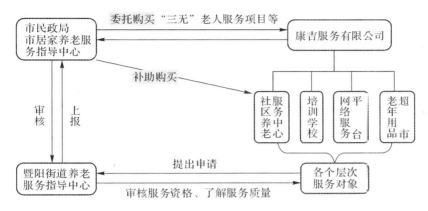

图 6-3　诸暨市暨阳街道政府购买居家养老服务运行机制

类型四:向各类组织的竞争性购买

服务主体:包含各种类型的相关市场组织和社会组织。具有相关资质和专业服务能力的社会服务机构,不管是营利性的服务企业或中介组织,还是非营利性的民办养老服务实体、社会团体（如老年互助会）、公益性组织等,都可以成为政府购买居家养老服务的合作方。

购买程序:政府面向社会公开居家养老服务购买项目的具体内容,组织专家进行招标评审,确定符合条件的服务实体。为形成合理竞争,一般选择 2～8 家相关组织,这些组织与政府确定的服务对象签订服务合同,政府出台服务标准。

典型案例:杭州市上城区政府购买居家养老服务。2005 年 2 月,杭州上城区民政局正式推出向民间服务机构购买居家养老服务的政策,约 170 多户老人可享受免费的居家养老服务,政府每月发给他们"服务券",由民间服务机构提供服务人员定期上门服务。2012 年,该区为满足老年人对居家养老差异化服务的需求,成立了区养老服务信息处理中心,将每一位 60 岁以上居家老人信息及800 多家联盟成员单位的服务内容、联系方式等接入信息中心,实现呼叫受理、呼叫联动、加盟单位推荐、服务满意度调查及服务单位服务质量评估等。当前,区民政局成立的养老服务指导中心,经需求评估后对由政府全额免费购买服务

---

①　与诸暨市不同,嘉兴市管佳劳务公司是该市劳动和社会保障局所属成立的从事劳务派遣服务的机构之一,下设两个分公司和一个职业技能培训中心,培训中心是经市民政局注册登记的民办非企业。公司也是该市 96345 便民平台的签约成员单位,为全市家庭提供家庭服务,同时为下岗待业、失业人员、农村剩余劳动力解决就业问题。

的老人发放养老卡,同时为这些老人免费安装"一键通"呼叫器。经公开招标确定唯康老人文化公寓、在水一方公寓两家民办养老服务中介机构(民非)为服务合作方。老人通过呼叫器,刷卡支付上门服务费用,并进行服务质量评估(见图6-4)。同样,杭州市西湖区也通过招标确定了5家家政服务公司,落实政府购买的居家养老服务。

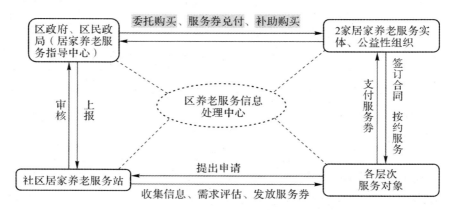

图 6-4 杭州市上城区政府购买居家养老服务运行机制

2. 四类居家养老服务政府购买机制的比较研究

各地居家养老服务政府购买机制经过多年的发展,本身是动态可变的,并没有固化成某一种模式,[①]以上四种类型只是基于多个案例主要特征变量的初步划分,实践情况更加复杂多变。[②] 深入比较研究,才能有针对性地提出机制优化的方向和路径。

(1)购买方式比较。四种运行机制中,各地政府都运用了对特定老人上门服务项目的委托购买,同时多数也运用了对老人社区日托服务和机构(公寓)养老服务的补助购买。但是,第一类机制中往往结合运用养老服务的岗位购买,而第四类运作机制可配套采用凭单制购买。采用不同的购买方式,将形成不同的购买机制,并体现出居家养老服务中不同的公私合作关系。

(2)政府职能比较。奥斯本和盖布勒提出了改革政府的十条原则,第一条是"政府是起催化作用的政府,掌舵而非划桨"。[③] 政府购买公共服务正是这种职能改革的重要方式。但实践中,由于公共服务社会化发展环境和政府自身因素,

---

① 所以作者没有像已有研究中将各种类型机制概括为几大"模式"。

② 比如,第一种类型中,上海普陀区同时通过公益创投机制培育了大量社区社会组织,政府也向这些独立的非营利组织购买老人健康咨询等相关的居家养老服务,而不仅仅只有向准社会组织购买。

③ 奥斯本,盖布勒:《改革政府:企业家精神如何改革着公营部门》,上海译文出版社1996年版,第115—116页。

使得我国政府的职能转变并非一蹴而就、一步到位。在居家养老服务领域，各地政府职能转变方式、程度和实效存在较大差异。四类机制中，政府仍不同程度地存留在生产（"划桨"）领域。比如，第一类机制最典型最普遍，即政府对自己成立的组织机构实施形式性购买，政府混合了服务购买者和生产组织者、管理者的多种角色定位。政府仍然承担着资源筹集、服务组织、需求评估、管理监督等一系列职能。在第二类机制中，作为居家养老服务主体的社会组织，一种是民办的社会组织，承接了具体服务组织和生产职能，与类型三相似；但也有一种是政府发起的社会组织，在服务购买中承担起政府转移的一系列职能，与类型一相似。第三、四类机制中，同样有两种性质的市场组织接受服务项目委托，有纯民办的市场服务机构，也有政府社保部门等发起成立的劳务公司、物业公司等，但整体上，政府的职能侧重在资金筹措、标准设置、供需双方的资格审核、监督管理等方面，基本实现服务生产职能由第二、三部门承担。

（3）运行绩效比较：国内学者包国宪、刘红芹（2012）认为政府购买居家养老服务的绩效体现于两个变量：一是养老服务购买效率；二是养老服务质量。[①] 美国公共服务民营化（public service privatization）研究者 E. S. 莎瓦斯提出，评价公共服务外包是否成功主要依据服务公平性和有效性两个方面，[②] 从政府购买居家养老服务的消费群体覆盖面、资金投入量；养老服务多样性、回应性、竞争性；消费者服务满意度三个层面展开绩效比较。第一、二类机制中，相当部分服务承接方是政府发起或依靠政府运行的社会组织，所以只要政府财力允许，往往可以在短期内成立这些组织并快速推进购买工作，区域服务覆盖面提升较快。上海、苏州和宁波等地政府购买居家养老服务起步早、推进快，同时政府注重财政投入的公平性，购买服务强调低水平的基本保障功能，超范围服务则通过老人自费、志愿者提供或企业购买等方式实现。如 2005 年起宁波海曙区就把购买居家养老服务资金列入了财政安排，通过海曙区星光敬老协会在全区 63 个社区中为高龄、独居老人购买每天 1 小时服务，建立了一批的老人"日托"中心，成立各种老年民间组织，让老人获得基本的生活保障、满足精神需求。但同时，政府需岗位购买助老员（下岗女工等就业困难人员）提供服务，其服务专业性、服务多样性有所欠缺。相比之下，第二、三、四类机制中，如果政府向民办的社会组织和市场组织购买各类居家养老服务，服务规模扩张及覆盖面提升的速度就有快有慢。购买进程往往要取决于服务主体的自我发展速度和市场运作能力。绍兴诸暨市暨阳街道希望康吉服务有限公司成立更多的老人日托中心，但公司考虑到政府

---

① 包国宪，刘红芹：《政府购买居家养老服务的绩效评价研究》，《广东社会科学》，2012 年第 2 期。

② E. S. 莎瓦斯：《民营化与公私部门的伙伴关系》，中国人民大学出版社 2002 年版，第 73 页。

补助购买的资金只能弥补一部分成本,决策十分谨慎,使得老人服务站扩增速度很慢。但是,因规模效应的存在,公司给各种老人的上门服务业务拓展很快。民办社会组织或市场组织竞争意识比准社会组织更强,所以服务的市场回应性更快、专业性更强、多样性更突出、质量标准化程度也更高,老人的满意程度也较高。比如南京鼓楼区的案例中,老年居民对购买项目的整体满意度达到 98.3%(39.8% 为基本满意,58.5% 为非常满意)①。尤其是第四类机制,政府面向社会公开竞争招标,给老人发放消费券,老人接受服务一定程度上就可以在定点的多家组织中自主选择,这种前置竞争机制和消费过程中的"用脚投票"机制,可以提高资源配置效率。

(4)存在问题比较。几乎每一个案例、每一种运行机制都会存在操作规范性、政策制度性、监督民主性、竞争有效性等方面问题,但在各类机制中这些问题的倾向性、严重程度有一定差异。第一类机制,政府自身角色转换不彻底,社会组织也就不能独立发展。政府一手包办的运行机制,只能让政府职能无限扩张,行政职能向准社会组织延伸,最终导致居家养老服务领域对政府的高度依赖,弱化社会功能,从而使购买服务失去制度创新的治理(administration)意义。第二类机制,政府向独立的社会组织实施定向购买,产生了服务垄断,尤其是当社会组织与政府有着千丝万缕的关系,很难确保购买服务的公正性、高效性。第三类机制,政府向独立的市场组织购买,虽然政府对合作方有自己的筛选方法,但没有经过公开招标程序,无法从制度上确保购买规则公平、购买结果有效。而且调研发现,政府所购买的居家养老服务是无偿和低偿的,几乎不能带来利润,市场组织之所以愿意介入,往往看重公益之外的其他商业空间。比如,由承担服务的市场中介组织投资安装"一键通"等信息网络平台,该企业便独家占有各类老人的需求信息,这就形成服务行业的不公平竞争。该类组织在创办社区养老站时,由于政府补助有限,往往会与老人用品公司、食品、物流公司等合作,以弥补成本空缺,这其中也潜藏了一些老年群体的消费风险。政府与市场组织合作的优点是市场经营灵活、融资渠道多、潜在竞争性强,但也容易产生商业利益偏离公益目标带来的种种问题。第四类机制,是一种市场化运作的资源配置方式,是相对完善的运行机制。但实践中,我国当前竞争招标的制度规范程度普遍不足,所以使得这种公平竞争规则的实施效果受限,政府招标到的合作方往往包含了一些有政府背景的服务公司,而且招标后各类组织一旦进入合作,基本不会退出。整个服务购买中,以政府为主导,权利和资源集中在政府相关人员手中,而当前法治监管和民主监督不足就容易扭曲这种竞争机制、带来寻租(rent-seeking)

---

① 王浦劬,萨拉蒙等:《政府向社会组织购买公共服务研究》,北京大学出版社 2010 年版,第 95—96 页。

问题。

如表 6-1 所示,四类机制基本特征存在一定区别,而最本质的差别是政府、社会和市场主体在不同运行机制中的角色定位和职能分工不同,这种差异影响了机制运行绩效和现实问题。总体上,四类机制中,政府在公共服务的组织和生产领域介入的程度由深到浅转变,相反,服务购买的社会化程度由低向高提升。从公平和效率的角度,只要政府资金保障充足,公共服务供给的公平性差别不大,但从非竞争性购买到竞争性购买、从向准社会组织购买到向独立民办各类组织购买,服务供给效率差别明显。

表 6-1　地方政府购买社区公共服务四类运行机制的比较分析

	类型一	类型二	类型三	类型四
服务主体	准社会组织	独立社会组织	市场组织	各类组织
购买程序	非竞争性购买	事先审核、定向购买	事先筛选、定向购买	公开招标、竞争性购买
购买方式	岗位购买、补助购买	项目委托、补助购买	项目委托、补助购买	项目委托、补助购买、凭单购买
政府职能	筹集资金、成立机构、组织生产、监督管理等	筹集资金、出台政策、委托生产、监督管理等	保障资金、制定标准、委托生产、监督管理等	保障资金、制定标准、出台规则、建立信息平台等
运行绩效	发展快、公平性高、竞争效率低	发展较快、公平性高、效率低	发展有快有慢、公平性较高、竞争效率一般	发展快、公平性高、竞争效率高
存在问题	购买形式化、高度政府依赖	购买行为内部化、服务效率降低	服务垄断、商业利益与公益目标冲突	缺失民主监督,滋生寻租问题

(三)地方政府购买社区公共服务的机制优化方向和条件分析

四种类型机制在全国各地多种社区服务购买领域都有出现,当前需要结合西方理论,因地制宜分析我国地方政府购买社区公共服务的"竞争"程度、潜在风险、环境条件等问题,从而明确社区公共服务究竟"向谁购买? 购买什么? 如何购买?",以不断优化机制、提升绩效。

1. 向谁购买? 购买什么? 需分析需求内容、各类服务性质及社会保障能力

针对政府向谁购买问题,Hansmann H. B.(2003)认为硬服务由于其具有可测量性,更适合于外包给营利性组织,而软服务通常其服务质量和效果较难测

量,因此更适合外包给非营利性组织。① 基于社区公共服务的特殊性,莎拉蒙认为社区公共服务外包的主要对象应该是非营利组织。② 国内众多学者也秉承其观点。然而上述案例中,政府并不仅仅是向社会组织购买居家养老等社区公共服务,第三、四类机制中都出现了政府向营利性的市场服务中介或混合组织购买服务。原因在于,居家养老服务的内容越来越广泛,每项服务的适用主体并非只有社会组织。比如家政、餐饮及助老员培训等服务的专业化要求相对较低,服务质量容易测量,从事该类服务的市场组织数量远大于社会组织。目前,政府购买的困难老人一天一小时的服务标准只能涵盖家政和照料等基本服务内容。市场组织考虑到老年服务的市场规模,也愿意承接政府委托的此类项目。因此,政府通过招标向一定的市场组织"团购"该类服务就成为可能。但是随着老人需求的提升,政府关注到,很多老年人的精神文化需求、健康咨询需求、医疗服务需求无法通过岗位购买或向市场组织委托来实现。这类服务专业性更突出、服务质量更难测量,所以需要向文化类社团、志愿者组织、民非等非营利性组织购买。可见,"向谁购买"与"购买什么"直接关联,而"购买什么"主要取决于社会实际需求层次、政府财政实力、社会保障水平以及相关服务主体供给能力。从发达地区看,随着经济发展、财政实力增强,以及相关领域社会组织的兴起、市场的活跃,政府不应该再拘泥于向自己成立的准社会组织购买,而是让更多市场和社会组织发挥自身服务优势,进入不同的社区公共服务生产领域,以发挥各自优势。

2.如何购买? 需要分析政府购买资金规模、购买服务内容、合作主体数量等

Kettner 与 Matrin 将服务外包的关系模式分为市场竞争模式和伙伴关系模式。市场竞争模式鼓励承包人之间的竞争,以降低服务成本,提高服务系统的产出。伙伴关系模式则是使政府服务机构和承包人作为伙伴相互联合,通过协作实现服务系统的最大化产出。③ 从四类机制比较来看,政府如何购买社区公共服务,主要就是 Kettner 与 Matrin 提出的伙伴式外包和竞争式外包的选择问题。以居家养老服务购买为例,在我国各地政府开展此类服务购买的初期阶段,资金投入只有几十万,购买对象只有百号人,规模小且收费低,使得市场组织不愿进入,加上符合条件的社会组织数量很少。所以,政府几乎不可能开展竞争式

---

① 硬服务包括公用事业、垃圾清理、交通拖车、街道保养等,软服务主要指与个人生活质量提高有关的服务,如日常照理、老人服务、公共健康服务等。详见汪锦军:《走向合作治理:政府与非营利组织合作的条件、模式和路径》,浙江大学出版社 2012 年版,第 111 页。

② 莱斯特·M·莎拉蒙:《公共服务中的伙伴:现代福利国家中政府与非营利组织的关系》,田凯译,上海印书馆 2008 年版,第 21 页。

③ Kettner P. M. , Martin L. L. Purchase of service contracting: two models. *Administration in Social Work*,1990,14(1):30.

外包，从而普遍采用第一类、第二类运行机制，即与自己发起成立的社会组织或个别民非单位建立伙伴关系。而随着政府购买居家养老服务的资金投入不断加大（一个行政区投入上千万资金），愿意承接低收费老人上门服务的市场服务中介、民非或社团组织数量也在增加，现实中一旦具备一定数量符合条件的服务主体，第四类机制中就采用了市场竞争模式，政府通过公开竞争招标确定多家服务主体，发放服务券让老人自主选择服务主体。但还有一些专业性、公益性突出的老人服务无法通过市场组织来提供，而且相关社会组织也是寥寥无几，政府不可能实行竞争式外包。总之，是否竞争性购买与服务产品性质（比如外部性及消费的竞争性、排他性）、政府购买资金规模、合作主体数量直接相关。目前政府购买社区公共服务在服务分类之后，可同时运用竞争式外包和伙伴式外包两种模式，实现相辅相成。

3. 如何优化机制？需要分析不同类型的核心问题、明确发展方向和条件

当前，需要针对各类机制的不同问题，结合各地环境条件，明确发展的方向。第一类机制，需要建立起合同双方的契约化提供模式，而非雇佣关系，可以将准社会组织培育成独立运作的社会组织，同时把本来属于政府的监管、统筹等职能收回到政府机构；第二、三类机制，需要区分服务内容，将部分服务推向公开、公平的竞争式外包；第四类机制，已经建立了比较良好的购买框架，但需要完善购买程序的细节及相关监督措施、增进购买政策的协商参与等。整体而言，完善社区公共服务购买机制，一方面需要区分服务性质，选择适用的服务主体和购买程序；另一方面需要以制度规范各主体的权责边界，建构起多元主体协作网络。因为，政府购买社区公共服务过程中，服务消费者、提供者和生产者三方分离，三者之间存在消费者委托提供者、提供者再委托生产者的双重委托—代理关系，三者的组织优势、价值取向、行为目标和行为方式不同，这虽可促进服务的专业化分工效率，但也会带来责任风险、道德风险和寻租风险。只有通过激励、竞争、监管、评估等完善的制度建设，才能明确多元主体职责分工、实现信息对称、推进互动合作、避免运作风险（见图 6-5），最终实现社会效益最大化目标。

目前我国社区公共服务购买机制，多数以政府为中心，政府的意图和职责不断强化，而作为服务消费者在显示需求偏好、参与价格听证和民主监督的作用较弱，服务生产者在参与竞争、回应顾客和接受监督方面作用也不到位，三者之间缺失网络化协作。但是，个别地区（如杭州上城区和宁波海曙区）因为政府大力投入相关的信息网络平台建设，降低了集中需求、回馈质量、评估绩效、民主监督的信息成本，可以使政府为中心的社区公共服务购买逐步向消费者为中心的购买转型，也可以使政府"为产生付费"的合同购买向"为结果付费"的绩效型外包

转变。^① 所以,政府治理能力提升、服务信息化平台开发、多元主体协作网络建设等都是推进购买机制不断完善和优化的重要条件。

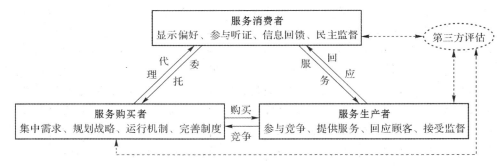

图 6-5 政府购买服务的多元主体协作网络图

三、城市社区公共产品多元供给的主要障碍分析

当前,在城市社区公共产品的多元供给实践过程中,既有服务型政府建设、社会组织崛起、市场经济规范和法制民主建设的良好发展契机,也有传统政府管理体制转型慢、公民社会发育还不成熟、社区自治能力薄弱、社会力量不齐等发展中的障碍或不利因素。具体而言主要体现在以下方面。

(一)决策主体错位,多元供给中行政化倾向明显

我国社区公共产品供给的决策还没能完全走出传统的政府垄断模式,自上而下的公共产品供给体制基本上把社区居民排除在决策之外,导致了决策主体错位。从以上居家养老服务购买的案例就可以看出,当前社区公共产品的决策主体是基层政府及民政、社保等职能部门,而不是作为消费者的社区居民,社区居民经常是被动接受服务。对于公共产品的供给总量和结构多数是由政府以文件和政策规定的形式下达,带有很强的指令性、主观性和统一性,而不完全是社区成员的真正需求。其次,城市社区公共产品决策方案的选择,缺乏民主机制。当前我国社区的民主理念还有待加强,民主机制还不完善,使供给的决策方案缺乏民主机制,经常出现"寻租"行为,导致有限的公共服务资源得不到合理的利用。最后,社区公共产品决策目标偏离社区成员的需求,向政绩转移。^②

在社区管理中的行政体制很不健全,"条"与"块"的权力冲突导致了基层社

---

① 在国外公共服务外包中出现了绩效型外包,即侧重结果导向型的管理。

② 部分观点引用李雪萍:《城市社区奋共产品供给研究》,华东师范大学博士研究生学位论文,2007 年。

区功能行政化。街道办事处作为区政府的派出机构,是社区直接管理主体,但是无权管理供给公共产品的各职能部门"条"的事情,同样,作为区政府职能部门的派出机构也无权协调"块"的事情,这种"条"、"块"矛盾导致政府的社区管理的行政效率不高。在这种体制中,社区公共服务的行政化倾向十分明显,比如现在杭州、上海等长三角城市尽管都成立社区公共服务中心,也聘用一些人员,有一定的规章制度,但其操作班子和社区管委会、党委会"三位一体",社区组织并没有独立的决策权和管理权。由于缺乏成熟的管理模式和规范,加之缺乏营运资金,导致管理状况不佳,最终影响了社区公共服务的质量。社区公共产品供给的行政化倾向是导致多元供给机制难以形成、供给效率不高的主要障碍因素。

(二)社区组织自身功能弱化,多元供给力量不足

行政化的后果导致法律规定的社区组织机构的自治功能弱化,事实上成为政府管理城市基层的一个代行机构,其日常工作主要是部署和组织完成上级政府下达的各项行政任务,而不是根据实际需求为社区成员提供服务,努力维护社区成员的利益。从权力来源上说,出于选举流于形式或直接参与不足,社区组织的权力实际上仍来源于政府,而不是社区居民的授予;从财政支持来看,也主要来源于政府财政,这样就不可避免地使基层社区实际上成了政府管理职能的延伸。[①] 但实际上,完全社会性的社区自治组织应该是非政府性质组织。在实践中,社区应根据自身发展的需要,培育一些具有独立法人资格,以社区为活动区域的公益性、事务性、中介性社区组织、中介机构,依靠它们进行社区内的管理和服务活动。但目前的社区组织确实不具备这样的条件,社区自治能力弱,一方面在自主选举、自我管理的实质内容不到位,另一方面社区的志愿服务组织、社会服务机构的培育和发展虽有起步,但整体上比较滞后,直接导致政府之外的多元供给力量相对薄弱。

(三)社区可利用的资源相当匮乏,多元协作网络难形成

目前城市社区公共产品的供给遇到资源瓶颈:一是资金不足,社区建设初期政府会通过投入资金和基础设施,而后期的投入明显减少,所以社区公共产品的维护资金特别紧缺;二是人力资源缺乏,公共服务从业人员普遍存在素质低下、专业化水平不高的问题,而且有些社区管理和从业人员还沿袭了原先政府的一些守旧和低效的毛病,没能推进多元供给机制的不断创新和变革;三是信息技术

---

① 部分观点引用韩庆峰:《兰州市社区公共服务供给机制研究:以兰州市七里河区西湖街道为例》兰州大学硕士研究生学位论文,2009 年。

支撑不够,多元主体的协作需要在政府、社区、居民、非营利组织、企业等主体之间建立起畅通的信息网络,目前部分经济发达地区如上海、宁波、杭州等地的社区建立起了"社区云服务"等网络平台,但多数地区还没有这样的信息技术快速对接供需方之间的各种信息,如服务质量评估信息、政策信息、服务需求信息等,这就使得网络化的协作很难实现;四是政策资源不足,总的说来,社区公共服务仍然缺乏足够的政策支持:现有的相关减免税政策笼统、不详细,缺乏可操作性;各种政策之间矛盾、冲突严重,没有有效衔接,缺乏统一性。这四个资源瓶颈相互之间有一定的联系,共同制约了社区公共产品的多元供给目标。

(四)社区公共产品需求信息不完全,居民需求表达不充分

需求表达机制不畅通是社区公共产品供给不足的一大因素。私人产品的需求表达是发自单个的消费者,而公共产品的需求表达是多个消费者需求的组合。城市社区公共产品的非排他性和非竞争性的属性,使很多居民存在"搭便车"心理,参与的积极性不高,这决定了居民个体直接并主动地组织生产服务缺乏制度激励。因此,由每个居民缴纳税收或公共服务费用,由政府或社区、第三部门统一安排公共产品,居民仅仅充当消费者的角色。居民组织化程度低,就形不成有效的表达机制。没有一个强有力的需求表达机制,就不能构成社区公共产品供给的多中心秩序。[①]

(五)国家相关法律和政策滞后,多元供给机制难以形成

我国的"社区"名称虽起源于 20 世纪 80 年代,但近 20 年的发展是比较缓慢的,只是在 2001 年后,"社区建设"的提出才使社区进入快速发展的轨道。但有关社区法律和政策显得相对滞后,大多是计划经济、"单位制"体制下的产物,现有的政策和法律只停留在表面。法律和政策的滞后,不仅影响投资者、生产者的积极性,也使供给主体没有能力和信心参与社区公共产品的供给。在现实中,虽然我国社区公共产品供给主体已开始走向多元化,但企事业单位、非营利组织由于缺乏法律和政策支持,缺乏参与社区建设的热情,致使公共产品的供给仍然以政府为主。另外,法律和政策的滞后,还可能为参与供给的主体提供腐败的空间,加重了城市社区公共产品的供需矛盾。[②]

---

① 部分观点引用刘威:《论我国城市社区公共产品有效供给机制的构建》,广西民族大学硕士研究生学位论文,2008 年。

② 部分观点引用刘威:《论我国城市社区公共产品有效供给机制的构建》,广西民族大学硕士研究生学位论文,2008 年。

总之，从城市社区公共产品的供给上看，其最直接原因在于供给主体单一。仍然以政府、街道等行政力量去推动社区公共产品的供给，难以把其他供给主体吸引到供给体制中。如果没有社区公共产品多元化的供给三体和供给方式，就不能实现资源配置最优和社会公平，公共产品的供需矛盾就很难得到缓解。

四、城市社区公共产品多元供给的实现路径分析

打破供给主体的单一化、实现社区公共产品的多元、有效供给，亟须在政府职能改革、创新各项机制、完善相关政策、培育社会组织、鼓励社会公共精神等多个方面共同推进，以经济发展、文化繁荣、社会建设、政治民主、法治完善等整体环境建设来实现多元供给的最终目标，在此从微观和宏观提出建议和设想。

（一）建立社区公共服务的需求评估机制和民主决策机制，实现多元有效供给

实现有效的社区公共产品多元供给，首先就是要建立相关的需求评估机制，主要是激励居民积极参与公共需求的民主表达，利用有效的评价机制，将这些需求信息进行归总，分析需求的轻重缓急，实现公共产品的供需对等。社区公共服务评价机制的目标是要了解社区居民的真实需求。各个社区结合需要切身实际的情况，以政府和社会力量形成合力，组织和管理各类服务项目，服务资本积累越多，受益群体范围越大，政府公共财政的投入就越有针对性，真正需要帮助的群体就能够受益，避免造成供需不均，效率低下。众多社会服务中介组织扎根于社区，有较好的群众基础，能够及时地、低成本地把握社区问题，发现居民的真实需求。因此，要吸引社区居民、相关中介机构共同参与合理的需求评价，具体可通过评价法、行为观察法以及投票法、询问法等方法了解社区居民对公共服务的评价，确定社区公共服务项目。在社区公共服务的前期决策过程中，需求评估是基础，而政府、居民、服务机构等多主体的民主协商是科学决策的必要条件，充分的需求表达和民主的协商决策是实现有效多元供给的前提。

（二）完善社区公共服务的政府购买机制，实现公私协作供给

1. 廓清政府的职能定位，明确社区公共服务的购买内容

公共服务购买的标的只能是公共服务，而不能是行政助理任务。公共服务购买必须有明确、公开、边界清晰、结果可判的服务内容作为标的，应该避免政府将各项公共服务的生产、组织和管理等所有职责内容统包给准社会组织或社会

服务机构。政府将服务生产职能转向第二、三部门，但政府在社区公共服务中的统筹规划、保障资金、出台标准、审核对象、监督管理等职能依然不变，以确保社区公共服务的公平和效率目标。

2.实施分类服务购买，灵活运用多种购买方式

依据社区公共服务的产品消费特性、专业化程度、服务机构可得性等差异，对政府购买的社区公共服务内容进行细分，明确不同服务适用的购买方式。目前，小区环卫服务、第三方鉴定评估服务、老人的家政和餐饮服务等社区服务应该采用竞争性的外包模式，即向各类社会服务机构公开竞标；老人健康咨询和社区日托服务、青少年帮教服务、公共卫生服务和社工专业培训等社区服务的消费竞争性低、服务专业性较高、服务质量不易测量、服务主体的数量十分有限，所以政府只能用定向委托、直接补助等形式向社会组织购买；对于参与性高、公益性突出的社区文化服务需求，政府可向文化类社团、民非单位等非营利性组织购买。当然，现实中这些服务并不必然一一分离、对应购买，很多时候可采用捆绑式外包。

3.提供资金和法律保障，确保公共服务购买的制度规范

各地市、区（县）两级政府应将购买社区公共服务的资金纳入当地的公共财政预算，并以定期社区需求调查和评估为基础，建立相应的购买资金增长机制。各地民政部门可以探索将政府购买福利性公共服务纳入本级福利彩票公益金的资助范围，还可以制定有关优惠政策，吸引民间资金自愿购买社会福利服务。财政资金保障的前提是完善相关法律制度及财政管理体系的相应改进。当前我国的《政府采购法》需要修改相关规定，扩充某些社区公共服务购买内容，有条件的省级政府可先行在法规制度等方面作出明确规定，以规范各地的政府购买社区公共服务行为，尤其是政府向社会组织购买服务的具体内容、程序、服务质量标准、评估的办法、信息公布的要求、民主监督渠道都需要在法律法规中明确，并在现实中依法推进规范化的社区服务购买制度。

（三）依托信息化平台完善评估机制，评估社区公共服务效果

绩效评估是企业管理的重要环节，将其引入社区公共服务工作中，就是要对参与社区服务的社会服务机构进行服务效益和效果的客观公正的评价，并且评估结果与合理的激励措施对接。首先需要坚持效率、服务和以人为本的原则，建立一套关于绩效考评的可量化、可实现的指标体系，这个指标体系不能仅仅停留在组织自我打分评定的基础上，而是要强调评估的客观性、科学性、合理性。其次是需要对组织的服务状况进行不定期的抽检，帮助社区各类服务组织改进服务提供过程中存在的问题，保证最后成果的质量。最后定期地依据事先建立好

的指标对服务项目的开展情况进行全面的评估。目前有些地区已经委托专业的评估机构进行评估,有些是社区自己进行调查和评价,但总体上都要把关键落在居民的总体满意度和具体的服务改进要求上。信息化的网络建设可以大大降低社区公共服务信息沟通、回应、反馈、统计的时间和资金成本,使服务购买更加公平和有效。所以,政府出资建设平等共享的社区公共服务信息平台将切实促进多中心网络化治理,这种信息化建设可以通过政府招标的形式,实现专业的社区"云服务"平台建设。

(四)制定公正的激励和约束机制,激发多元主体供给力量

委托代理关系会产生激励作用,适当的激励措施能够激发社区各类社会组织和市场主体的积极性和主动性,对于不断创新社区公共服务提供方式具有重要作用。具体来讲,就是根据绩效评估的结果,对于优秀的组织给予一定的物质奖励或者荣誉激励,例如奖金、荣誉称号、社会表彰等,最重要的是委托更多的服务项目。这样做不仅有利于提高社区公共服务质量,还能促进社区社会服务机构的优胜劣汰,提升我国社区服务机构或社团组织的整体建设水平。在技术成熟基础上,探索建立起以绩效为导向的社区服务外包机制。在越来越多的主体参与到社区服务中时,科学合理的监督制约机制是确保供给公平性和高效性的保证。一方面包括公众对政府的监督,社区居民对居委会、业主委员会等居民代表的监督,另一方面包括政府和公众对社区社会组织的监督、对专业机构的监督等。但要注意政策执行要在自主性和规范性之间寻求平衡,不能将监督变成干预,束缚了各主体的活力。

(五)培育相关社会组织和市场服务机构,促进社区服务的多元供给

社区服务的市场中介逐步发展,但良莠不齐,非营利性的社会组织相比之下,资金、政治法律等资源更加缺乏。只有在现实社会中培育和发展一批规范和高效的社会服务机构,才能最终实现社区服务的多元供给。培育相关社会服务机构,首先是为相关社会组织提供一个平等的发展机会,遵循这些服务主体的独立性和自治性,从法律完善中确保该类组织的独立自主及公平发展。在资源上,政府加大购买资金的投入、确保购买公平可以扶持该类组织生存,但是更重要的是构建相关的金融、税收、社保等良好的政策环境,解决该类组织发展中的场地、资金、人才等瓶颈,确保其健康地成长,从而发挥出该类组织在社区公共产品供给中不可或缺的多种功效。社区公共服务外包给这些社会服务机构,在服务、公益的理念下引入市场化运作方式,有利于完善我国社区公共服务的有效供

给。对社区而言,这将能拓宽公共服务的供给途径,弥补社区面临的服务功能有限的缺陷,有利于增强社区意识,整合社区资源,完善社区服务功能,增进居民福利。对整体社会而言,是促进社会民主参与、培育社会力量、推进社会建设的关键。

参考文献

一、译文著作文献

［美］奥尔森.集体行动的逻辑.上海：上海三联书店、上海人民出版社,1995.

［美］乔·B·史蒂文斯.集体选择经济学.杨晓维等译.上海：上海三联书店、上海人民出版社,1999.

［美］埃莉诺·奥斯特罗姆.公共事物的治理之道：集体行动制度的演进.上海：上海三联书店,2000.

［美］莱斯特·M·莎拉蒙.公共服务中的伙伴：现代福利国家中政府与非营利组织的关系.田凯译.上海：上海印书馆,2008.

［美］萨瓦斯.民营化与公私部门的伙伴关系.北京：中国人民大学出版社,2002.

［美］莱斯特·M·萨拉蒙等.全球公民社会——非营利部门视角.贾西津,魏玉等译.北京：社会科学文献出版社,2002.

［英］戴维·奥斯本,特德·盖布勒.改革政府：企业精神如何改革着公营部门.上海：上海译文出版社,1996.

［日］吉田茂.激荡的百年史：我们的果断措施和奇迹般的转变.北京：世界知识出版社,1980.

［美］毛里斯·斯坦兹.日本经济高速发展的秘密.北京：知识出版社,1982.

［美］约翰逊.通产省与日本奇迹.北京：中共中央党校出版社,1992.

［美］乔治·C·洛奇.轮到美国改革了：理顺企业与政府关系,增强国际竞争能力.北京：企业管理出版社,1994.

［美］埃兹拉·沃格尔.独占鳌头的日本.哈尔滨：黑龙江人民出版社,1981.

［美］埃兹拉·沃格尔.日本的成功与美国的复兴：再论日本名列第一.上海：上海三联书店,1985.

［美］迈克尔・麦金尼斯. 多中心治道与发展. 毛寿龙译. 上海：上海三联书店，2000.

［美］迈克尔・麦金尼斯. 多中心体制与地方公共经济. 毛寿龙，李梅译. 上海：上海三联书店，2000.

［德］赫尔穆特・沃尔曼，埃克哈特・施罗德编：比较英德公共部门改革——主要传统与现代化的趋势. 北京：北京大学出版社，2004.

［澳］欧文・休斯. 公共管理导论（第二版）. 北京：中国人民大学出版社，2001.

二、国内著作文献

俞可平. 治理与善治. 北京：社会科学文献出版社，2000.

樊丽明. 中国公共产品市场与自愿供给分析. 上海：上海人民出版社，2004.

陈淮. 日本产业政策研究. 北京：中国人民大学出版社，1991.

中国经济体制改革研究所赴日考察团. 日本模式的启示：企业・政府・中间组织. 成都：四川人民出版社，1987.

吴琼恩，周光辉，魏娜，卢伟斯. 公共行政学. 北京：北京大学出版社，2006.

石国亮，张超，徐子梁. 国外公共服务理论与实践. 北京：中国言实出版社，2011.

中共杭州市委调研组. 和谐社会主体建设的新模式——关于杭州市培育社会复合主体的调查. 培育社会复合主体研究与实践. 杭州：杭州出版社，2009.

郑杭生，杨敏，奂平清等. "中国经验"的亮丽篇章——社会学视野下"杭州经验"的理论与实践. 北京：中国人民大学出版社，2010.

汪锦军. 走向合作治理：政府与非营利组织合作的条件、模式和路径. 杭州：浙江大学出版社，2012.

涂圣伟. 社区、企业、合作组织与农村公共产品供给. 北京：经济科学出版社，2011.

王浦劬，［美］萨拉蒙等. 政府向社会组织购买公共服务研究. 北京：北京大学出版社，2010.

三、国内学术期刊文献

周业安，宋紫峰. 公共产品的自愿供给机制：一项实验研究. 经济研究，2008(7).

詹建芬. 公共产品自愿供给的理性和约束——来自浙江省农村的分析. 农村经济，2008(12).

常敏.农村公共产品集体自愿供给的特性和影响因素分析.国家行政学院学报,2010(3).

朱明芬.农村生活污水处理设施自愿供给机制探讨.农村经济,2010(5).

张青.农村公共产品供给的国际经验借鉴——以韩国新村运动为例.社会主义研究,2005(5).

财政部财政科学研究所.国外有关构建农村公共产品供给机制的理论依据与实践经验.经济研究参考,2007(12).

国务院农村综合改革工作小组办公室.美国乡村地区公共产品供给情况考察.中国财政,2010(1).

林万龙.乡村社区公共产品的制度外筹资:历史、现状及改革.中国农村经济,2002(7).

王金辉,王永莲.论我国农村公共产品供给的自愿失灵.安徽农业科学,2008(6).

王朝晖.我国农村公共产品的自愿供给机制研究.安徽农业科学,2008(6).

符加林,崔浩,黄晓红.农村社区公共物品的农户自愿供给——基于声誉理论的分析.经济经纬,2007(4).

王能生,杨彤.公共物品私人提供的博弈分析.公共管理学报,2008(1).

柳士双.农村公共产品自愿供给研究.农村经济,2007(7).

石军伟,胡立君.企业社会资本的自愿供给:一个静态博弈模型.数量经济技术经济研究,2005(8).

王磊.公共产品供给主体及边界确定的交易费用经济学分析——兼论我国公共产品供给过程中交易费用的计量.财经问题研究,2007(4).

范方志,汤玉刚,虞拱辰.反思农村公共产品供给制度演变:一个建设性分析框架.中央财经大学学报,2007(5).

樊丽明,石绍宾.税费改革后农村公共产品供给格局分析——以山东省 Z 市为例.财经研究,2007(5).

何春雪.农村公共产品非政府供给及其前提条件.价格月刊,2007(10).

李显波.论复合组织.浙江省党校系统"科学发展观与浙江经验"理论研讨会论文集,2007(7).

刘丽君.协作与网络化治理视角下的公共服务供给机制的创新研究.湖北成人教育学院学报,2010(6).

赵曼丽.公共服务协同供给研究:基于共生理论的分析框架.学术论坛,2012(12).

陈昌盛,蔡跃洲.中国公共服务综合评估报告(摘要).中国经济时报,2007-

1-22(5).

刘志.PPP 模式在公共服务领域中的应用和分析.建筑经济,2005(7).

虞维华.公共服务混合供给的兴起研究.四川行政学院学报,2012(5).

李荣娟.协同视角下的区域公共治理:契机选择与政策供给.中国行政管理,2011(1).

罗思东.美国地方政府体制的"碎片化"评析.经济与社会体制比较,2005(4).

张立荣等.当代两方"整体政府"公共服务模式及其借鉴.中国行政管理,2008(7).

周志忍,蒋敏娟.整体政府下的政策协同:理论与发达国家的当代实践.国家行政学院学报,2010(6).

汪锦军.构建公共服务的协同机制:一个界定性框架.中国行政管理,2012(1).

马翠华,陈立新.准公共品协同供给机制的经济性探究.宁夏社会科学,2009(7).

刘丽君.协作与网络化治理视角下的公共服务供给机制的创新研究.湖北成人教育学院学报,2010(6).

李德国,蔡晶晶.非营利组织和公共服务:功能发展与策略探析.华南农业大学学报(社会科学版),2006(3).

包国宪,刘红芹.政府购买居家养老服务的绩效评价研究.广东社会科学,2012(2).

杭州市政策研究室市、市发展研究中心.构建新型经济社会运作平台　推进和谐创业　建设和谐杭州,2006 年 5 月.

四、硕博士学位论文文献

孙静.中国事业单位管理体制改革研究——制度绩效与组织设计.武汉大学博士学位论文,2005.

刘威.论我国城市社区公共产品有效供给机制的构建.广西民族大学硕士研究生学位论文,2008.

李雪萍.城市社区奋共产品供给研究.华东师范大学博士研究生学位论文,2007.

时影.论走出集体行动困境的多元协作治理机制.中国海洋大学硕士学位论文,2008.

韩庆峰.兰州市社区公共服务供给机制研究:以兰州市七里河区西湖街道为

例. 兰州大学硕士研究生学位论文,2009.

杨继红. 我国公共服务公私合作供给中的困境与对策研究. 中央民族大学硕士学位论文,2012.

五、外文文献

Samuelson P. The Pure Theory of Public Expenditure. *Review of Economics and Statistic*, 1954(36).

Fan,Shenggen,Linxin Zhang and Xiaobo Zhang. Growth,Inequality and Poverty in Rural China:The Role of Public Investments. *IFPRI Research Report*. 2002(125).

John Morgan. Funding Public Goods with Lotteries:Experimental Evidence. *Review of Economics Studies*,2000(4).

Clarence C. Morrison. A note on providing public goods through voluntary contributions. *public choice*,Fall,1978,33(4).

Maniemai Tongsawate, Walter E. J. Tips. Coordination between government and voluntary organizations（NGOs）in Thailands rural development. *Public Administration & Development*,1988,10—11(8),4.

Mark Bagnoli,Michal Mckee. Voluntary contribution games:efficient private provision of public goods. *Economic Inquiry*;Apr,1991.29(2).

Coase R. H. The Lighthouse in Economics. *Journal of Law and Economics*, 1974(2).

Demsetz H. The Private Production of Public Goods. *Journal of Law and Economics*, 1970(13).

Savas,E. S. Privatization in Mary Hawkeaworth and Mau-rice Kogan,（eds）., *Encyclopedia of Government and Politics*. NewYork:Routledge,1992.

Hansmann H. The role of nonprofit enterprise. *Yale Law Journal*, 1980(89).

Gidron B.,Kramer R.,Salmon L. M. *Government and The Third Sector*. San Francisco:Jossey Bass Publishers,1992.

Young D. Alternative models of govemment-nonprofit sector relations:theoretical and international perspective. *Nonprofit and Voluntary sector quarterly*, 2000,（29）.

Rowan Miranda,Allan Lerner. Bureaucracy,organizational redundancy,

参考文献 ◇

and the privatization of public services, *Public Administration Review*, 1995, 59(3).

Mildred E. Warner, Amir Hefetz. Managing markets for public service: the role of mixed public-private delivery of city services, *Public Administration Review*, 2008(1)(2).

索　引

后 记

在写作过程中,一个关于"中国梦"的美好寄望欣然鼓舞着我。2012年11月29日,新一届中央领导集体在国家博物馆参观《复兴之路》展览过程中,习近平发表了重要讲话,习总书记定义"中国梦"——实现伟大复兴就是中华民族近代以来最伟大梦想,而且满怀信心地表示这个梦想"一定能实现"。党内著名理论家、中共中央党校原副校长李君如认为,全面建成小康社会是21世纪头20年的"中国梦"。这是实现21世纪前50年"中国梦"和后百年"中国梦"的最重要的一个发展阶段。在我的理解中,不管发展到哪个阶段,对于广大百姓来说最美好、最真切的梦想就是"国富民强",每一个中国公民"住有所居、劳有所得、教有所学、病有所医、老有所养"。而这一切对发展中的中国来说,唯有凝聚多元主体各种力量共同协作才能逐步实现。为了这样一个美丽的愿景,我和多位同事共同致力于我国城乡公共产品的多元供给研究。多位同仁的悉心教导、无私奉献、不倦探讨终使本书稿顺利完成。詹建芬教授始终潜心于农村公共产品自愿供给的研究,帮助完成第一篇第二章的大部分内容,撰写第六章的部分问题分析,启发我形成第七章的一些对策思路。韩芳博士执笔完成第一篇第一章国外理论综合和第六章国外经验启示的内容,李显波博士帮助完成第二篇第四章的国外经验梳理,特此感谢。另外,由衷地感谢我的导师朱明芳研究员,直接带着我到农村进行实地调查,手把手教会我使用计量模型;感谢李一平处长无时无刻不鼓励我坚持理论研究,并动员我将近年的积累转化为此书稿。还要感谢默默支持我的家人、好友和专家学者。

限于本人才疏学浅,书中疏漏和不妥之处,欢迎广大读者不吝赐教。

常 敏
2013年10月30日

图书在版编目（CIP）数据

城乡公共产品的多元供给研究：基于长三角地区的探索与实践 / 常敏著. —杭州：浙江大学出版社，2013.11

ISBN 978-7-308-12473-7

Ⅰ.①城… Ⅱ.①常… Ⅲ.①公共物品－供给制－研究－中国 Ⅳ.①F20

中国版本图书馆 CIP 数据核字（2013）第 261062 号

城乡公共产品的多元供给研究
——基于长三角地区的探索与实践

常 敏 著

责任编辑 陈丽霞

文字编辑 卢 川

封面设计 十木米

出版发行 浙江大学出版社

（杭州市天目山路 148 号 邮政编码 310007）

（网址：http://www.zjupress.com）

排 版 浙江时代出版服务有限公司

印 刷 杭州日报报业集团盛元印务有限公司

开 本 710mm×1000mm 1/16

印 张 14.5

字 数 268 千

版 印 次 2013 年 12 月第 1 版 2013 年 12 月第 1 次印刷

书 号 ISBN 978-7-308-12473-7

定 价 39.00 元